# Staats- und socialwissenschaftliche Forschungen

herausgegeben

von

**Gustav Schmoller.**

---

Zehnter Band. Zweites Heft.

(Der ganzen Reihe dreiundvierzigstes Heft.)

W. Hasbach: Die allgemeinen philosophischen Grundlagen der von François Quesnay und Adam Smith begründeten politischen Ökonomie.

**Leipzig,**

Verlag von Duncker & Humblot.

1890.

# Die allgemeinen philosophischen Grundlagen

der von

**François Quesnay und Adam Smith**

begründeten politischen Ökonomie.

Von

**Dr. Wilhelm Hasbach,**
ao. Professor an der Universität Königsberg.

**Leipzig,**
Verlag von Duncker & Humblot.
1890.

Motto:

„Glaube Niemand, als deiner eigenen Vernunft, sagtest du weiter. Es giebt nichts Heiligeres als die Wahrheit. Was die Vernunft erkennt, ist die Wahrheit ... Die Gesetze der Natur sind die Chiffren, welche das denkende Wesen zusammensetzt, um sich dem denkenden Wesen verständlich zu machen — das Alphabet, vermittelst dessen alle Geister mit dem vollkommensten Geist und sich selbst unterhandeln. Harmonie, Wahrheit, Ordnung, Schönheit, Vortrefflichkeit geben mir Freude, weil sie mich in den thätigen Zustand ihres Erfinders, ihres Besitzers versetzen. Eine neue Erfahrung in diesem Reiche der Wahrheit, die Gravitation, der entdeckte Umlauf des Blutes, das Natursystem des Linnäus heifsen mir ursprünglich eben das, was eine Antike, in Herkulanum hervorgegraben — beides nur Widerschein eines Geistes, neue Bekanntschaft mit einem mir ähnlichen Wesen ...

Es giebt Augenblicke, wo wir aufgelegt sind, jede Blume und jedes entlegene Gestirn, jeden Wurm und jeden geahnten höheren Geist an den Busen zu drücken — ein Umarmen der ganzen Natur gleich unserer Geliebten ... Die Philosophie unserer Zeit — ich fürchte es — widerspricht dieser Lehre ... Im Knechtsgefühl ihrer eigenen Entwürdigung haben sie sich mit dem gefährlichsten Feinde des Wohlwollens, dem Eigennutz abgefunden, ein Phänomen zu erklären, das ihrem begrenzten Herzen zu göttlich war. Aus einem dürftigen Egoismus haben sie ihre trostlose Lehre gesponnen und ihre eigene Beschränkung zum Mafsstabe des Schöpfers gemacht — entartete Sklaven, die unter dem Klang ihrer Ketten die Freiheit verschreien."

Schiller, Philosophische Briefe.

# Vorwort.

Die erste Anregung zu dieser Schrift erhielt ich von Adolf Held. Als ich ihm im Sommer 1880 mitteilte, dafs ich damit beschäftigt sei, ähnlich wie die Naturrechtslehrer des 17. und 18. Jahrhunderts die Gerechtigkeit eines Systems von socialen und politischen Forderungen an den Staat zu erweisen, indem ich sie aus Principien herleite, welche in diesem Falle im Neukantianismus Langes, im Pessimismus Schopenhauers und in den darwinistischen Theorien enthalten seien und so ein modernes, materialistisch-pessimistisches Naturrecht zu begründen, erklärte er mir freimütig, dafs er mein Unternehmen für nicht wertvoll halten könne. Dagegen hob er hervor, wie wünschenswert eine Untersuchung der philosophischen Grundlagen der klassischen Nationalökonomie sei. Zum Schlusse forderte er mich auf, diese Arbeit zu übernehmen.

Infolge eines längeren Aufenthalts in England traten sowohl die von Held angeregte Untersuchung wie das geplante Naturrecht vor neuen Zielen zurück. Die Notwendigkeit, so viele von den deutschen verschiedene Faktoren des socialen und politischen Geschehens beim Studium der englischen Verhältnisse in Betracht zu ziehen, liefsen mich die Grundsätze der historischen Schule erleben: meine erste Arbeit konnte nur die möglichst allseitige Erörterung einer aktuellen Frage sein.

Den Wunsch und den Rat Adolf Helds lernte ich erst ganz verstehen, als ich selbst Vorlesungen zu halten hatte und mich über die philosophischen Grundlagen der klassischen Nationalökonomie gründlicher zu unterrichten wünschte. Ich entschlofs mich, die Untersuchung zu übernehmen, da sie, wie die Verhältnisse liegen, stets von einem Manne geführt werden mufs, welcher die Nationalökonomie oder die Philosophie „per il suo diletto“ treibt. Im Bewufstsein meines Dilettantismus habe ich in der vorliegenden Schrift den Philosophen so oft wie nur möglich das Wort gegeben, nicht selten auch dort, wo ich mich der eigenen Rede hätte bedienen können.

Zunächst suchte ich der Arbeit einen weiteren Inhalt zu verleihen und sie zu einer Geschichte des modernen Individualismus auszudehnen. Aber ich sah bald ein, dafs sie auf Grund der vorhandenen Vorarbeiten nicht geschrieben werden kann. Aber auch trotz der Beschränkung auf einen Ausschnitt dieser Bewegung wurde ich in eine jahrelange Arbeit hineingezogen, welche mich gegen meinen Willen von anderen litterarischen Verpflichtungen abhielt, obwohl ich ihr fast alle meine freie Zeit widmete. Dies lag nicht zum mindesten daran, dafs ein Teil der Vorarbeiten geradezu irreführend ist und daher viel Zeitverlust verursacht.

Ich sah mich gezwungen, die Ergebnisse meiner Studien in drei Teilen gesondert erscheinen zu lassen. Die erste wurde als Aufsatz unter dem Titel „Larochefoucault und Mandeville“ in Schmollers Jahrbuch 1890 veröffentlicht; der zweite ist der vorliegende; der dritte unter dem Titel „Untersuchungen über Adam Smith und die Entwicklung der politischen Ökonomie“ wird hoffentlich bald nachfolgen. Um das Gleichgewicht herzustellen, müfsten sich Untersuchungen über die Physiokraten anreihen, aber sie sind, wie ich glaube, in besseren Händen als den meinen. Doch halte ich meine Arbeit nicht für beendet. Die Erörterung des S. 30 gestreiften Problems, die Darstellung des naturrechtlichen Socialismus des 18. Jahrhunderts, welche vielleicht die Stellung von Quesnay und Smith noch heller beleuchten wird, und eine kurze Geschichte der Entwicklung der wissenschaftlichen Politik, welche die Grundbegriffe stärker hervortreten läfst und die Beziehungen zum Naturrecht genauer verfolgt, sollen die drei Teile ergänzen. Doch da ich zunächst weit abliegende Verpflichtungen zu erfüllen habe, so wird es mich freuen, wenn diese Aufgaben von Anderen übernommen werden.

Die vorliegende Untersuchung beschränkt sich auf Smith, Quesnay und dessen Schüler. Da nun aber Ricardo und Malthus, was die philosophischen Fundamente betrifft, ganz auf Smith fufsen, Steuart und Hume in der klassischen Nationalökonomie nur so weit zur Geltung gekommen sind, als sie von Smith absorbiert wurden, auch die Selbständigkeit Turgots, so viel mir bekannt, sich nicht in den allgemeinen philosophischen Grundlagen der Nationalökonomie zeigt, so hätte ich dieser Schrift einen allgemeineren Titel geben können.

Das Naturrecht ist ausführlicher zur Darstellung gekommen, als der Leser vielleicht für nötig erachtet. Aber da frühere Arbeiten das naturrechtliche Element der englisch-französischen Nationalökonomie auf die französischen Juristen des 16. Jahrhunderts zurückführten oder als Weiterbildungen des mittelalterlichen Naturrechtes betrachteten, so wurde es für mich unumgänglich notwendig, erstens die Stellung

Pufendorfs und Lockes so klar wie nur möglich hervorzuheben, zweitens aber auch das Lockesche Naturrecht richtig zu charakterisieren, da nur so der Fanatismus der Physiokraten, der Zorn Smiths richtig verstanden werden kann. Aus diesem Grunde mufste ich bis zu den Anfängen des Naturrechtes zurückgehen. Aufserdem bietet das dritte Kapitel Erörterungen, welche ich sonst an anderer Stelle in keinem so günstigen Zusammenhange hätte geben müssen. Wer dies bedenkt, wird die Darstellung knapp finden.

Auch in der Übersicht über die Entwicklung der Ethik habe ich mich auf dasjenige beschränkt, was unumgänglich nötig war, um der Eigentümlichkeit, der Stellung und der Bedeutung Shaftesburys, Mandevilles, Bayles gerecht zu werden und Smith und Quesnay in das richtige Licht zu rücken, dabei des Wortes von Hobbes gedenkend: A great book is a great evil.

Schliefslich bitte ich um die Nachsicht, welche man dem Laien schuldet, der allein auf Bücher angewiesen ist.

**Der Verfasser.**

# Inhaltsverzeichnis.

Wenn man es versucht, aus dem Gewebe der ethischen und politischen Ideen der neueren Zeit die einzelnen Fäden zu lösen und bis zu ihrem Anfange zu verfolgen, so sieht man erstaunt, dafs gerade diejenigen Vorstellungen und Begriffe, welche am gewaltigsten auf die Entwicklung der modernen Menschheit eingewirkt haben, dem Altertum entstammen. Es sind einige Grundgedanken des Stoicismus und Epikureismus, zweier Systeme, welche nicht der klassischen Zeit des Griechentums angehören, sondern sein Greisenalter und in der Folge auch dasjenige Roms begleiten. Sie spiegeln eine Zeit philosophisch wieder, wo das nationale, den Einzelwillen beherrschende Staatsleben entkräftet war, wo grofse Eroberer die Völker des Ostens und Westens in ungeheuren Reichen vereinigten, wo das Interesse am Gemeinwesen abgenommen hatte, wo die Volksreligion auf die Gebildeten keinen Einflufs mehr besafs und nun das Individuum um so ungebundener in den Vordergrund dor Betrachtung und des Lebens trat[1]. Je nachdem seine Sehnsucht nach einem ruhigen Dasein, fern von der Welt, in heiterer Gesellschaft mit gleichgestimmten Freunden stand oder, alle Schranken von Geschlecht, Stand, Rasse und Volk überspringend, auf die erdumspannende Gemeinschaft aller Menschenbrüder in einem staatenlosen Zustande gerichtet war, boten sich ihm der Epikureismus oder der Stoicismus als Führer in das Land seiner Wünsche an.

Wie sehr diese Systeme voneinander unterschieden sind, wie sehr sich ihre Anhänger leidenschaftlich bekämpft haben, die Lehrgebäude sind nicht nur auf demselben Boden staatlicher und gesellschaftlicher Zustände emporgewachsen, sie zeigen auch noch andere gemeinsame Grundzüge als den ethischen und politischen Individualismus: beide tragen einen empiristischen und

[1] Siehe die geistvollen Erörterungen von Zeller, Die Philosophie der Griechen III, 1 p. 12 ff. 3. A. 1880.

sensualistischen Charakter. So ist das sinkende Altertum imstande, der aufstrebenden neuern Zeit durch beide philosophische Systeme seinen Individualismus, Empirismus, Sensualismus zu übermitteln.

Doch kommt es uns vornehmlich auf die Erkenntnis der Verschiedenheit ihrer Lehren von Recht und Staat an. Diese sollen daher im folgenden dargestellt werden.

# Erstes Kapitel.

## Die Lehren der Stoiker und Epikureer vom Naturrecht.

In der Philosophie des griechischen Altertums ist es fast von Anfang an ein Gegenstand der Erörterung gewesen, ob das Recht in der Natur begründet sei oder durch Menschensatzung entstehe. Heben wir es hervor: griechische Denker haben den Begriff des Naturrechtes zuerst ausgeprägt.

Seitdem Heraklit in volltönenden Worten verkündete, daſs alle menschlichen Gesetze von dem einen göttlichen gespeist würden und Archelaos dem dunklen Epheser entgegenhielt, das Gerechte beruhe *οὐ φύσει ἀλλὰ νόμῳ*: wogte der Kampf der Geister immer weiter, bis er die Halle Zenos und den Garten Epikurs erfüllte. Aber auch hier löste man das Problem nicht endgültig. Vielleicht wurden die alten Doctrinen nicht einmal mit der Umsicht und Gründlichkeit des Aristoteles, mit der geistvollen Keckheit und Feinheit der Sophisten vorgetragen; aber sie erschienen abgeklärter und im engeren Zusammenhange mit der gesamten Weltanschauung.

Allein wenn dies auch nicht der Fall wäre, würden sie schon deshalb unsere besondere Aufmerksamkeit verdienen, weil das moderne Naturrecht in einem hohen, bisher gar nicht gewürdigten Grade von der Philosophie der Stoiker und Epikureer befruchtet worden ist.

Die Achse der stoischen Ethik ist die feurige Vernunft, Weltvernunft, Weltseele, welche den gesamten Stoff durchdringt. Je nachdem die stoffliche oder geistige Seite dieses Begriffes hervorgehoben wird, trägt die feurige Vernunft die Bezeichnung Feuer, Hauch (Pneuma) oder allgemeines Gesetz, Natur, Vorsehung. Doch erweist sich der Gegensatz von Gottheit und Materie als „kein ursprünglicher und letzter: nach stoischer Lehre haben sich alle besonderen Stoffe erst im Laufe der Zeit aus dem Urfeuer oder der Gottheit entwickelt, und sie werden sich am Ende jeder Weltperiode wieder in dasselbe auflösen". Die Gottheit ist „ebenso als der Urstoff wie als die Urkraft zu bezeichnen .... das Urfeuer, welches Gott und die Materie als seine Elemente in sich trägt .... die allgemeine Substanz ..., welche daher, in ihrer reinen Gestalt oder als Gott betrachtet, bald alles, bald nur einen Teil des Wirklichen umfasst" [1].

Diese Grundgedanken enthalten erstens die Lehre von einer strengen Gesetzmäfsigkeit im Weltganzen. „Die unbedingte Abhängigkeit aller Dinge von dem allgemeinen Gesetz und dem Lauf des Weltganzen, das ist überhaupt der leitende Gesichtspunkt für die stoische Weltansicht" [2]. Aus ihnen folgt zweitens, dafs Naturgesetz und Sittengesetz ihrem Ursprung und Wesen nach identisch sind. „Dieser νόμος ist Gesetz alles Seienden.... und Gesetz ebensowohl des φυσικόν und λογικόν, wie des ἠθικόν... So wohnt das ethische Gesetz der Natur inne als einige und absolute Norm, welche, erhaben über Raum und Zeit, unabhängig von menschlicher Satzung, gleichmäfsig allen Menschen die Regel des Guten und Bösen ist" [3]. Sie umschliefsen drittens den Satz, der hierin schon ausgesprochen ist, aber noch einer besonderen Betonung bedarf, dafs das Gesetz objektiv auch aufserhalb des Menschen existiert. „Sofern nun das Gute in der allgemeinen Weltordnung begründet ist, welcher der einzelne sich zu unterwerfen hat, tritt es dem Menschen als Gesetz gegenüber." Dieser Gesichtspunkt ist „von den Stoikern mit besonderer Vorliebe verfolgt worden" [4].

Da nun der Mensch Teil und Glied des vernünftigen Universums, seine Seele ein Ausflufs der Weltseele ist, so tritt jenes Gesetz zugleich als Gesetz seiner eigenen Natur auf, und er vermag es zu erkennen. „Indem dieses göttliche Gesetz von Menschen erkannt und anerkannt wird, entsteht das menschliche" [5].

Verweilen wir bei diesem Punkte noch einen Augenblick. „Der allgemeine Grundtrieb aller Wesen ist der Selbsterhaltungstrieb und die Selbstliebe. Hieraus folgt unmittelbar, dafs jedes Wesen nach dem strebt, und dafs für jedes dasjenige einen Wert hat, was seiner Natur gemäfs ist ... Naturgemäfs kann aber für den einzelnen immer nur das sein, was mit dem Gang und Gesetz des Weltganzen oder mit der allgemeinen Weltvernunft übereinstimmt, und für das bewufste und vernünftige Wesen nur dasjenige, was aus der Erkenntnis dieses allgemeinen Gesetzes und vernünftiger Einsicht hervorgeht .... Die Vernünftigkeit des Lebens, die Übereinstimmung mit der allgemeinen Weltord-

---

[1] Zeller a. a. O. p. 146.
[2] Zeller a. a. O. p. 157.
[3] M. Voigt, Die Lehre vom Jus naturale, aequum et bonum und jus gentium der Römer. 1856. I, p. 135.
[4] Zeller a. a. O. p. 222.
[5] Zeller a. a. O.

nung, ist mit einem Worte die Tugend"[1]. Daher entspricht das Gute einem natürlichen Triebe des Menschen, und er mufs sich sittlich verpflichtet fühlen, wenn er sich vernünftig fühlt[2].

Niemals im ganzen Altertum sind das vernünftige Denken und Wollen, die Herrschaft der Natur und des Gesetzes, die wesentliche Harmonie von Natur und Vernunft so hoch emporgehoben, mit solchem Nachdruck behauptet worden, wie von den Stoikern. Erst im 18. Jahrhundert begegnen wir einer ähnlichen Verherrlichung von Natur und Vernunft. Sehen wir nun, welche politischen Ideale diese Lehren erzeugten.

Da nur das vernünftige Denken und Wollen einen unbedingten Wert hat, so ist damit die Anerkennung einer unlöslichen Gemeinschaft aller Vernunftwesen gegeben. Ja, die Stoiker nehmen einen Trieb nach Gemeinschaft zwischen den einzelnen Vernunftwesen an. Alle Menschen „stehen unter der Vernunft; sie alle haben mithin ein Recht und Gesetz, und sie wirken, sofern sie diesem Gesetze folgen, immer für das Ganze: man kann nicht für sich leben, ohne für andere zu leben .... so sind sie für einander da; ihre Gemeinschaft ist daher das unmittelbarste Gebot der Natur."[3] Die Stoiker leiten also die Gemeinschaft aus dem Naturgesetze her, nicht das Naturgesetz aus der Gemeinschaft. Dies ist zur Charakterisierung der stoischen *οἰκείωσις* wichtig. Es wird nun verständlich, dass Mark Aurel so weit geht, den Trieb nach Gemeinschaft als den Grundtrieb des Menschen anzusehen.

Hieraus folgte nun weiter: „Wenn die menschliche Gemeinschaft .... nur auf der Gleichheit der Vernunft in den einzelnen beruht, so haben wir keinen Grund, diese Gemeinschaft auf ein Volk zu beschränken, oder uns dem einen verwandter zu fühlen als dem anderen; alle Menschen stehen sich, abgesehen von dem, was sie selbst aus sich gemacht haben, gleich nahe, da alle gleichmäfsig an der Vernunft teil haben, alle sind Glieder eines Leibes; denn dieselbe Natur hat sie aus einerlei Stoff für die gleiche Bestimmung gebildet, oder, wie dies Epiktet religiös ausdrückt, alle sind Brüder: denn alle beten in gleicher Weise zum Vater"[4]. Zum erstenmale tritt der Kosmopolitismus mit gröfster Entschiedenheit im Gewande einer philosophischen Doktrin auf. Patriam meam esse mundum sciam et praesides Deos: das ist nach den Worten Epiktets diese Weltanschauung in knappster Form. Wie das Menschliche in diesem Systeme leicht in das Natürliche hinüberzittert, so sehen die Stoiker nach Plutarch in dem Weltganzen ebenfalls einen Staat. Der Behauptung: *τὸν κοσμόν εἶναι πόλιν καὶ πολίτας τοὺς ἀστέρας* fehlt es nicht an dichterischer Erhabenheit.

---

[1] Zeller, p. 208 fg.
[2] Zeller, p. 222, 223.
[3] Zeller, p. 286.
[4] Zeller, p. 299.

Mark Aurel wird nicht müde, den Kosmopolitismus zu predigen: „Meine Natur aber ist eine vernünftige und für das Gemeinwesen bestimmte; meine Stadt und mein Vaterland, insofern ich Antonin heiſse, Rom, insofern ich ein Mensch bin, die Welt." (VI, 44.) „Haben wir das Denkvermögen miteinander gemein, so ist uns auch die Vernunft gemein .... ist dies, so haben wir auch das Gesetz gemein; ist dies, so sind wir alle Bürger und nehmen an einem gemeinschaftlichen Staate teil: ist dies, so ist die Welt gleichsam ein Staat" (IV, 4). „Es liegt ja nichts daran, ob einer hier oder dort, wenn er nur überall in der Welt wie in seiner Vaterstadt lebt" (X, 15). Zu jenem Weltstaate, meint er, verhalten „sich die übrigen Staaten nur wie die einzelnen Häuser zur ganzen Ortschaft" (III, 11)[1]. Daſs dieser Weltstaat der Stoiker mit dem politischen Gebilde, welches die Anarchisten einzuführen hoffen, mehr Ähnlichkeit hat, als mit irgend einem anderen Gemeinwesen, geht noch deutlicher aus folgenden Worten Zellers hervor: „Aber das eigentliche Ideal der Stoiker war keine der bestehenden Staatsformen, sondern jener Staat der Weisen ... ein Staat ohne Ehe, ohne Familie, ohne Tempel, ohne Gerichtshöfe, ohne Gymnasien, ohne Münze, ein Staat, dem keine anderen Staaten gegenüberstehen, weil alle Grenzen der Völker in einer allgemeinen Verbrüderung aller Menschen sich aufheben"[2].

Das Eintreten der Stoiker für Gleichheit, Freiheit, Brüderlichkeit, Weltbürgertum, Herrschaft der Vernunft, vertrug sich wenig mit dem Interesse am Wirken in den bestehenden Staaten. „Wer sich als Bürger der Welt fühle, für den sei jeder einzelne Staat ein viel zu kleiner Wirkungskreis", meinen Seneka und Epiktet[3]. Noch charakteristischer ist folgender Ausspruch Epiktets: „Du fragst, ob der Weise sich mit dem Staate beschäftigen werde? Aber welcher Staat wäre gröſser, als der, mit dem er sich beschäftigt? Er, der sich nicht an die Bürger einer Stadt wendet, um über Staatseinkünfte und dergleichen, sondern an alle Menschen, um über Glückseligkeit und Unseligkeit, Freiheit und Knechtschaft zu ihnen zu sprechen"[4]. Chrysipp, der wissenschaftliche Bildner des Systems Zenos, ist der Ansicht, daſs der Weise nur Anteil an dem Leben solcher Staaten nehmen dürfe, in welchen ein Fortschritt zur Vollkommenheit wahrzunehmen wäre[5]. Endlich ist nicht zu vergessen, daſs die Gleichgültigkeit der Stoiker gegen die äuſseren Zustände ihren reformatorischen

---

1 Mark Aurels Selbstgespräche, übersetzt von C. von Cless (Deutsche Volksbibliothek der griechischen und römischen Klassiker).

2 Zeller a. a. O., p. 294.

3 Zeller, p. 296.

4 Zeller a. a. O.

5 Zeller, p. 295.

Eifer dämpfen mufste. Man sieht dies an ihrer Stellungnahme zur Sklaverei. Ein Dichter könnte sagen: ihre Ideen fanden handelnde Geister zuerst zur Zeit der französischen Revolution.

Die Schule verstand es, ihre Lehre von dem vernünftigen Naturgesetze mit der Volkssage vom goldenen Zeitalter zu verknüpfen, die sich bei allen älteren Völkern findet[1]. Während jener glücklichen Urzeit des Menschengeschlechtes herrschte nach stoischer Lehre das Naturgesetz ausschliefslich; die Verderbnis, die später hereinbrach, hatte das positive Gesetz im Gefolge. „Immer aber mufs neben diesen menschlichen Gesetzen jenem göttlichen Rechtsgesetze eine absolute Gültigkeit und Herrschaft beigemessen werden, so dafs die ersteren nur insoweit, als sie mit dem letzteren übereinstimmen, bindende Kraft besitzen und ihre Gültigkeit überhaupt nur auf ihre Harmonie mit dem göttlichen Gesetze sich stützt. Insoweit daher das Naturrecht und das positive Recht sich widerstreiten, mufs letzteres aller verbindlichen Kraft ermangeln ... Demgemäfs lebt und handelt der σοφός der Theorie nach unabhängig vom positiven Gesetze als wahrhaft Freier und lediglich nach seinen eigenen Grundsätzen“[2].

Die griechische Philosophie findet bekanntlich gegen Ende der Republik allgemeinen Eingang in Rom. Mit Zusätzen aus anderen Systemen verbunden werden die stoischen Anschauungen von Recht und Staat von Cicero reproduziert; durch die römischen Juristen gewinnen sie Einflufs auf das römische Recht. Cicero und die römischen Juristen übermitteln sie zuerst der spätern Zeit.

Doch ehe wir diesen Vorgang ins Auge fassen, mufs der ganz verschiedenen Lehren der Epikureer gedacht werden. Der Epikureismus ist bekanntlich das umfassendste System des metaphysischen und ethischen Materialismus, welches das Altertum hervorgebracht hat. Durch die Wiedererweckung dieses Lehrgebäudes ist die moderne Welt in alle Tiefen der naturalistischen Weltanschauung geführt worden. Dasselbe System, welches das Universum aus dem Falle unbeseelter Atome entstehen liefs, erklärte die Gesellschaft aus dem Zusammentreten selbstsüchtiger, von dem Gebote keines inneren oder äufseren Gesetzes beherrschter Individuen; Moral und Recht leitete es aus den Nütz-

---

[1] Zöckler: Die Lehre vom Urstande des Menschen. Gütersloh 1879. In dem dritten für Nicht-Theologen besonders bemerkenswerten Kapitel „Die Traditionen des Heidentums“ heifst es: „Ein goldenes Zeitalter mit darauf gefolgtem allmählichem Herabsinken zur Dürftigkeit und Kümmerlichkeit heutiger Zustände, eine Paradieseswonne mit langsam erbleichendem Glanze ist in der That Gemeinbesitz der Tradition aller älteren Völker.“ S. 103.

[2] Voigt a. a. O., p. 142, 143.

lichkeitserwägungen der um Frieden und Leben besorgten Menschen ab. Für die Entwicklung der Staatswissenschaften aber war es bedeutungsvoller, daſs die Epikureer ein geregeltes Zusammenleben erst durch einen Staatsvertrag zustande kommen lieſsen, welchen die Menschen aus Rücksicht auf ihren Nutzen, vom Selbsterhaltungstriebe angeregt, miteinander abschlossen. Vor dem Staatsvertrage gab es kein Recht, lehrten die Epikureer konsequent; denn es fehlten in ihrem System die metaphysischen Voraussetzungen: die Annahme einer Weltvernunft, die das Universum durchdringt, oder eines Schöpfers, welcher bestimmte Gebote erlassen hat; im Naturzustande brachte der Stärkere seine Macht rücksichtslos zur Geltung. Das Recht, das ist eine zweite Konsequenz ihrer Lehre, hat kein unabhängiges, selbständiges Dasein, es existiert nur soweit, als Verträge abgeschlossen worden sind. Für solche Wesen, die sich nicht durch Verträge binden können, giebt es weder Gerechtigkeit noch Ungerechtigkeit, ebensowenig für solche Völker, die keine Verträge miteinander haben eingehen mögen. Das Naturrecht, sagt daher Epikur konsequent, ist ein Vertrag über das, was geschehen muſs, damit wir andere nicht verletzen noch von ihnen verletzt werden[1].

In dieser Aussage über das Naturrecht dürfen wir wohl eine Auseinandersetzung mit den Stoikern sehen. Epikur muſs von seinem Standpunkte das Dasein eines vor und über allem positiven Rechte bestehenden Naturrechtes leugnen; aber er sieht ein, daſs die Menschen der vorgesellschaftlichen Zeit ein lebhaftes Bedürfnis empfinden muſsten, in geordnete Zustände überzugehen. Der Gesellschaftsvertrag ist die Brücke zwischen Rohheit und Kultur und wird die Grundlage aller weiteren Fortschritte; denn auf ihm baut sich das Gerüst der positiven Gesetze auf, die natürlich nach den Bedürfnissen und Nützlichkeitserwägungen der verschiedenen Länder verschieden ausfallen müssen. Soll der Begriff Naturrecht in diesem System Aufnahme finden, so kann er nur die Bedeutung haben, „daſs es überall der Naturtrieb der Selbsterhaltung ist, welcher zum Staatsvertrage führt . . . Er (Epikur) nimmt daher, freilich in einem anderen Sinne als die früheren, an, das Gerechte beruhe auf der Natur, und versteht unter dem Naturgerechten die Anforderung, daſs jener Sicherungsvertrag geschlossen werde“[2].

---

[1] *τὸ τῆς φύσεως δίκαιόν ἐστι σύμβολον τοῦ συμφέροντος εἰς τὸ μὴ βλάπτειν ἀλλήλους μηδὲ βλάπτεσθαι.* Ritter und Preller, historia philosophiae graecae et romanae ex fontium locis contexta. 4. A. p. 356. Ich übersetze an dieser Stelle wie Guyau (Morale d'Epicure) und ähnlich wie Hildenbrand „das Naturrecht“, was mir dem Sinne nach und philologisch als das einzig Richtige erscheint, und bedauere mit so gewichtigen Autoritäten wie Zeller und Voigt nicht übereinstimmen zu können. Zeller übersetzt „Das Recht ist seiner eigentlichen Natur nach“ a. a. O. p. 455 und Voigt „Justum natura est utilitatis pactum“ a. a. O. p. 131.

[2] Hildenbrand, Geschichte und System der Rechts- und Staatsphilosophie 1860, I, p. 516.

Es ist unumgänglich notwendig, einen Punkt der epikureischen Lehre mit aller Deutlichkeit hervortreten zu lassen, obgleich er in dem Vorhergehenden schon bezeichnet wurde. In dem epikureischen System existiert der Gegensatz von natürlichem Recht und positivem Recht nicht. Alles Recht ist positives Recht. Die Epikureer konnten daher auch nicht behaupten, es wäre möglich, den Wert des positiven Rechtes an dem Mafsstabe des Naturrechtes zu messen, oder das positive Recht hätte keine verbindliche Kraft, wenn es dem Naturrecht widerstreite. Dies ist, wie man sich erinnern wird, die stoische Lehre, die auf ganz anderen metaphysischen Grundlagen beruht. So zeigt sich auch hierin jener schöne Zug der antiken Philosophie, aus den für wahr gehaltenen Prämissen fadengerade die Konsequenzen zu ziehen. In ein bedenkliches Schwanken gerieten dagegen diejenigen modernen Naturrechtslehrer, welche epikureische und stoische Gedankenelemente verschmolzen; sie mufsten sich in innere Widersprüche über die Fortdauer des Naturrechtes im Staate verwickeln. Doch kehren wir zur epikureischen Lehre zurück.

Als eine weitere Konsequenz der Grundanschauungen wird der Gedanke einer inneren Verpflichtung, die Gesetze zu beobachten, abgewiesen. „Recht und Gesetz ist somit nicht an und für sich, sondern um seines Nutzens willen verbindlich, die Ungerechtigkeit nicht an und für sich, sondern wegen ihrer Nachteile zu verwerfen“ [1]. Der Weise befolgt das Gesetz, weil er dessen Nützlichkeit einsieht, der Ungebildete aus Furcht vor den Strafen, welche für ungesetzliches Handeln angedroht sind. Jeder darf das Gesetz übertreten, welches seine Interessen verletzt; aber er mufs befürchten, entdeckt und bestraft zu werden, was seine Gemütsruhe trübt — die doch nach Epikur das höchste Gut ist.

Dafs die Epikureer von dem vorstaatlichen Zustande der Menschen eine ganz andere Vorstellung hatten als die Stoiker, verwandt mit derjenigen, welche von den Sophisten vertreten und viele Jahrhunderte später von Gassendi, Hobbes, Spinoza erneuert wurde, ist schon angedeutet worden. Ohne Verträge und Gesetze, meint Metrodor, würden die Menschen einander auffressen. Dieser Teil ihrer Lehre findet eine breite Darstellung in dem Lehrgedichte des Lucretius Carus: De rerum natura.

Hier wird am entschiedensten die Volkssage und die Lehre der Stoa angefochten. Es gab nie, so vernehmen wir, ein goldenes Zeitalter, eine Kulturhöhe, von der die Menschheit allmählich herabgesunken ist, sondern im Anfang war die Not, die Armut, die Unwissenheit und die Rohheit. Die Geschichte des Menschengeschlechtes ist nach Lucretius die Geschichte einer allmählichen stufenweisen Entwickelung zur materiellen, sittlichen und intellectuellen Kultur. Stets mufs der Naturalismus im

---

[1] *ἡ ἀδικία οὐ καθ' ἑαυτὴν κακόν, ἀλλ' ἐν τῷ κατὰ τὴν ὑποψίαν φόβῳ.* Ritter und Preller a. a. O.

schneidendsten Gegensatz zu den Lehren der christlichen Religion die Idee des Fortschrittes vertreten[1].

Einzeln[2] schweiften anfänglich die Menschen umher; sie begatteten sich wie die Tiere, wenn das Bedürfnis erwachte und sich Gelegenheit bot; noch fehlte ihnen die Sprache, welche erst mit dem geselligen Leben entsteht. Ein jeder lebte nur für sich, kümmerte sich nicht um das Wohl und Wehe der anderen; Sitte und Gesetz waren unbekannt. Erst als sie das Feuer kennen gelernt, Hütten gebaut und feste Geschlechtsverbindungen geknüpft hatten, entstand das Bedürfnis nach Frieden. Sie waren nun ansässig geworden, sie lebten familienweise zusammen und die zunächst Wohnenden schlossen förmliche Verträge miteinander ab, einander nicht zu verletzen, sowie die Frauen und Kinder gemeinsam zu verteidigen[3].

Es ist für unsere Zwecke belanglos, das Gedicht des Lucretius noch weiter zu verfolgen. Dagegen müssen wir zum Schlusse die Lehren der Epikureer über das Entstehen der Gesetze noch einen Augenblick ins Auge fassen. „Da nun derartige Verträge," heifst es in Zellers Darstellung, „nur durch diejenigen ins Leben gerufen werden konnten, die es den andern an Einsicht zuvorthaten, diese aber dabei natürlich (wie jeder verständige Mensch) ihren eigenen Vorteil im Auge hatten, so kann auch gesagt werden, die Gesetze seien nur der Weisen willen gemacht, nicht damit diese kein Unrecht thun, sondern damit sie kein Unrecht leiden möchten"[4].

So ist also schon bei den Epikureern in aller Klarheit die Meinung ausgesprochen, die wir im 18. Jahrhundert so häufig vernehmen, dafs die Gesetze bewufst gemacht werden, und zwar von den Weisen zu ihrem eigenen Vorteil. Jener Ansicht ent-

---

[1] Siehe die Erörterungen Guyau's: „La morale d'Épicure". Paris 1878, liv. III, chap. III. „Le progrès dans l'humanité."

[2] Guyau läfst die Menschen hordenweise herumschweifen: „Les hommes, ajoute-t-il (Lucrèce), erraient par troupeaux, comme les bêtes." Ich habe dies aus der Darstellung des Lucretius nicht entnehmen können.

[3] Die epikureischen Lehren von der Entstehung von Staat und Kultur finden einen selbständigen Vertreter in Polybius. Karl Hildenbrand, Geschichte und System der Rechts- und Staatsphilosophie. Leipzig 1860, I, p. 535. Selbst bei Aristoteles sind Anklänge an diese Auffassung vorhanden. Wohl lehrte er und mufste es im Geiste seines Systemes lehren, dafs der Staat früher da sei als das Individuum; aber auch er läfst, nicht thatsächlich, aber der Betrachtung wegen, den Staat aus einfachsten und kleinsten Teilen entstehen. Er kennt den Begriff des staatlosen Naturzustandes. Der Mensch, welcher aufserhalb des Staates lebt, ist ihm ein „Mann ohne Sippe, ohne Recht, ohne Herd", er lebt auf eigene Faust und vermag den Zustand nicht zu ertragen, wenn er nicht besser oder schlechter als ein Mensch ist. Geschaffen mit Anlagen zur Einsicht und Tugend, kann er dieselben nur im Staate entfalten; losgelöst von Recht und Gesetz ist er das allerschlimmste Geschöpf. Der Staat, erklärt der Stagirit ausdrücklich, entstand des Lebens willen.

[4] Zeller a. a. O., III, 1, p. 456.

spricht die bekannte geringe Meinung, welche die Epikureer von einem Wirken im Staate hatten. Der Weise wird nur dann nach politischem Einflusse streben, wenn seine Sicherheit es erfordert; im übrigen überläſst er das Gemeinwesen den ehrgeizigen Menschen.

Überblicken wir die beiden philosophischen Systeme, deren Lehren über Recht und Staat wir vorher betrachtet haben, so fallen die gröſsten Verschiedenheiten ins Auge. Dort am Anfange die ewige Vernunft, hier das Spiel der Atome; dort beim Beginne der Menschengeschichte die Gleichheit und Freiheit aller Vernunftwesen im goldenen Zeitalter, hier die Gleichheit sittlicher Ungebundenheit, in einer Periode voll Rohheit und Barbarei; dort ein ewiges Naturgesetz, hier Gesetzlosigkeit, bis aus dem Triebe nach Selbsterhaltung der Gesellschaftsvertrag hervorgeht; dort Hinneigung zur republikanischen Verfassung, welche mit der Freiheit und Gleichheit aller Vernunftwesen am meisten verträglich scheint, hier Vorliebe für die monarchische Staatsform, welche den Frieden am kräftigsten zu sichern die Aussicht bietet[1]; dort ein Herabsinken von uranfänglicher Höhe, hier ein allmähliches Emporsteigen zu materieller und sittlicher Kultur; dort die Lehre, daſs das Naturrecht vor dem positiven Gesetze gegolten habe, im Staate noch gelte und über alle Staatsgesetze erhaben sei, mit anderen Worten, daſs das, was die individuelle Vernunft des Weisen für wahr halte, eine höhere Geltung beanspruchen dürfe als alle positiven Gesetze, hier die Leugnung alles Naturrechtes im stoischen Sinne und die Behauptung, daſs der Mensch sich über jedes Gesetz hinwegsetzen dürfe, wenn er es in seinem individuellen Interesse für nützlich halte. Und doch ist noch genug des Gleichartigen vorhanden; denn beide Systeme nehmen einen Naturzustand vor der Gründung des Staates an, in dem niemand durch eine positive gesetzliche Macht in seiner Freiheit beschränkt werde und folglich auch alle Menschen in dieser Beziehung im Zustande der Gleichheit lebten; beide predigen den ethischen und politischen Individualismus, der eine den Individualismus der Vernunft, der andere den des Interesses; beide stehen allen realen politischen Gebilden wenn nicht feindselig, so doch gleichgültig gegenüber; das Individuum beherrscht das Interesse der Stoiker und der Epikureer.

---

[1] Wie der strengen und kräftigen Sittenlehre des Stoicismus jene unbeugsame republikanische Gesinnung entsprach, die wir namentlich in Rom so oft mit stoischer Philosophie verknüpft finden, so war es umgekehrt dem weichen und furchtsamen Geist des Epikureismus gemäſs, den Schutz der monarchischen Verfassung aufzusuchen. Zeller, p. 458.

## Zweites Kapitel.

# Das Naturrecht in Rom und im Mittelalter.

Wir wollen nun die Überführung der stoischen Lehre von Recht und Staat in die Schriften Ciceros und der römischen Juristen verfolgen, und zwar unter der Führung Voigts, welcher diesen Gegenstand mit staunenswerter Gelehrsamkeit behandelt. Folgendes ist nach ihm die Lehre des römischen Philosophen: „Die lex naturae oder lex naturalis oder summa, vera lex . . . oder caelestis lex . . . ist das Gebot Gottes selbst, hervorgegangen aus dessen ratio, und Gott selbst inwohnend und in und mit Gott auch dem Weltall und der Natur. Daher ist diese lex selbst eine summa oder recta ratio, wie eine mens oder ratio Dei, und eine ratio naturae. Sie ist von Gott den Menschen gesetzt als Anforderung an dessen ratio: als Vorschrift des zu Thuenden und zu Unterlassenden. Unabhängig von der Meinung und individuellen Anschauung der Menschen, wie der Nationen, ist sie communis lex naturae: uranfängliche und ewige, gleichmäſsige und unabänderliche Vorschrift für alle Zeiten und Völker, ein Ausdruck der absoluten Wahrheit, der höchsten Weisheit Gottes . . . . . Zur vollen Erkenntnis dieser lex gelangt der Mensch durch eigene Thätigkeit: Die Vorstellung von den Geboten der lex ist in ihren Grundanlagen als Keim und in kleinen Verhältnissen dem Menschen eingeboren; allein die ungetrübte Erkenntnis derselben . . . . ist lediglich die Frucht des ernsten Strebens und Ringens nach höchster Wahrheit . . . . . . Das durch die lex naturae gebotene Recht wird jus naturae oder jus naturale — im Gegensatz des Quiritium jus genannt. . . . Den Menschen ist der Begriff dieses Rechtes gleichmäſsig eingeboren, indem solcher unmittelbar der ratio eingepflanzt ist..."[1].

Durch diese Lehren wird Cicero der Vermittler zwischen der Ethik der Stoiker und den Doktrinen der christlichen Philosophie[2]. Jene ethischen Begriffe treten immer wieder auf, vermehrt um den Begriff des unmittelbar ausgesprochenen göttlichen Gesetzes, bei Paulus, Pelagius, Augustinus, Scotus Erigena, Abälard, am durchgebildetsten bei Thomas von Aquino[3]. Daſs Gott der menschlichen Natur ein sittliches Gesetz eingeschaffen habe, daſs folglich das Naturgesetz in Wahrheit auch ein göttliches Gesetz sei, daſs neben diesem mittelbar göttlichen Gesetze ein durch die Offenbarung direkt verkündetes bestehe, daſs von diesen Arten von Gesetzen das bürgerliche, menschliche unterschieden werden müsse: das ist ein Kern von Gedanken, der sich fast überall aus den Lehren der mittelalterlichen Theologen und Scholastiker herausschälen läſst. Wie diese Männer die erwähnten Sätze verwerteten, welche Schlüsse sie aus dem Nebeneinanderbestehen eines natürlichen göttlichen Gesetzes mit der behaupteten Notwendigkeit des Übernatürlichen zogen: das darzulegen ist ebensowenig unsere Aufgabe, wie der Konsequenzen zu gedenken, welche die von den Nominalisten vorgenommene Basirung des Gesetzes auf den Willen Gottes, nicht auf seine ewige Vernunft nach sich ziehen muſste. Es ist aber klar, daſs, nachdem später in der Doktrin die Beziehungen des natürlichen Gesetzes zu der göttlichen Vernunft oder dem göttlichen Willen gelöst oder zerschnitten wurden, nichts übrig blieb, als die ursprüngliche Fähigkeit der menschlichen Natur, **Sittlichkeit und Recht aus sich selbst zu erzeugen.** Doch werden jene Fäden immer wieder angeknüpft. Daſs das der menschlichen Natur entstammende Gebot zugleich ein göttliches sei, hat noch Adam Smith vorgetragen.

Im Vorhergehenden haben wir mehr die dem Naturrecht und der Ethik gemeinsame Seite der Ciceronianischen Philosophie betont. Aber auch auf dem speciell naturrechtlichen Gebiete wurde von Cicero eine Durchdringung der Begriffe des römischen Rechtes mit dem griechischen Gedanken angestrebt; er ist hierdurch ein Lehrer der römischen Juristen geworden, welchen es gelang, jene Verschmelzung wirkungsvoller durchzuführen.

Bekanntlich hat sich durch die Berührung der Römer mit

---

[1] Voigt a. a. O. p. 185. 187. 192. Auch die Bezeichnung „Ordo" findet sich schon bei Cirero, wie Daire behauptet. Physiocrates I, Introduction S. XX.

[2] Jodl, Geschichte der Ethik in der neuern Philosophie 1882. Bd. I, p. 33 und 35.

[3] Jodl a. a. O. p. 53, 56, 58, 64, 66, 68.

fremden Völkern der Begriff des jus gentium, des allen Völkern gemeinsamen Rechtes — quo omnes gentes utuntur — entwickelt. Es ist weiter bekannt, dafs diese den Völkern gemeinsamen Rechtssätze durch die Gewohnheit und das prätorische Edikt Einflufs auf das jus civile gewannen, sodafs das jus aequum einen Teil seiner Kraft im Kampfe mit dem jus strictum aus dem jus gentium zog.

Die stoische Philosophie, die Schriften Cicero's schlingen nun ein geistiges Band um diese aus praktischen Bedürfnissen entstandenen Rechtsgebiete. Das jus gentium der Juristen wird mit dem jus naturale der Philosophen in Verbindung gebracht; es scheint sich in dem jus gentium, quo omnes gentes utuntur, das Naturrecht zu offenbaren, quod naturalis ratio constituit. Zwar ist das jus gentium nicht allgemein dem jus naturale völlig gleichgestellt worden; doch haben die Identität einige Juristen, z. B. Gaju, behauptet. Das jus naturale würde auch dabei verloren haben. Nur dadurch gewann es seine ganze Hoheit, dafs es als ein bruchstückweise verwirklichtes und als ein erst ganz zu verwirklichendes Ideal erschien, bestimmt, alles einseitig nationale Recht zu verdrängen.

Über die Bedeutung der Überführung griechischer Philosopheme in die römische Rechtswissenschaft drückt sich in überaus klarer Weise Voigt aus. Er behauptet, „dafs jene Lehre (vom jus naturale) zuerst das römische Volk zu einer kosmopolitischen Anschauungsweise emporhob und so diejenigen Vorstellungen, deren Keime bereits weitgreifende Eroberung und ausgedehnter Handelsverkehr in die Ideenwelt der Römer verpflanzt hatte, zur bewufsten Erkenntnis führte und zu voller Ausdehnung und Tragweite ausbildete. Gleich allen Nationen des Altertums geht Rom in seiner staatlichen Entwicklung aus von dem Prinzip nationaler Exklusivität in allen religiösen, wie politischen und bürgerlichen Beziehungen. Auf jenes Prinzip stützt sich der antike Begriff vom Staate, wie wir solchen namentlich von Aristoteles, Polybius und Cicero ausgesprochen, vom antiken Leben getragen sehen. Hiernach erscheint der Staat als societas der Bürger zum Zwecke der Gemeinsamkeit des Rechtes, wie alles Nutzbringenden .... Über diese Gränze hinaus war den Römern die Vorstellung einer Gemeinschaft zwischen den Menschen oder zwischen den Freien völlig fremd.“ Doch als später „die Römer ein privatrechtliches jus gentium aufstellten, erkannten dieselben darin in der That eine Rechtsnorm an, welche nicht blofs die socii civitatis, sondern die gesamte freie Menschheit beherrscht .... Diese Annahme einer societas hominum enthält aber in Wahrheit den Grundgedanken und das Prinzip, welches vom antiken Standpunkte aus in der Erscheinung des jus gentium verhüllt lag ..... Gerade jener Grundgedanke ... jenes neue Dogma .... war von dem freien Gesichtspunkte der griechischen Philosophie erkannt und ausgesprochen, von Cicero aber in einer für den antiken Standpunkt erhabenen Weise begründet und seinen Mitbürgern zur bewufsten Anschauung vergegenwärtigt worden. Indem nun von dem letzteren, wie bereits von den Stoikern, jenes Dogma in die innigste Beziehung zur Theorie vom jus naturale gesetzt ward, so wirkte nun in dieser Verbindung das jus naturale, ebensowohl das Dogma von der societas hominum unterstützend, wie selbst von diesem gestützt, in der oben bezeichneten kosmopolitischen Richtung.

Dies ist die wichtigste Bedeutung, welche, namentlich in ihrer Verbindung mit dem Dogma von der societas hominum, die Lehre vom jus naturale für das gesamte Altertum hatte; ein bedeutungsvoller Moment aber auch in der Geschichte des gesamten Menschengeistes und seiner Kultur. Der Wendepunkt, wo eine neue Phase in dem Gange der Entwicklung der Menschheit anhebt und der Geist der Neuzeit, unterstützt und gefördert durch die kosmopolitischen Lehren des Christentums, seine Schwingen zu entfalten beginnt" [1].

Vergessen wir nicht zum Schlusse zu erwähnen, dafs die römische Rechtswissenschaft noch eine andere Art des Naturrechts kennt. Neben dem jus naturale quod naturalis ratio constituit, und das nur für vernunftbegabte Menschen Geltung hat, existiert das jus naturale quod natura omnia animalia docuit, ein Naturgesetz, welches der Schöpfer der ganzen belebten Welt vorgeschrieben hat [2] und dem die Tiere instinktiv gehorchen. Als ein besonderes Recht der Menschheit stellt sich dann das Naturrecht in der ersten Bedeutung dar. Für die Menschheit selbst ist es „das absolute Recht. Die römischen Juristen drücken dies durch drei Attribute aus, die sie ihm beilegen, nämlich die Universalität der Geltung sowohl für die Völker, als für die Einzelmenschen, die Unwandelbarkeit im Verlaufe der Zeit, und die höchste materielle Gerechtigkeit" [3].

Diese Ideen gingen allmählich in den Besitz der mittelalterlichen Schriftsteller über [4]. Sie fanden zum Teil einen wohl-

---

[1] Voigt a. a. O. p. 235—237.

[2] Jus istud non humani generis proprium, sed omnium animalium . . . commune est. Hinc descendit maris et feminae conjunctio, quam nos matrimonium appellamus, hinc liberorum procreatio . . . .

[3] Hildenbrand a. a. O. p. 607.

[4] Wir stellen uns das Verschwinden der lateinischen Litteratur im Mittelalter übertrieben vor. G. Voigt (Die Wiederbelebung des klassischen Altertums, 2. Aufl. 1880 — 1. p. 4) sagt: „Wie die römischen Rechtsbücher, so blieb auch die geschichtliche, philosophische und poetische Litteratur der Römer niemals ganz unbeachtet liegen . . . Schon die Kirchenväter wiesen vielfach auf die profanen Autoren hin, denen sie ja ihre Erudition zum guten Teile verdankten . . . Endlich besitzen

vorbereiteten Boden. Für den νοῦς, den λόγος τοῦ παντός trafen sie den θεός oder λόγος; das christliche Universalreich war mit dem Weltstaate der antiken Philosophen verwandt; der angenommene Naturzustand der griechisch-römischen Denker erhielt durch die christliche Lehre vom Paradiese die kräftigste Bestätigung: die Gleichheit aller Vernunftwesen hatte in der Gotteskindschaft aller Menschen ihr Gegenstück. Aber schon früh scheinen die stoischen Gedankenelemente auf die seltsamste Weise mit epikureischen Bestandteilen verquickt worden zu sein.

Wenn alle Menschen von einem Paare abstammten und ursprünglich in einem staatenlosen Zustande gelebt hatten, dann war die Frage nicht zu vermeiden, wie denn der Staat entstanden sei. Sie wurde brennend, als Gregor VII. das Band zwischen Universalkirche und Universalreich zerrifs. Unter dem Einflusse der von der Antike genährten philosophischen Staatslehre fängt man an, die Entstehung des Staates auf Naturtrieb und menschliche Willensvorgänge zurückzuführen. „Der göttliche Wille," sagt Gierke, „wird zwar als wirkende Ursache festgehalten, allein er tritt in die Rolle der causa remota zurück"[1]. Ein Jahrhundert später, zuerst zur Zeit des Investiturstreites, entwickelt sich die Lehre vom Staatsvertrage. Woher kommt sie? Gierke meint: „Die kirchlichen Vorstellungen von einem ursprünglichen Naturzustande, in dem es weder Eigentum noch Herrschaft gegeben haben sollte, waren ihr förderlich." Da nun hiermit, wie die Lehre der Stoa beweist, noch nicht die Lehre vom Staatsvertrage gegeben war, so verweist Gierke auf „mancherlei Erinnerungen aus der germanischen Rechtsgeschichte und die vertragsmäfsige Ausgestaltung so vieler geltender öffentlicher Rechtsverhältnisse durch Vereinbarung zwischen Fürsten und Ständen . . . Vor allem aber entschied über ihren Sieg die Auffassung, welche man über den Ursprung der höchsten irdischen Gewalt, in der man das Muster aller Staatsgewalt erblickte, mehr und mehr entwickelte. Die Jurisprudenz war auf Grund ihrer Quellen von vornherein darüber einig, dafs die kaiserliche Gewalt als Nachfolgerin in das imperium der römischen Cäsaren zuletzt auf der durch die lex regia vollzogenen einstmaligen Volksübertragung beruhe"[2].

Aber ist denn nicht vielleicht doch die Wiedererweckung

---

wir aus allen Perioden der mittelalterlichen Zeit handschriftliche Kopieen klassischer Autoren, die doch ein thätiges Interesse für die Litteratur bezeichnen. Derselbe Verfasser schreibt: „Die blofse Belesenheit ist noch lange nicht jene einseitige Begeisterung der Humanisten . . . . An Kenntnisnahme und selbst Interesse für das Altertum hat es zu keiner Zeit ganz gefehlt." Bd. II, p. 265.

[1] Gierke, Joh. Althusius und die Entwicklung der naturrechtlichen Staatstheorieen. Breslau 1880. p. 63.

[2] a. a. O. S. 77.

des epikureischen Systems von Einfluſs gewesen? Gierke leugnet es, ohne jedoch Gründe für seine Ansicht anzuführen[1].

Seit dem Ende des 13. Jahrhunderts stellte „die philosophische Staatslehre das Axiom auf, daſs der Rechtsgrund aller Herrschaft in freiwilliger und vertragsmäſsiger Unterwerfung der beherrschten Gesamtheit liege“[2]. Über die Natur der Herrschaftseinräumung bestand eine Kontroverse zwischen den Verfechtern der translatio und den Anhängern der concessio, zwei Worten, welche den Inhalt der von ihnen bezeichneten Begriffe ohne weitere Erläuterung erkennen lassen. Aus der Annahme der concessio ging schon im Mittelalter die Lehre von der Volkssouveränetät hervor[3].

So durchkreuzen sich zu Ende des Mittelalters stoische und epikureische Gedanken: das ewige, für alle Zeiten und Völker geltende Naturrecht und die Lehre vom Staatsvertrage. Aber diese Ideen lieſsen sich ebensowohl miteinander, wie mit der christlichen Lehre verbinden. Nach der Stoa war ja auf das goldene Zeitalter eine Periode der Verderbnis gefolgt, welche das positive Gesetz zur Folge hatte. Wenn man sich nun diese Zeit in der Weise der Epikureer dachte, so konnte man sehr wohl die Lehre vom Staatsvertrage an diejenige vom ewigen natürlichen Vernunftrechte reihen. Ins Christliche übersetzt, hieſs dies: Die von Gott nach seinem Ebenbilde geschaffenen Menschen lebten ursprünglich im Paradiese; während dieses Zustandes völliger Unschuld standen sie allein unter dem direkt ausgesprochenen Gesetze Gottes. Infolge der Sünde wurden sie aus dem Paradiese verstoſsen; Habsucht und Mord entzweiten sie; sie zerstreuten sich über die Erde und lebten ein unsicheres und jämmerliches Leben. Um ihr Dasein zu schützen, gründeten sie endlich den Staat durch einen Vertrag. Obwohl ihre Fähigkeiten geschwächt waren, gestattete ihnen die Thatsache, daſs sie nach dem Ebenbilde Gottes geschaffen waren, mit Hilfe ihrer Vernunft das Naturrecht zu finden.

---

[1] Ich stelle natürlich nur eine Hypothese auf und begnüge mich daher, eine Stelle aus dem genannten Werke von Guyau hieher zu setzen, welche beweist, wie sehr die epikureische Lehre, die im ganzen Mittelalter bekannt blieb, im 12. Jahrhundert an Kraft gewonnen hatte. „Au commencement du douzième siècle, lorsque un courant d'incrédulité commença à se produire en Europe et surtout en Italie, lorsque des sociétés secrètes se formèrent pour la destruction du christianisme, les plus logiques parmi ces partisans d'un esprit nouveau n'hésitèrent pas à invoquer le nom d'Epicure. A Florence, en 1115, un parti d'Epicuriens se forma, assez fort pour devenir le sujet de troubles sanglants. L'hérésie des Epicuriens, remarque Benvenuto d'Imola, était entre toutes celle qui comptait les plus nombreux partisans“ u. s. w. p. 191. Und Windelband, Geschichte der neueren Philosophie, Leipzig 1878, sagt ausdrücklich: „Freilich war der Epikureismus niemals völlig vergessen worden. In der poetischen Darstellung des Lucrez und in der Reproduktion der Schriften Cicero's war er bekannt geblieben“, Bd. I, p. 19.

[2] Gierke, p. 78.

[3] Gierke, p. 123.

Wenn wir uns, an diesem Punkte angekommen, die Entwicklung der Lehren vom natürlichen Rechte noch einmal zu vergegenwärtigen suchen, so zeigt sich, dafs sie teilweise in den Schriften der griechischen und römischen Philosophen, teilweise in den Pandekten, teilweise in mittelalterlichen Werken vorgetragen worden waren. Es bedarf keiner Ausführung, dafs man nicht alle Quellen gleichmäfsig eröffnet hatte. Dies geschah durch die Renaissance.

## Drittes Kapitel.

# Die Ausbildung des Naturrechts als selbständige Wissenschaft.

Wir stehen an der Schwelle jener grofsen Zeit, wo die mittelalterliche Bildung, die mittelalterliche religiöse Weltanschauung und der mittelalterliche Staatsbegriff vor den gewaltigsten Angriffen teils erlagen, teils zurückwichen. Man hat es oft versucht, die Gruppen von Streitern für die Entwicklung der modernen geistigen Welt als Kämpfer darzustellen, die auf verschiedenen Schlachtfeldern für die eine Idee der Menschenbefreiung fochten: Humanismus, Reformation, die moderne Politik seien nur Glieder einer grofsen Kette. Es läfst sich nicht verkennen, dafs diese drei Richtungen Berührungspunkte aufweisen, hie und da ineinander übergehen und sich gegenseitig unterstützen; das liegt im Wesen oppositioneller Bestrebungen. Im Jahre 1848 gingen auch, um Grofses mit Kleinem zu vergleichen, Zünftler und Socialisten zuweilen zusammen, weil sie sich des gemeinsamen Gegensatzes klarer als der entgegengesetzten Ziele bewufst waren. Die vorher gekennzeichneten Richtungen sind aber in ihrem Ursprunge, wie mir scheint, sehr deutlich von einander getrennt. In diesem Punkte weisen sie nur die äufsere Verwandtschaft auf, dafs sie im Kampfe für das Zukünftige gegen das Gegenwärtige auf die Vergangenheit zurückgehen.

Der Humanismus will das Altertum wieder erwecken; er setzt sich dadurch zunächst in den schneidendsten Gegensatz gegen die Methode der mittelalterlichen Wissenschaft und deren Darstellungsform; allmählich wird er dazu fortgetrieben, die Wissenschaft der Alten über die mittelalterliche Scholastik zu stellen und zuletzt heidnisch zu fühlen und zu denken. Aus dem Humanismus gehen die Philosophie und die Philologie der Übergangszeit hervor.

Die antiken Systeme werden erneuert, die platonischen Studien leben wieder auf, der wahre Aristoteles wird entdeckt, um Zeno und Epikur, ja Pyrrho und Empedokles scharen sich Jünger. Der hervorragendste Erneuerer der stoischen Philosophie ist der Niederländer Justus Lipsius, welcher beinahe ein Vierteljahrhundert an der Universität Leyden wirkte; der erfolgreiche Vorkämpfer des Epikureismus heifst bekanntlich Pierre Gassendi; sein Einflufs auf die neuere Philosophie ist durch Lange und Guyau ins Licht gestellt worden [1]. Und nicht nur den metaphysischen Ansichten der alten Philosophen gilt die Aufmerksamkeit von Schöngeistern, Gelehrten und Philosophen, auch ihre ethischen Lehren erwarben sich Anhänger.

Zunächst fand dasjenige System Bewunderer, dessen unbeugsame Tugendstrenge sich noch am leichtesten mit dem Christentum verträgt, nämlich das stoische; man wollte noch im Schatten der Kirche weilen, man war sich wohl auch nicht des tiefen Gegensatzes zwischen antiker und christlicher Ethik voll bewufst. Die antike Anschauung schreibt dem Menschen die Fähigkeit zu, das Gute aus sich selbst zu schaffen: dieses ist folglich natürlich. Dagegen läfst die christliche Lehre die göttliche Gnade entweder Alles, oder doch das Wesentliche in der verderbten Menschennatur wirken; das Sittliche erscheint hiernach als etwas Unnatürliches. Dabei wird von dem zwei Jahrhunderte nach Christus gestifteten Neuplatonismus abgesehen, den man nicht als ein reines System der antiken Philosophie betrachten kann, und dessen asketisch-ekstatisches Ideal dem christlichen verwandt ist [2].

Aber auch dem Epicureismus, der nach Gass Italien innerlich beherrschte [3], erwuchs ein geistvoller Vertreter in Valla, welcher ein Werk, „De voluptate“ schrieb. Wie diese Be-

---

[1] Siehe „Justi Lipsi Manuductio ad Stoicam Philosophiam“ und dessen „Physiologia Stoicorum“ in der Gesamtausgabe seiner Schriften, Bd. IV, Vesaliae 1675.

[2] Für das Interesse des italienischen Humanismus an der stoischen Philosophie manche Zeugnisse bei G. Voigt, Die Wiederbelebung des klassischen Altertums. Dafs Petrarka die stoische Philosophie auch in seinem Leben darstellen wollte, Bd. I, p. 97; dafs seit Petrarka und Salutato „die Humanisten sich insgesamt zur Stoa bekannten und sie mit der christlichen Lehre auszugleichen suchten“, Bd. I, p. 468. Lionardo Bruni schrieb ein kleines Handbuch der Moral, in welchem er die stoische mit der epikureischen Lehre verglich, der ersteren den Vorzug gab und sie mit der christlichen Ethik in Verbindung zu setzen suchte, Bd. II, p. 458. Bd. II, p. 459 nennt Voigt ihre Schulweisheit „Stoizismus mit christlichem Aufputz“. Von Salutato heifst es: „Lebenserfahrung und Nachdenken haben ihn mit dem Begriff der stoischen Tugend erfüllt“, Bd. II, p. 475. Siehe auch die längere Stelle Bd. II, p. 468.

[3] Geschichte der christlichen Ethik, Bd. II, 1, p. 16.

wegung in dem halb skeptischen, halb epikureischen Montaigne und dem gröfsten Wiedererneuerer des Epikureismus, Pierre Gassendi, ihr Ziel erreichte, aber eine neue Bewegung in der modernen Ethik auslöste, haben wir an einer andern Stelle darzustellen.

Zunächst ist es für uns wichtig, die Thatsache ins Auge zu fassen, dafs im Gefolge der Humanisten neben den mit ihnen innerlich verwandten hervorragenden französischen Philologen die grofsen französischen Rechtsgelehrten des 16. Jahrhunderts schreiten. Durch ihre treue Arbeit vollzieht sich die Renaissance des römischen Rechtes. Ihr wissenschaftliches, auf die Wiederbelebung des Rechtes gerichtetes Interesse und ihr kritisches und exegetisches Können erheben sie weit über die mittelalterlichen Glossatoren, Postglossatoren, Legisten und Kanonisten. Unter ihnen ragt Cujas am meisten durch historischen Sinn hervor[1]. Die geschichtliche Richtung ihrer Studien, ihr durch Tradition und Glosse zur reinen Quelle durchdringender Geist weisen darauf hin, dafs sie Zeitgenossen der Reformatoren sind.

Der gemeinsame Zug aller Reformation — ich spreche nicht von der Ursache oder dem Ursprung der Reformation — der gemeinsame Zug aller Reformation von den Waldensern bis auf Luther, Calvin, Zwingli herab ist das Bestreben der führenden Geister, auf das Evangelium zurückzugehen, den Text, unbeirrt durch Überlieferung und Dogmen, auf sich wirken zu lassen und die kirchliche Verfassung der ersten Zeit des Christentums wieder ins Leben zu rufen. Darum erhalten auch die Studien der Reformatoren einen philologisch-historischen Charakter; es entstehen innere und äufsere Beziehungen zum Humanismus. Beide kämpfen „gegen eine verweltlichte Kirche, gegen eine entsittlichte Geistlichkeit, gegen eine dumm und unwissend oder leer und spitzfindig gewordene Scholastik"[2]. Beide arbeiten an dem Fundamente einer neuen Ethik — und doch, obgleich „der Stifter eines weltlichen Christentums" dem Natürlichen sein Recht zurückerobert und die irdischen Berufe wieder geheiligt hat, so werden der optimistische Heide und der pessimistische Christ durch ihre Ansicht von dem Werte der menschlichen Natur unüberbrückbar geschieden. Humanismus und Reformation verbindet auch der Kampf gegen Papst und ultramontane Kirche. Das gute Recht des Staates an sich und des nationalen Staates auf Selbständigkeit und Unabhängigkeit von der Kirche werden anerkannt, das heifst theoretisch; denn in Wirklichkeit wurde in

---

[1] Lerminier, histoire du droit, welcher Cujas und Donneau mit einander vergleicht, möchte den Ersten zum Stammvater der historischen Schule machen.

[2] Siehe die Ausführungen von Th. Ziegler: Geschichte der christlichen Ethik. Strafsburg 1886. Kap. VIII: Humanismus und Reformation. Von Ziegler stammt auch der Ausdruck „Stifter eines weltlichen Christentums".

protestantischen Ländern der Staat entweder der Herr oder der Handlanger der Kirche.

Durch diese Bestrebungen reichen Humanisten und Reformatoren den grofsen Politikern des 16. und 17. Jahrhunderts die Hand. Die politischen Schriften dieser Periode entspringen aus Bedürfnissen der Zeit, wie Humanismus und Reformation aus geistigen und sittlichen Bedürfnissen hervorgehen. Der Staat mufs frei von äufsern Mächten sein, das richtige Verhältnis der Staatsgewalt zu den Gliedern des Staatsleibes gefunden und durchgeführt werden. Wie in dem Ringen für das Notwendige und Neue Humanismus und Reformation in dem Alten ihre Stütze suchen, so schöpfen auch die modernen Politiker aus den Quellen des Altertums, welche ihnen Humanisten und Reformatoren eröffnet haben. So verschiedene Geister, wie Machiavelli und Bodin, beide in ihrer Art für die moderne Staatsgewalt eintretend, haben ihre Ideale an dem Studium der klassischen Litteratur gereift[1].

Andere suchen ihre Vorbilder im Alten Testamente. Männer, wie Arnisäus, Graswinckel, Filmer, möchten die absolute Monarchie auf das patriarchale Königtum bauen; die Politiker der kalvinistischen Richtung, welche durchweg ein entschieden freiheitlicher Geist kennzeichnet, suchen und finden „unmittelbar in der heiligen Schrift nicht nur ausschliefslich die für das sociale Leben mafsgebenden religiösen und ethischen Wahrheiten, sondern zugleich Normen für die äufsere Ordnung von Kirche und Staat“[2].

Aus dieser gährenden Zeit geht nun auch das Naturrecht als selbständige Wissenschaft hervor. Sofern sich ein Entwicklungsgesetz der modernen Wissenschaft aus der vorher gegebenen Darstellung entnehmen läfst, darf man die Überzeugung aussprechen, dafs die neue Disziplin ihren Ursprung sowohl in den Bedürfnissen der Zeit habe, wie im Zusammenhang mit Humanismus, Reformation und Politik herangewachsen sei. Leider hat bis jetzt niemand genau nachgewiesen, welchen materiellen Ursachen, welchen theoretischen Anregungen es seine Entwicklung verdankt. Die Hervorhebung dieser Lücken soll keineswegs die Erwartung erregen, dafs sie auf den folgenden Seiten ausgefüllt würden. Denn dies kann nur die Aufgabe eines Geschichtschreibers des Naturrechtes oder der Philosophie sein, und eine Darstellung, wie die vorliegende, mufs sich teilweise auf derartige Schriften stützen. Nun ist aber die historische Betrachtung, welche die Ideen entweder ganz oder zum Teil als

[1] Bluntschli, Geschichte der neueren Staatswissenschaft. 3. Aufl. München u. Leipzig 1881. 2. Kapitel.

[2] Gierke, Althusius p. 56.

Spiegelungen der realen Verhältnisse auffaſst, noch verhältnismäſsig neu und der Kampf zwischen den alten und neuen Ideen hat nirgendwo eine erschöpfende Darstellung gefunden. Wir besitzen ausgezeichnete Geschichten der Philosophie des Altertums, des Mittelalters und der neueren Zeit, aber kein eingehendes Werk über die Geschichte aller Zweige der Philosophie in der Übergangsperiode. Auch fehlt es uns an einem gründlichen Werke über die Geschichte der Politik. Was insbesondere das Naturrecht betrifft, so giebt es sowohl eine überreiche Anzahl von Darstellungen der Lehren der einzelnen Theoretiker, wie eine auf groſser Gelehrsamkeit beruhende und doch knappe, klare, juristische Geschichte des Ursprungs, der Entfaltung und Durchkreuzung der naturrechtlichen Ideen in Gierke's Werk „Johannes Althusius“ Aber überall vermiſst man den Nachweis des Zusammenhangs des Naturrechts mit der Philosophie. Es wäre eine Anmaſsung, wenn ich die Absicht hätte, hiermit einen Tadel auszusprechen. Denn wie jede Wissenschaft für ihre Zwecke definiert, so betrachtet sie auch den wissenschaftlichen Stoff lediglich vom Gesichtspunkte ihrer Bedürfnisse. Ein Nationalökonom aber, dessen Wissenschaft im Zusammenhange mit der modernen Philosophie herangewachsen ist, hat allen Grund, sich der philosophischen Seite des Naturrechts zu erinnern. Er wird dann im Stande sein, bestimmte theoretische und praktische Sätze als notwendige Konsequenzen aus wenigen bestimmten Grundanschauungen zu begreifen, während sie dem Juristen, welcher die philosophische Basis des Naturrechts nicht in Betracht zieht, als willkürliche Ansichten der Theoretiker erscheinen, welche er sorgsam verzeichnet und in langem Zuge aneinanderreiht. Die Berücksichtigung der philosophischen Basis erleichtert aber nicht allein das Verständnis, sondern auch die Widerlegung.

Wenn ich es daher auf den folgenden Seiten wage, hierüber einige Andeutungen zu machen, so wird man die Mängel billig beurteilen, da ich kein Philosoph bin. Die eben so wichtige Frage, welchen Anteil die politischen und socialen Zustände an der Entwicklung des Naturrechts gehabt haben, vermag ich kaum mehr als zu stellen.

## I.

## Vorbemerkung.

Wir werden die Entstehung des Naturrechts als selbständige Wissenschaft nicht völlig begreifen, wenn wir uns nicht deutlich machen, wie weit man vorgeschritten war, als Humanismus, Reformation und Politik ihre Einwirkung auf den mittelalterlichen Ideenkomplex begannen[1].

Es existierten die Grundbegriffe des Naturrechts, wie sie das Altertum geschaffen hatte, bereichert durch die Idee des unmittelbar ausgesprochenen göttlichen Gesetzes. Sie hatten aber kein selbständiges Dasein, sie waren in theologischen und juristischen Schriften vorgetragen worden. Weiter waren die Prinzipien des Naturrechts noch nicht von den theologischen geschieden. Endlich wurden die naturrechtlichen Lehren nach scholastischer Methode vorgetragen. Sollte sich also eine selbständige Wissenschaft bilden, so mufsten die Grundbegriffe aus ihrer bisherigen Umhüllung herausgeschält und entwickelt werden, im Falle man nicht die Begriffe der griechischen Philosophie und des römischen Rechts an ihre Stelle setzte. Für das Naturrecht mufste zweitens eine nicht weiter ableitbare Erkenntnis als Ausgangspunkt gesucht werden. In dem zweiten Kapitel wurde schon angedeutet, dafs das verhältnismäfsig leicht war: man brauchte nur von Gott abzusehen, um in der vernünftigen Natur des Menschen ein Erkenntnisprinzip zu entdecken. Aber Gott wurde dann doch meistens durch ein Hinterthürchen eingeführt, sodafs jener Begriff thatsächlich das Fundament der meisten Systeme der neuen Wissenschaft geblieben ist. Eine selbständige Methode hat das Naturrecht nicht entwickelt. Nachdem es die scholastische Methode abgestreift hatte, verfiel es der mathematischen, die seit Descartes und Hobbes in allen Wissenschaften die herrschende wurde. Henning hatte sie schon im 16. Jahrhundert gefordert.

Die Entstehung des selbständigen Naturrechtes, welches von allen verwandten Disciplinen, der Moralphilosophie einerseits, dem positiven Rechte und der Politik anderseits, säuberlich getrennt war, welches auf eigenen Principien beruhte und die scholastische Methode abgeworfen hatte, hat zwei Jahrhunderte in Anspruch genommen; erst bei Thomasius und erst in seiner Schrift „Fundamenta juris naturae et gentium“ ist diesen Erfordernissen genügt.

## II.

## Die theoretischen Faktoren des Naturrechts.

Das moderne Naturrecht wurzelt theoretisch in den drei Mächten, welche vorher skizziert wurden: in dem Humanismus, der Reformation und der Politik; aber es zieht seine Nahrung in verschiedenem Grade aus ihnen.

---

[1] Vergl. Kaltenborn, „Die Vorläufer des Hugo Grotius“. Leipzig 1848. p. 47. 48.

## 1.

## Der Humanismus.

Zweifellos hat der Humanismus am meisten für die Wiederbelebung oder Kräftigung der naturrechtlichen Ideen gethan; denn mit ihm ist die Wiedererweckung des römischen, naturrechtliche Bestandteile enthaltenden Rechtes und der antiken Philosophie aufs innigste verknüpft. Von der Renaissance des römischen Rechtes geht der erste Ansturm naturrechtlicher Ideen aus, nicht aber die Gestaltung einer selbständigen Wissenschaft.

Wir haben vorher der grofsen französischen Juristen des 16. Jahrhunderts gedacht. In ihrem Bestreben, das verschiedenartige Recht, welches in Frankreich galt, einheitlich zu gestalten, in ihrem Wunsche, der Krone in dem Ringen mit unbotmäfsigen Vasallen beizustehen, endlich in den Bedürfnissen ihres abstrakten logischen Geistes, der überall Schärfe der Begriffe, Klarheit der Deduktion, Symmetrie, Übersichtlichkeit verlangte, lag die Veranlassung zu einer Überschätzung der naturrechtlichen, in den Pandekten enthaltenen Lehren, die zunächst segensreich war. „Sie wurde leidenschaftlicher Schwärmer für das Naturrecht. Das Gesetz der Natur übersprang alle provinziellen und städtischen Schranken, es setzte sich über alle Unterschiede zwischen Edelmann und Bürger, zwischen Bürger und Bauer hinweg, es räumte der Klarheit, Einfachheit und dem System die erhabenste Stellung ein .... Man darf behaupten, dafs das Naturrecht das Gemeine Recht Frankreichs wurde oder wenigstens dafs die Anerkennung seiner Würde und seiner Ansprüche der eine Glaubenssatz war, dem alle französischen Rechtsgelehrten sich gleichmäfsig unterwarfen. Das Lob der vorrevolutionären Juristen kennt gar keine Grenzen, und es ist bemerkenswert, dafs die Schriftsteller über das Gewohnheitsrecht, welche sich oft für verpflichtet hielten, über das reine römische Recht absprechend zu urteilen, selbst in noch glühenderen Ausdrücken von der Natur und ihren Gesetzen reden als die Civilisten, welche die höchste Achtung vor den Pandekten und dem Codex bezeugen ... Die Hypothese eines Naturgesetzes war nicht so sehr eine Theorie geworden, welche die Praxis leitete, als ein spekulativer Glaubensartikel. und daher werden wir auch finden, dafs bei der Umwandlung, welche es später erfuhr, seine schwächsten Teile sich in der Achtung seiner Anhänger zur Höhe seiner stärksten erhoben“ [1].

Unzweifelhaft hat das römische Recht noch in anderen Ländern die gröfsten Anregungen in der bezeichneten Richtung gegeben. So scheint Oldendorp, Professor der Rechte zu Köln

---

[1] Sir Henry Sumner Maine: Ancient law. 10. Aufl. London 1885. p. 85. Mir scheint es, dafs der Verfasser die Bedeutung des philosophischen Naturrechts für Frankreich nicht genügend würdigt.

und Marburg, der eigentliche Begründer des Naturrechtes als selbständiger Disziplin, dessen Werk 1539 erschien, nach dem, was Kaltenborn über ihn mitteilt, ebenso sehr auf den römischen Juristen wie auf Cicero zu fußen. Doch da ich natürlich nicht die Absicht habe, die Geschichte des Naturrechtes zu schreiben, so begnüge ich mich damit, auf diesen Faktor hingewiesen zu haben, und ich wende mich zu dem anderen, der Wiedererweckung der griechischen Philosophie.

Um nun hier mit genügender Klarheit zu sehen, müssen wir unter den Schriftstellern, welche in der neuen Zeit das Naturrecht behandelt haben, drei Gruppen unterscheiden. Erstens die katholischen, welche die mittelalterliche Tradition, durch die Gegner angeregt, aber nicht in ihrer Überzeugung erschüttert, fortsetzten. Das bedeutendste Werk dieses Rechtes ist der „Tractatus de legibus" von Suarez (1609). Welche Geltung sich Aristoteles in dieser Gattung von Schriften verschafft hat, weiß ich nicht. In betreff der übrigen Schriftsteller möchte ich glauben, daß die Lehren des Stagiriten von geringerem Einfluß gewesen sind, als man gewöhnlich annimmt. Am meisten treten sie in der Ethik Melanchthons hervor. Dagegen sind Stoicismus und Epikureismus die eigentlichen treibenden Mächte des modernen Naturrechtes. Damit will ich natürlich nicht behaupten, daß die großen Naturrechtslehrer nicht auch aus den Werken der andern großen Philosophen geschöpft haben.

So müssen wir eine zweite und dritte Gruppe aussondern, von denen die eine sich an die Stoiker[1], die andere an die Epikureer anschließt. Der größte Theoretiker der zweiten ist Grotius, der einflußreichste Locke. Der Franzose Gassendi steht an der Spitze der dritten[2]. Mit dem Epikureismus erneuert

[1] Ob die stoische Philosophie auf die französische Juristenschule einen Einfluß ausgeübt hat, ist mir unbekannt. In ihr wurde zuerst die Frage aufgeworfen z. B. von Cujacius, welchen Anteil die griechische Philosophie bei der Bildung des römischen Rechts gehabt hat. Hildenbrand a. a. O. p. 594.

[2] Daß Gassendi, der Erneuerer des epikureischen Naturrechts, sehr wohl wußte, woher es stamme, ist selbstverständlich. Daß Grotius an mehreren Stellen der Stoiker gedenkt, werde ich noch hervorheben. Pufendorf bezeichnet sich als halben Stoiker, während Hobbes den Epikureismus aufgewärmt habe: Ego enim Stoicorum sanae sententiae proxime accedo: Hobbesius autem Epicuraeorum hypothesin recoquit. Hinrichs, Geschichte der Rechts- und Staatsprinzipien. 1850. Bd. II. p. 13. Barbeyrac teilt in der Vorrede zu seiner Übersetzung von Cumberlands „Disquisitio de legibus naturae philosophica" mit: als Pufendorf das Buch gesehen, habe er sich dazu beglückwünscht, daß C., wie er, eine der Hypothese des Thomas Hobbes entgegengesetzte verfechte „qui approchait fort des dogmes des anciens Stoiciens". Traité philosophique des Loix Naturelles. Amsterdam 1744. p. III. Cumberland selbst, welcher sein ganzes Werk hindurch gegen Hobbes kämpft, behauptet, er habe vorzugsweise gegen die Epikureer zu streiten. A. a. O. Discours Préliminaire de l'Auteur § V.

er das epikureische Naturrecht. Die epikureischen Ideen finden ihren scharfsinnigsten, energischsten, gewaltigsten Verfechter in Thomas Hobbes. Neben ihm mufs Spinoza erwähnt werden.

Damit ist die Rolle bezeichnet, welche dem Humanismus bei der Gestaltung des modernen Naturrechtes zufiel: er hat erstens die naturrechtlichen Bestandteile des römischen Rechtes und zweitens die philosophischen Systeme des Stoizismus und Epikureismus wieder erweckt.

Der Anteil Frankreichs an dieser Geistesarbeit ist der gröfste. Im 16. Jahrhundert wirken die französischen Rechtsgelehrten für die Idee eines natürlichen Rechtes; im 17. erneuert Gassendi das epikureische Naturrecht. Im historischen Zusammenhange gesehen erscheint es nicht so auffallend, dafs im 18. Jahrhundert die naturrechtlichen Anschauungen ihren furchtbarsten, erschütterndsten und fanatischsten Ausdruck in den Schriften Rousseaus und der Physiokraten finden, dafs in Frankreich die grofse naturrechtliche Revolution ausbricht, dafs von dort die kriegerische Propaganda für den Umsturz der alten Rechtsordnung ausgeht.

Der Ruhm Hollands ist daneben quantitativ geringer, qualitativ gröfser. Ein Sohn jener Universität Leyden, an der Justus Lipsius für die Renaissance der stoischen Philosophie wirkt, schafft Hugo Grotius ein Werk von so ungeheurer Wirkung, dafs es, die früheren Schriften verdunkelnd, lange Zeit als die erste Erscheinung dieser Art gilt. Insbesondere stellt es den Ruhm unseres Vaterlandes in Schatten, da es doch gerade ein Deutscher, Oldendorp, war, welcher das erste System des Naturrechtes schuf. Es verrät, wie erinnerlich, ebenso sehr das Studium Ciceros wie das der römischen Juristen[1].

Doch wie griff die Reformation in diesen Prozefs ein?

## 2.

## Die Reformation.

In den ermattenden Geisteskämpfen um alle Fundamente des ethischen Menschen konnten die Begriffe Staat und Recht unmöglich von der Erörterung ausgeschlossen werden. Es ist bekannt, wie verschieden das Ergebnis der Denkarbeit z. B.

---

[1] Diese Zeugnisse liefsen sich leicht vermehren; aber die vorliegenden genügen doch zum Beweise, dafs sich die grofsen Begründer des Naturrechts als selbständiger Wissenschaft sehr wohl bewufst waren, dafs sie auf den Grundlagen des antiken Naturrechts weiterbauten und fundamentale Gegensätze zwischen Stoizismus und Epikureismus vorhanden seien. Seitdem Lange und Guyau die tiefgehende Einwirkung des Epikureismus auf die moderne Gedankenwelt nachgewiesen haben, zweifelt daran auch niemand mehr; hoffentlich wird der ganz gewaltige Anteil des Stoizismus an der Gestaltung der modernen Philosophie, insbesondere der ethischen und politischen Ideen, einmal seinen Darsteller finden.

eines Luther und Zwingli gewesen ist. Dazu kam, dafs das Naturrecht, wie es von den Alten geschaffen worden war, durch die Lehren der Reformatoren eine Bestätigung und Heiligung erfuhr. Der Inhalt des alten und neuen Testamentes wurde ja jetzt allgemeiner bekannt, der ethische Pessimismus Augustins lebte wieder auf. Die genauere Ausführung dieses merkwürdigen Einflusses erfordert leider die Wiederholung oder genauere Ausführung einiger Erörterungen des vorigen Kapitels.

Erstens wurde die stoische Vorstellung vom goldenen Zeitalter, während dessen nur das Naturrecht galt, durch die jüdische Lehre vom Paradiese bekräftigt, in welchem die ersten Menschen nur dem unmittelbaren Gebote Gottes unterworfen waren. Wie nach den Stoikern der Zeiten Verderbnis zum positiven Gesetze führte, so die Sünde zur Vertreibung des Menschen aus dem Paradiese, zum positiven Gesetze und zum Staate[1]. Und es ist jedenfalls bemerkenswert, dafs die stoische Abwendung von den politischen Zuständen, die sie umgeben, auf den Idealzustand des goldenen Zeitalters hin, wo das Naturgesetz herrschte, sein Seitenstück in den englischen Levellers findet. „Die Levellers“, sagt Ranke, „wollen sich selbst nicht auf die heilige Schrift verweisen lassen, die von den Zuständen nach dem Falle handle, sondern sie bestehen auf dem Wort Gottes, das im Herzen des Menschen lebt, durch welches er sowohl wie das Gesetz der Schöpfung gemacht ist, ein Gesetz, zu welchem diese zurückgebracht werden mufs“[2].

Zweitens verstärkte die reformatorische Lehre von der Bosheit und der harten Selbstsucht der menschlichen Natur, welche sich bei Luther so schlecht mit seiner Heiligung des natürlichen Menschen verträgt und Calvins logischen Geist unbeabsichtigt zum Beweis der Unvereinbarkeit der christlichen Lehre von Gott und dem Menschen führte — ich sage, diese reformatorische

[1] Am deutlichsten sieht man den Einschlag der christlichen Ideen bei Thomasius. „Die Streitfrage, ob das Naturrecht auf den Stand der Unschuld zu gründen sei, oder nur dem verderbten Stande nach dem Falle angehöre, beschäftigt ihn ganz ernstlich . . . Er schildert den Stand des Paradieses als einen vollkommenen mit Liebe; aber er bestreitet, dafs es in demselben einen Staat gegeben habe; denn der Staat ist nicht ohne zwingende Gewalt, und die unschuldigen und friedfertigen Menschen bedurften keines Zwanges . . . Erst nach dem Falle, als sie von Gott getrennt waren und die Furcht vor Gewaltthat die Menschen ängstigte, ward der Staat ein Bedürfnis . . . Der Verstand ist dem Menschen auch nach dem Falle so vollkommen geblieben, dafs er die gemeinen Regeln, zumal die natürlichen, erkennen kann. Das natürliche Gesetz wird also von der gesunden Vernunft begriffen, es ist in notwendiger Übereinstimmung mit der Natur des Menschen, wie Gott sie gewollt und geschaffen hat.“ Bluntschli a. a. O. p. 231.

[2] Ranke, Englische Geschichte. 4. Bd. 2. Aufl., in den Sämmtl. W. 17. Bd. Leipzig 1870. p. 20.

Lehre verstärkte die Grundlage der epikureischen Ethik [1], welche doch eine Lehre des wohlverstandenen Selbstinteresses ist. Hat aber die menschliche Natur diese Beschaffenheit, dann kann auch die materialistische Gesellschaftstheorie keinen Widerspruch erfahren. In den theologisch gefärbten „Drei Büchern der göttlichen Rechtsgelahrtheit“ nimmt Thomasius ja an, dafs die Menschen aus Furcht vor Gewaltthat zum Staate gelangen. Dann kann auch die Vertragstheorie mit in das Lehrgebäude des Naturrechtes aufgenommen werden; thatsächlich haben Gläubige und Ungläubige sie gelehrt. Zudem unterstützte die heilige Schrift, die gerade jetzt allgemeiner bekannt wurde, die Vertragstheorie, da insbesondere im alten Testamente so viel von Verträgen zwischen Gott und den Menschen die Rede ist. Endlich mufs der Charakter des Staates darin gesucht werden, dafs er eine Sicherheitsanstalt ist.

Dafs die Ansicht von der natürlichen Schlechtigkeit der menschlichen Natur zu der letzteren Lehre führen mufs, erkennt man deutlich bei Luther. An Herzog Johann von Sachsen schreibt er: „Wenn alle Welt rechte Christen wären, so wäre kein Fürst, König, Herr, Schwert noch Recht nötig oder nütze. Denn wozu sollte es dienen? Der Gerechte thut von sich selbst alles und mehr, denn alle Rechte fordern [2].“ Daher liegt der Obrigkeit vor allem „die Erhaltung des Friedens und der äufseren Gerechtigkeit ob, damit dadurch dem Christentum und geistlichen Regiment sozusagen der Boden geebnet, die Bahn freigemacht werde“ [3]. Ob der Zweck des Staates darin gesucht wird, dafs er die Menschen in ihrem friedlichen Erwerbe oder das Christentum und geistliche Regiment schützt, ändert an dem Charakter des Staates in der Theorie nichts. Diese Erörterungen bestimmen mich zu dem Glauben, dafs die christlichen Ideen in der Gestalt, welche ihnen die Reformatoren gaben, das Bindeglied zwischen den stoischen und epikureischen Lehren bildeten, weil sie sowohl den Unschuldszustand des Menschen in inniger Gemeinschaft mit Gott wie die nachfolgende Verderbnis der menschlichen Natur, die in einem unbegrenzten Egoismus besteht, umfassen. Die christlich-reformatorischen Lehren verleihen dem Naturgesetze die unbedingte Hoheit, welche

---

[1] Pym sagte einmal in einer Parlamentsrede: „Wenn ihr das Gesetz hinwegnehmt, so gerathen alle Dinge in Verwirrung und jeder Mensch will sein eigner Gesetzgeber sein, was, bei dem verderbten Zustande der menschlichen Natur, notwendig die gröfste Ungebühr hervortreiben mufs. List, Neid, Gewinnsucht, Ehrgeiz wecken und geben dann Gesetze, und welcher Art, das kann jeder leicht einsehen.“ Lechler, dessen Werk über den englischen Deismus diese Stelle entnommen ist, bemerkt dazu: „Da haben wir unter puritanisch-orthodoxer Färbung die ganze Voraussetzung des natürlichen Kriegszustandes, der die Grundlage der Hobbes'schen Theorie bildet.“ p. 101.

[2] Kaltenborn, a. a. O. p. 208.

[3] Th. Ziegler, a. a. O. p. 451.

es bei den Stoikern besitzt; sie anerkennen die natürliche Schlechtigkeit des Menschen, den Staatsvertrag und Frieden und Sicherheit als alleinigen Zweck des Staates. Gerade diese Durchdringung des stoischen und epikureischen Naturrechtes, die sich ursprünglich feindlich gegenüberstehen, kennzeichnet das Naturrecht einiger der hervorragendsten Philosophen und Juristen. Nur dort, wo die antike Auffassung der menschlichen Natur oder die stoische Lehre die epikureisch-reformatorische überwindet, verschwindet der eine oder andere der genannten Züge.

Damit ist, soviel ich sehen kann, die Darstellung des Einflusses der Reformation auf das Naturrecht erschöpft. Hervorragende Juristen sehen aber die Wirkung der Reformation noch in etwas viel Wichtigerem. „Der Grundsatz der religiösen Freiheit," meint Robert von Mohl, „mufste mit innerer Notwendigkeit sich ausdehnen auf das Gebiet der staatlichen Freiheit und schuf auch hier, verbunden mit der germanischen Anerkennung der Persönlichkeit, ein ganz neues Leben" [1]. Noch deutlicher drückt sich Kaltenborn aus. „Die nachfolgende Entwicklung der naturrechtlichen Disziplin ist eine konsequente Durchführung und Anwendung des evangelisch-protestantischen Grundsatzes von der religiösen Freiheit. Denn in das Gebiet des Rechtes und Staates erhoben, mufste dieser Grundsatz zur Anerkennung der politischen Freiheit, also zur Billigung und Errichtung eines Rechtssystems, einer Ordnung von Recht und Staat führen, worin in allen Stufen und Sphären des politischen Wesens die Persönlichkeit des Menschen, das Recht der Person ein wesentliches Fundament bildet" [2]. Gegen diese Ansicht stofsen mir aber so viele Zweifel auf, dafs ich sie nicht annehmen kann. Sie lassen sich aber nur in einer Darstellung, welche weit über den Rahmen dieser Schrift hinausgeht, genügend begründen.

Ebensowenig sind die liberalen Forderungen, welche manchem den eigentlichen Inhalt des Naturrechtes zu bilden scheinen, notwendige Folgerungen aus den naturrechtlichen Grundanschauungen. Denn das Naturrecht bezeichnet lediglich eine bestimmte Art des Rechtes, welches aus der menschlichen Vernunft hervorgeht und gewöhnlich auch auf universelle zeitliche und örtliche Geltung Anspruch macht. Welchen Inhalt das natürliche Recht hat, wird damit nicht gesagt. Aus der Lehre von der Freiheit und Gleichheit im Naturzustande folgen noch nicht die Grundsätze der politischen, sozialen und wirtschaftlichen Freiheit. Diejenigen modernen Systeme, welche auf epikureischer Grundlage beruhen, haben die Freiheit und Gleichheit des Naturzustandes durch den Staatsvertrag wieder beseitigt, wie das von ihrem

---

[1] Mohl, Geschichte und Litteratur der Staatswissenschaften. 1855. Bd. I, p. 227.

[2] Kaltenborn, a. a. O. p. 49.

Standpunkte konsequent war; den Philosophen, welche das stoische Naturrecht zur Basis machten, war es leicht, dem Individualismus zum vollen Siege zu verhelfen; aber auch hier geschah es nicht sofort, entweder weil sie die stoischen Grundanschauungen veränderten oder weil sie durch zwei epikureische Gedankenelemente, die Lehre vom Naturzustande und vom Staatsvertrag, in der freien Bewegung gehindert wurden. Erst Locke verstand es, diese Schwierigkeiten zu beseitigen. Es hieſse die treibenden Kräfte der Entwicklung miſskennen, wenn man diesen Fortgang allein für einen theoretischen Vorgang halten wollte; eine wahrscheinlich viel einfluſsreichere Rolle haben die Bedürfnisse bestimmter Völker, mächtiger Klassen und Individuen gespielt. In das Naturrecht flüchtete sich aller religiöse, politische und wirtschaftliche Jammer der neuern Zeit. Mit den Bedürfnissen änderten sich die Lehren, und das Bedürfnis individueller Freiheit hat den Sieg des stoischen Naturrechtes entschieden. Daſs diese Meinung das Verhältnis von Leben und Lehre richtig auffaſst, beweist am besten die Thatsache, daſs auch im stoischen Naturrechte nicht sofort und von Anfang an ein umfassendes System der subjektiven Freiheitsrechte gegeben wird, sondern daſs diese nach und nach auftreten, wie es die Bedürfnisse einzelner Völker und Klassen bedingen, und daſs so das subjektive Naturrecht allmählich anschwillt. Vom religiösen Individualismus gelangen wir zum politischen und sozialen und von diesem zum wirtschaftlichen.

Diese Erkenntnis läſst Reformation und Liberalismus vorurteilsfrei betrachten. Beide sind Produkte der Bedürfnisse mächtiger Klassen der Zeit. Weder die eine noch der andere sind an sich die Prinzipien alles Übels in der modernen Geschichte, und die erstere ist nicht die Mutter des zweiten. Der Liberalismus wurde erst dadurch schädlich, daſs er sich in ein naturrechtliches Gewand hüllte und nun erstens die doktrinäre, unhistorische Grundlage des stoischen Naturrechtes in die Köpfe und Gefühle groſser Massen überging und zweitens zeitlich berechtigte und beschränkte Bedürfnisse mächtiger Klassen den Stempel gottgewollter, für alle Zeiten und Völker geltender Forderungen erhielten. Nun hinderte er neue, zeitlich berechtigte und beschränkte Bedürfnisse anderer Klassen daran, befriedigt zu werden; er sperrte dem politischen, wirtschaftlichen, sozialen Fortschritt den Weg; der philosophische Individualismus, ein Produkt der Auflösung des Altertums, wurde, auf die modernen Völker übertragen, für sie ein Ansteckungsstoff, welcher wiederum Auflösung erzeugte; der Liberalismus erhielt jenen unduldsamen, fanatischen Charakter, welcher religiösen Bewegungen eigen ist; seine Anhänger fragten nicht mehr, ob die Freiheit zweckmäſsig sei, sondern sie handelten nach dem Grundsatze: die liberalen

Ideen müssen durchgeführt werden, welche Folgen sich auch einstellen mögen.

### 3.

### Die Politik.

Als dritter Faktor wurde die Politik genannt. Sie hat die junge Wissenschaft nach mehreren Richtungen beeinflufst.

Wie die Politiker die Praxis ihrer Staaten umzugestalten suchten, gaben sie den Naturrechtslehrern den Anstofs, Ideale aufzustellen, Prinzipien zu formulieren. Einige Naturrechtslehrer, z. B. Oldendorp, sprechen diese praktische Tendenz ihrer Werke ganz offen aus. Allerdings brauchten die Bedürfnisse des politischen, sozialen und wirtschaftlichen Lebens nicht immer durch die Politik vermittelt zu sein, sie konnten den Naturrechtslehrern auch unmittelbar Antrieb zu wissenschaftlicher Arbeit werden[1]. Dann sind die organische Auffassung des Staates, die durchaus verschiedenartige Analyse der menschlichen Natur, welche der Anschlufs der Politiker an Aristoteles mit sich brachte, weiter die spätrömische Lehre von dem Verhältnis des Staatsoberhauptes zu den Staatsgesetzen treibende Momente in der Entwickelung des Naturrechtes gewesen. Gleichfalls haben die Vertreter der Doktrin von der Staatsraison klärend auf das Naturrecht eingewirkt. So wurden Thomasius und Andere auch durch den Kampf mit den „Statistae" angeregt, die Gebiete des Naturr·chts und der Politik zu sondern.

## III.

## Die Begründung des Naturrechts als selbständige Wissenschaft.

Nachdem wir auf den vorhergehenden Seiten die theoretischen Faktoren der neuen Wissenschaft kennen gelernt haben, wollen wir die grofsen Systeme des modernen Naturrechts charakterisieren. Es wird sich zeigen, dafs ihr Aufbau durch die psychologische Analyse und die Schilderung des Naturzustandes des Menschen, welche der Naturrechtslehrer beliebt, wesentlich bestimmt wird. Diese beiden Elemente weichen, wie wir wissen, im epikureischen und stoischen System sehr von einander ab. Seine Fundamente wählt der Philosoph nicht willkürlich. Die politischen und sozialen Verhältnisse seiner Umgebung, die philosophischen Ideen und die Bildung seiner Zeit, sein Geist und sein Charakter und nicht zum mindesten das politische Ziel, für dessen Verwirklichung er wissenschaftlich eintritt, drängen ihn in eine bestimmte Auffassung hinein.

---

[1] Kaltenborn, a. a. O. p. 109. 111.

## 1.

## Hugo Grotius.

Wir übergehen die Vorgänger des Hugo Grotius auf dem Gebiete des Naturrechtes und Völkerrechtes, da es uns nur auf die Hervorhebung des Wichtigsten ankommt. Das berühmte Werk „Über das Recht des Krieges und Friedens“, welchem Grotius eine naturrechtliche Erörterung voranschickt, spiegelt die Zeit, die Bildung und den Charakter des Verfassers wieder. Holland, von äufsern Feinden bekämpft, von politischen und religiösen Parteien innerlich zerrissen, hierin den allgemeinen Zustand der Zeit widerspiegelnd, in seinem völlig freien Handel, der Grundlage seiner materiellen Blüte, bedroht, bedarf äufseren und inneren Frieden, Handelsfreiheit und ein Recht, welches für Katholiken und Protestanten, Lutheraner und Reformierte, Christen und Atheisten bindend ist. Auf dieses Land ist infolge der französischen Bürgerkriege, insbesondere der Berufung Scaligers an die Universität Leyden, der Primat der Philologie übergegangen. Die humanistischen Studien stehen in hoher Blüte. Ein wohlwollender, edler Mann, von Beruf Jurist und mit der römischen Rechtswissenschaft vertraut, der Sohn des Kurators der Leydener Universität, ein Schüler Scaligers und des Justus Lipsius, selbst ein gründlicher Kenner der klassischen Litteratur, entnimmt Grotius aus den Schriften der griechischen und römischen Philosophen die Grund- und Ecksteine der neuen Wissenschaft[1]. Auch seine Ausführungen sucht er mit Citaten aus den Schriftstellern des klassischen Altertums zu stützen, sein Werk strotzt in unangenehmer Weise von klassischer Gelehrsamkeit.

Grotius nimmt drei Arten von Recht an: das Naturrecht[2], das göttliche Recht und das bürgerliche Recht. Quelle des ersteren ist die „der menschlichen Vernunft entsprechende Sorge für die Gemeinschaft“[3]. Der Mensch habe nämlich den Trieb „zu einer ruhigen und nach dem Mafs seiner Einsicht geordneten Gemeinchaft mit seinesgleichen, welche die Stoiker *Οἰκείωσιν* nannten“[4]. Dieser Trieb wirke unabhängig von der Rücksicht auf den Nutzen. Dies ersehe man daraus, dafs die Tiere ihre Sorge für sich selbst im Hinblick auf ihre Jungen mäfsigten und bei Kindern früh Mitleid und die Neigung wohlzuthun hervorträten. Ist nun nach Grotius dieser Trieb nach einer uninteressierten Gemeinschaft bei allen lebenden Wesen zu finden,

[1] Die Behauptung des Grotius, er habe auf die Streitfragen seiner Zeit keine Rücksicht genommen (Einleitung 58), widerlegt meine Ansicht nicht, dafs er durch die Streitfragen angeregt wurde.

[2] Ich erwähne das jus naturale laxius nicht, da es mir nur auf die klare und deutliche Hervorhebung des Wesentlichen ankommt.

[3] Einleitung 8. Die wörtlichen Anführungen nach der Übersetzung von Kirchmann. 1882.

[4] Einl. 6.

so verbindet sich bei dem Menschen, wenn er in das reifere Alter getreten ist, mit diesem „starken, geselligen Trieb, für den er allein vor allen Geschöpfen das besondere Mittel der Sprache besitzt, auch die Fähigkeit, allgemeine Regeln zu fassen, welche auf die Verwirklichung dieser Gemeinschaft hinzielen, und danach zu handeln. Was hiermit übereinstimmt, das ist schon nicht mehr allen Geschöpfen gemeinsam, sondern der menschlichen Natur eigentümlich"[1]. Wie man sieht, nimmt Grotius, wie die römischen Juristen, ein engeres und ein weiteres Naturrecht an.

Dem so aus dem uninteressierten Triebe nach Geselligkeit und der menschlichen Vernunft entstammenden Rechte gehören folgende Sätze an: 1. dafs man sich des fremden Gutes enthalte und das Genommene zurückgebe, 2. dafs man den durch eigene Schuld veranlafsten Schaden ersetze, 3. dafs das Unrecht durch die Strafe wiedervergolten werde und 4. die Verbindlichkeit, gegebene Versprechen zu erfüllen.

Um das Naturrechtliche scharf von dem Nützlichen zu unterscheiden, sagt er ausdrücklich, dafs uns unsere Natur zu Gemeinschaft treiben würde, auch wenn wir keine Bedürfnisse hätten[2]; um die Hoheit des Vernunftrechtes hervorzuheben, es sei so unveränderlich, dafs Gott es nicht verändern könne[3]. Aber Grotius hat zu lange in der Schule der Stoiker verweilt, um die Verbindung des Naturrechtes mit Gott zu lösen. So behauptet er denn: „Aber selbst das obenerwähnte Naturrecht, sowohl das gesellschaftliche, wie das im weiteren Sinn so genannte, mufs, obgleich es aus den inneren Principien des Menschen abfliefst, doch in Wahrheit Gott zugeschrieben werden, weil er ja gewollt hat, dafs solche Principien bestehen. In diesem Sinne sagten die Stoiker und Chrysipp (ebenfalls Stoiker), dafs man den Ursprung des Rechtes nur bei Jupiter suchen müsse, und wahrscheinlich hat bei den Lateinern das Recht (jus) seinen Namen von dem Jupiter (Jovis) erhalten"[4].

Gott, mittelbar die Quelle des Naturrechtes, ist unmittelbar die Quelle des göttlichen Rechtes, welches auf seinem direkt ausgesprochenen Willen beruht.

Haben nun also Naturrecht und göttliches Recht ihren Berührungspunkt in dem höchsten Gesetzgeber, so fehlt auch die Verbindung zwischen Naturrecht und bürgerlichem Recht nicht. Nach Grotius gehört es ja zum Naturrecht, dafs man gegebene Versprechen erfülle. Hieran knüpft er das positive Recht an.

„Weil es natürlichen Rechtes ist, die Verträge zu halten (denn irgend ein Weg, sich zu verpflichten, war für die Menschen

---

[1] Einl. 7.
[2] Einl. 16.
[3] B. I, Kap. I. X, 5.
[4] Einl. 12.

notwendig, und ein natürlicherer, als der Vertrag, läſst sich nicht auffinden), so ist aus dieser Quelle das bürgerliche Recht entstanden. Denn die, welche sich einer Gemeinschaft anschlieſsen und einem oder mehreren unterwerfen, versprechen entweder ausdrücklich oder stillschweigend, wie man nach der Natur der Sache annehmen muſs, daſs sie dasjenige befolgen würden, was entweder die Mehrheit der Genossenschaft oder die, welchen die Macht übertragen war, festgesetzt hätten"[1]. Jene erwähnte Vergesellschaftung oder Unterwerfung hat aus irgend einem Nutzen ihren Anfang genommen"[2]. Im ersten Buche befindet sich nun eine Definition, welche alles berücksichtigt, was wir bis jetzt besprochen haben. „Das natürliche Recht ist ein Gebot der Vernunft, welches anzeigt, daſs einer Handlung wegen ihrer Übereinstimmung oder Nichtübereinstimmung mit der vernünftigen Natur selbst eine moralische Häſslichkeit oder eine moralische Notwendigkeit innewohne, weshalb Gott, als der Schöpfer der Natur, eine solche Handlung entweder geboten oder verboten habe"[3].

Aus diesen Grundzügen wird man ersehen, daſs das Grotianische Naturrecht sich sehr stark an die stoischen Grundanschauungen anlehnt. In allen Werken über die Geschichte des Naturrechts wird behauptet, daſs er die Socialitätstheorie dem Aristoteles entnommen habe. Er selbst beruft sich auf die *οἰκείωσις* der Stoiker, die doch auch diesen Teil der Ethik unendlich gründlicher erörtert haben als Aristoteles. Wo er das Naturrecht auf Gott zurückführt, citiert er die Stoiker. Wo er im zweiten Kapitel des ersten Buches[4] die menschlichen Triebe bespricht, hält er sich an Cicero, und er bemerkt, daſs dieser seine Lehre aus den Büchern der Stoiker genommen habe. Augenscheinlich ist die Socialität bei Grotius in eine Stellung gerückt, die sie bei den Stoikern nicht besitzt. Er leitet aus dem Princip der Geselligkeit den Begriff des Rechtes ab, er kehrt in gewissem Sinne die stoische Anschauung um. Wahrscheinlich hat er gerade dadurch dem Naturrecht eine festere Basis zu geben gesucht; denn die gesellige Natur des Menschen kann erwiesen werden, nicht aber das Dasein der feurigen Vernunft[5]). Vielleicht wurde er auch durch religiöse Bedenken davon abgehalten, sich zu der panthei-

---

[1] Einl. 15.

[2] Einl. 16.

[3] Buch I, Kap. I. X. 1.

[4] Buch I, Kap. II, 1. Jene falsche Meinung ist wahrscheinlich durch Grotius' Hervorhebung der Bedeutung des Aristoteles entstanden (Einl. 42). Er sagt aber auch, er wolle das Gute nehmen, wo er es finde — wie die alten Christen.

[5] Vergleiche über Grotius' Methode B. I, Kap. I. XII, 1. Es gebe einen doppelten Beweis für die Existenz naturrechtlicher Bestimmungen: der direkte (Nachweis, daſs etwas notwendig mit der vernünftigen Natur und Gesellschaft übereinstimme) sei scharfsinniger; der indirekte sei die Übereinstimmung der Völker.

stischen Grundlage des stoischen Naturrechts zu bekennen. Aber das Naturrecht verliert andererseits den Charakter einer unbedingten Hoheit, und so muſs es nachträglich doch wieder in Verbindung mit Gott gesetzt werden. Gott ist dann aber auch das höchste Princip des Naturrechts, nicht die Socialität.

Sehen wir schlieſslich, welches Verhältnis Grotius zwischen Naturrecht und bürgerlichem Recht annimmt. Er sagt: „Das bürgerliche Recht kann gar nichts gebieten, was das Naturrecht verbietet, oder verbieten, was dieses gebietet; aber es kann die natürliche Freiheit beschränken und das naturrechtlich Erlaubte verbieten und selbst den natürlichen Erwerbsarten des Eigentums durch seine Kraft entgegentreten[1].

## 2.

## Gassendi.

Ein Jahr vor dem Werke des Grotius war die erste Schrift Gassendis über Epikur vollendet worden, der in den vierziger Jahren des 17. Jahrhunderts noch zwei andere folgten. Hierdurch feierte der Epikureismus seine volle Wiederauferstehung. Nicht als ob er vorher nicht bekannt gewesen wäre, es wurde schon verschiedenemale erwähnt, wie er im stillen stets fortlebte und hier und da an die Öffentlichkeit trat. Durch Gassendi werden nun auch die epikureischen Lehren von Recht und Staat wieder allgemeiner bekannt.

Bei Grotius sind einige Bestandteile des Epikureismus in der früher angedeuteten Weise in sein System verwoben. Auch er nimmt einen Zustand des Unfriedens unter dem Menschengeschlechte an; aber im Anfang herrschte Friede und Eintracht, und alles war gemeinsam. Den Übergang aus diesem in jenen hat die biblische und klassische Gelehrsamkeit des Verfassers in eine eigentümliche Beleuchtung gerückt[2]. Wir sehen auch bei Grotius den Staatsvertrag mehr beiläufig angedeutet. Den Staat definiert er folgendermaſsen: „Der Staat ist eine vollkommene Verbindung freier Menschen, welche sich des Rechtsschutzes und des Nutzens wegen zusammengethan haben“[3]. Diese Lehre konnte ihm durch die mittelalterlichen Schriftsteller und ihre Fortsetzer, die katholischen Autoren über das Naturrecht überkommen sein. Dagegen reproduziert Gassendi einfach die epikureische Lehre, und bei ihm erscheint sie mit allen ihren sociologischen und ethischen Voraussetzungen, welche den grotianischen schnurstracks widersprechen.

Im Anfang irrten die Menschen gleich Tieren umher; dann wurden sie durch „quelque naturelle inclination“ veranlaſst, zu

[1] II, 2, V.
[2] II, 2, II, 2 ff.
[3] I, 1, XIV, 1.

Horden zusammenzutreten. Aber da nun immer „querelles sur le boire et sur le manger et sur les femmes et sur les autres commoditez qu'ils se prenaient et se dérobaient l'un à l'autre“ entstanden, beschlossen sie einen Vertrag folgenden Inhaltes einzugehen. Es sollte in Zukunft niemand den andern verletzen; wer sich aber einer Schädigung schuldig mache, den sollten die andern bestrafen. Dazu war eine Gewalt nötig, und diese übertrug man auf einige „Sages“ oder auf einen. Nun wurde es möglich, Eigentum zu haben, der Mord ward zu einem Verbrechen gestempelt, Gerechte und Ungerechte wurden unterschieden, je nachdem sie den Kontrakt beobachteten oder nicht. Die einen handelten aus Einsicht, die andern aus Furcht.

Hier sind alle Züge der epikureischen Lehre. Das Recht hat seine Wurzel nicht in der sittlichen Natur des Menschen, die ihm vorschreibt: Das sollst du thun, das nicht, sondern in dem Selbsterhaltungstriebe, in den Bedürfnissen des Einzelnen; das Recht ist eine Art des Nützlichen. „Epicure,“ sagt Gassendi, „a tiré toute l'origine du Droit .... de l'Utilité.“ Es entsteht mit der menschlichen Gesellschaft, außerhalb derselben giebt es kein Recht. Zwischen Völkern, die keinen Vertrag miteinander abschließen konnten oder wollten, existiert ebenfalls kein Recht. Ein Völkerrecht ist ein Unding[1]. Unser Schriftsteller sucht mit dem Aufwande großer Gelehrsamkeit seine Ansicht zu vertreten und polemisiert gegen die Lehre vom goldenen Zeitalter. Die Sagen von Orpheus und Amphion zeigten doch auch, daß die Völker ursprünglich ein umherschweifendes Leben geführt hätten und Sitte und Recht erst mit der Gründung des Staates entstanden wären. Auch Aristoteles habe gelehrt: „La société civile semble avoir commencé et subsiste encore présentement par l'utilité.“ Er weist darauf hin, daß wir in der Heiligen Schrift stets von Verträgen lesen[2]. Gassendi zeigt auch dieselbe Vor-

---

[1] Bernier, Abrégé de la Philosophie de Gassendi. 2. A. Lyon 1684. Tome VII, p. 512 u. ffg. Le droit et le Juste . . . semblent être quelque chose d'aussi ancien entre les hommes que leurs mutuelles Societez sont anciennes. — Car le Juste ou le Droit, dont l'observation se nomme Justice, n'est que dans une Societé mutuelle, d'où vient que la Justice est un lien de societé entant que chacun des Associez peut vivre en seureté et exempt de l'inquiétude continuelle qu'on ne l'attaque . . . Über die Entstehung des Eigentums heißt es, jener Vertrag sei „le premier nœud de la societé“ gewesen . . . il supposa qu'un particulier pouvoit avoir quelque chose en propre ou qu'il peust dire estre sien (soit pour l'avoir usurpé le premier, soit pour lui avoir esté donné, soit pour l'avoir eu en échange, soit pour l'avoir acquis par sa propre industrie). Hier erscheint die Arbeitstheorie Lockes und der Physiokraten nur beiläufig und im Keim.

[2] Il n'y a rien de plus ordinaire parmy les Sacrez Docteurs que d'entendre dire que l'une et l'autre Loy, tant l'Ancienne que la Nouvelle, est une Alliance, un Pacte; et il n'est rien de plus frequent dans les Saintes Ecritures que de lire que Dieu fait des Pactes, comme avec Noé, avec Abraham, avec Jacob etc. a. a. O. p. 525.

liebe für eine starke monarchische Gewalt, die charakteristisch für die epikureische Doktrin ist[1].

## 3.
## Hobbes.

Aber nicht durch Gassendi selbst, sondern durch Hobbes, den Zeitgenossen der Männer, welche England in einen fürchterlichen Bürgerkrieg stürzten, den langjährigen Freund und Mitstreiter Gassendi's für die Wiederbelebung des Materialismus, sollte der Epikureismus ein Ferment in den politischen Wissenschaften werden. Seine grofsen Werke „Über den Bürger" und „der Leviathan" ruhen unzweifelhaft auf der Grundlage der epikureischen Lehren; aber sie sind zugleich vom Geiste des christlichen Naturrechts erfüllt. Und doch ist das Ganze eine neue, eigentümliche Schöpfung von eiserner Konsequenz der Gedanken, der es hier und da nicht an grimmigem Humor gebricht, zugleich ein Zeugnis für das tiefe Bedürfnis Englands nach Frieden und einer starken Staatsgewalt.

Das freundliche Licht, welches der milde Propst von Digne noch über die menschliche Natur ausgegossen hatte, wird durch den mifstrauischen Ernst des einsiedlerischen Engländers verdunkelt. Nach Gassendi vereinigen sich die Menschen durch natürliche Zuneigung zu Horden; die Individuen aber, die in Hobbes' Werken den Staatsvertrag abschliefsen, lieben einander nicht; sie fürchten sich gegenseitig und suchen die Gemeinschaft nur deshalb, weil ein jeder Ehre und Vorteil darin zu finden hofft. So bereitet er sich psychologisch den Boden für den genialsten Zug seiner Theorie: Die Verlegung des Unterwerfungsvertrages in den Vereinigungsvertrag[2].

Neu und eigentümlich ist seine Formulierung und Weiterbildung des epikureischen Naturrechtes, das in seinen Grundlehren bestehen bleibt. Von einem Naturrecht im stoischen Sinne kann keine Rede sein, da die metaphysische Voraussetzung der allwaltenden Vernunft fehlt. Hobbes nennt Naturrecht das schrankenlose Recht der freien und gleichen Menschen auf alles im Naturzustande, was den Begriff des Unrechtes ausschliefst. Indem aber nun die von Selbstsucht und Furcht bewegten Menschenatome feindlich gegeneinander drängen und stofsen, entwickelt sich die Erkenntnis des Elends der allgemeinen Unsicherheit und Entwicklungsunfähigkeit. Und nun lehrt die Vernunft, dafs der Friede anzustreben sei, als Mittel zur Erhaltung des menschlichen Geschlechtes und des Einzelnen. Dieses Vernunftgebot nennt er das Naturgesetz. Die Verwandtschaft

---

[1] a. a. O. p. 367.
[2] Vgl. Gierke, Althusius p. 86.

und die Verschiedenheit dieses Begriffes von dem des τὸ τῆς φύσεως δίκαιον Epikurs wird unmittelbar einleuchten.

Aus diesem Grundgesetz der Natur leitet nun Hobbes eine Reihe besonderer natürlicher Gesetze ab. Das erste dieser letzteren besagt, daſs das Recht aller auf alles nicht beizubehalten ist, sondern daſs einzelne Rechte zu übertragen oder aufzugeben sind, weil der Friede auf keine andere Weise gesichert werden kann. Wenn zwei oder mehrere sich ihre Rechte gegenseitig übertragen, so heiſst dies ein Vertrag. Die Vernunft schlieſst daher (zweites Gesetz), daſs Verträge gehalten werden müssen, weil dies allein die Erhaltung des Friedens und damit die Erhaltung der einzelnen und der Gattung verbürgt. Die Vernunft lehrt weiter die Notwendigkeit der Dankbarkeit als der Voraussetzung gegenseitiger Hilfe, der Verzeihung, wenn Bürgschaft für die Zukunft geleistet ist, der Billigkeit, der Bescheidenheit u. s. w. Diese natürlichen Folgerungen der Vernunft heiſsen nur uneigentlich natürliche Gesetze. Da sie aber mit den Vorschriften des göttlichen Gesetzes übereinstimmen, was er im vierten Kapitel seiner Schrift „Über den Bürger" nachweist, so darf man den Folgerungen der Vernunft die Bezeichnung „natürliche Gesetze" beilegen[1]. Auſserdem ist die natürliche Vernunft ein von Gott verliehenes Erkenntnismittel und darum das natürliche Gesetz dasjenige, „welches Gott durch sein ewiges uns eingeborenes Wort, d. h. durch die natürliche Vernunft kund gethan hat"[2].

Die Befolgung dieser Gesetze im Naturzustande seitens einzelner wäre Thorheit, solange nicht alle sie befolgen[3].

---

[1] „Was ich die natürlichen Gesetze nenne, sind nur gewisse Folgerungen, welche die Vernunft erkennt, und die sich auf Handlungen und Unterlassungen beziehen. Dagegen ist das Gesetz nach dem strengen Sprachgebrauche der Ausspruch dessen, der andern etwas zu thun oder zu unterlassen mit Recht befiehlt. Daher sind jene natürlichen Gesetze eigentlich keine Gesetze; denn sie gehen aus der Natur selbst hervor; soweit sie indes von Gott in der Heiligen Schrift gegeben worden sind . . ., heiſsen sie recht eigentlich auch Gesetze; denn die Heilige Schrift ist ein Ausspruch des mit dem höchsten Rechte über alles gebietenden Gottes." De cive, Übersetzung von Kirchmann, Kap. III, § 33, p. 69. Die vorliegende Darstellung fuſst fast allein auf diesem Werke des Hobbes, der Leviathan ist nicht in Betracht gezogen. Siehe die Berechtigung dazu bei Kirchmann p. 282.

[2] a. a. O. p. 174. Vgl. p. 190 Kap. XV, § 3: Gott kann seine Gesetze . . . verkündigen erstens durch die stillschweigenden Gebote der rechten Vernunft u. s. w.

[3] „Die meisten Menschen sind infolge des falschen Begehrens nach dem gegenwärtigen Vorteil wenig geeignet, die vorgenannten Gesetze, obgleich sie sie anerkennen, zu befolgen. Wenn daher einzelne, die gemäſsigter als die übrigen sind, diese von der Vernunft gebotene Billigkeit und Rücksicht üben wollten, ohne daſs die andern dasselbe thäten, so würden sie damit keineswegs der Vernunft folgen; denn sie würden sich nicht den Frieden, sondern nur einen sichreren und frühzeitigeren Untergang bereiten und durch Beobachtung der Gesetze eine Beute jener werden, welche sie nicht befolgen," a. a. O. p. 65. III, § 27.

Allein es genügt auch noch nicht, wenn die Mehrzahl hierzu einwilligt; denn die Eintracht der Verbündeten kann durch Verschiedenheit der Ansichten, durch Neid und Nebenbuhlerschaft getrübt werden. Solange nicht eine Furcht alle zwingt, werden sie einander weder immer helfen, noch Frieden untereinander halten wollen. Die Sittlichkeit des Individuums ist nur möglich im Staate.

Der Staat kommt dadurch zustande, dafs „die einzelnen ihren Willen dem Willen eines einzelnen, d. h. eines Menschen oder einer Versammlung, so unterordnen, dafs dieser Wille für den Willen aller einzelnen gilt, soweit er etwas über das zum gemeinsamen Frieden Nötige bestimmt, und zwar vermittelst eines Vertrages, durch welchen sich jeder gegen jeden verpflichtet, dem Willen dieses einen, dem er sich unterworfen hat, keinen Widerstand zu leisten". Dieser erlangt dadurch „eine so grofse Macht, dafs er durch den Schrecken derselben den Willen der einzelnen zur Einheit und Einigkeit zusammenhalten kann"[1].

In der so gebildeten bürgerlichen Gesellschaft, die also erst Eigentum, Sicherheit des Lebens, kurz materielle und sittliche Kultur ermöglicht, ist der Inhaber der Staatsgewalt die Quelle alles Rechtes und aller Sittlichkeit, ohne doch selbst an die Gesetze des Staates gebunden zu sein. „Da es für den Frieden noch wichtiger ist, den Streitigkeiten zuvorzukommen, als die entstandenen zu schlichten, alle Streitigkeiten unter den Menschen aber aus ihren verschiedenen Meinungen über das Mein und Dein, das Rechte und Unrechte, das Sittliche und Unsittliche und ähnliches entstehen, wobei jedermann seinem eigenen Urteil folgt, so gehört es zur höchsten Staatsgewalt, für alle Bürger gemeinsame Regeln oder Mafse aufzustellen und öffentlich bekannt zu machen, aus denen Jeder abnehmen kann, was sein und was des andern, was recht und was unrecht, was sittlich und was unsittlich, was gut und was schlecht ist"[2]. Im Naturzustande, solange die einzelnen sich noch nicht der Herrschaft eines andern unterworfen hatten, stand jedem ein Urteil über das Gute und Schlechte zu; im bürgerlichen Zustande ist gut und schlecht, was der Gesetzgeber gebietet[3]. Die Verpflichtung zur Beobachtung des Staatssittengesetzes beruht auf dem Naturgesetze, dafs Verträge gehalten werden müssen[4]. So erhebt sich die Frage, in welchem Verhältnisse die drei Arten von Gesetzen zu einander stehen. Wenn wir Hobbes richtig ver-

---

[1] a. a. O. p. 84. Kap. V, § 7, 8.
[2] a. a. O. p. 91, Kap. VI, § 9.
[3] a. a. O. p. 147, Kap. XII, § 1.
[4] „Da somit die Verbindlichkeit zur Beobachtung jener Gesetze älter ist als ihre Verkündigung, weil sie in der Errichtung des Staats vermöge des natürlichen Gesetzes mit enthalten sind, welcher die Verletzung der Verträge verbietet, so gebietet auch das natürliche Gesetz, dafs alle Gesetze des Staates beobachtet werden sollen," p. 177, Kap. XIV, § 10.

standen haben, war er der Ansicht, daſs sie sich an sich gar nicht widersprechen können. Wir sahen, wie in seiner Lehre das natürliche und das göttliche Gesetz a priori und a posteriori übereinstimmen. Daſs die vorgetragenen Ansichten über die Rechte der Staatsgewalt mit der Heiligen Schrift im Einklang sind, sucht er im 11. und teilweise im 12. Kapitel seines Werkes zu beweisen. Die Vorschriften des bürgerlichen Gesetzes können ebensowenig dem natürlichen Gesetze widersprechen, weil die Vernunft die Quelle beider ist und beide dasselbe Ziel, Erhaltung des Friedens, anstreben[1]. Wohl enthält das bürgerliche Gesetz mehr und andere Forderungen als das natürliche Gesetz, vornehmlich deshalb, weil sich der gesellschaftliche Zustand verändert hat[2]. Endlich ist die Herrschaft des Staates auf dem religiösen Gebiete nur scheinbar vorhanden, da nach Hobbes der christliche Staat dasselbe ist wie die christliche Kirche[3].

Nichtsdestoweniger mag es im Leben zu Disharmonien kommen. Denn die Vernunft des einzelnen ist kein untrügliches Vermögen[4], die wechselnden äuſseren Lebensbedingungen führen zu wechselnden Gesetzen, es entstehen religiöse Streitigkeiten und zwar meistens aus einem Miſsverstehen der göttlichen Lehren, aus Habsucht und Herrschsucht[5]. Hobbes sagt irgendwo, daſs der Inhaber der Staatsgewalt unfehlbar sei; er ist es nicht mehr und

---

[1] The law of nature, and the civil law contain each other and are of equal extent . . . When a commonwealth is settled, then are they actually laws . . . The law of nature therefore is a part of the civil law in all commonwealths of the world. Reciprocally also, the civil law is a part of the dictates of nature. Leviathan II, 26.

[2] Siehe § 9 des XIV. Kap. „Die zehn Gebote über die Ehrfurcht gegen die Eltern, gegen den Mord, den Ehebruch, den Diebstahl und den Meineid sind Staatsgesetze. Da es auf den Gesetzen des Staats beruht, daſs jeder sein eigenes von dem eines andern unterschiedenes Recht habe, und daſs er gehindert sei, in fremdes Eigentum einzubrechen, so folgt, daſs solche Gesetze . . . . Gesetze des Staats sind. Die natürlichen Gesetze gebieten wohl dasselbe, aber nicht ausdrücklich; denn das natürliche Gesetz verlangt die Innehaltung der Verträge und also auch Gehorsam da, wo dieser ausgemacht worden ist, und sich des fremden Guts zu enthalten, sobald die Staatsgesetze bestimmt haben, was als solches anzusehen ist . . . Das natürliche gilt zwar in dem Naturzustande; allein anfänglich (weil die Natur alles allen gegeben hat) gab es nichts Fremdes, und deshalb konnte fremdes Eigentum auch nicht angegriffen werden; auch war da alles gemeinsam und deshalb auch jeder Beischlaf erlaubt; und drittens galt da der Kriegszustand, und deshalb war das Töten kein Unrecht u. s. w., a. a. O. p. 177.

[3] Kap. XVII, § 21 a. a. O. p. 246. Um diesen Punkt klar zu machen, wäre es notwendig, das 15., 16., 17. und 18. Kapitel ausführlich zu behandeln, was um so weniger unsere Aufgabe sein kann, als Philosophen von Beruf es nicht thun.

[4] Anmerkung zu § 1, Kap. II, p. 42 a. a. O.

[5] Kap. XVIII, § 14. „Indes wird mein Ausspruch weniger sonderbar erscheinen, wenn man bedenkt, daſs es bei den meisten Streitfragen sich nur um die menschliche Herrschaft handelt, bei andern um den Gelderwerb und bei andern um den Ruhm des Geistes" a. a. O. p. 274.

nicht minder als jedes Individuum und jeder Gerichtshof; aber die Unzuträglichkeiten, welche aus diesem Mangel hervorgehen, sind geringer als diejenigen, welche aus der Freiheit der einzelnen auf sittlichem und religiösem Gebiete entspringen.

Wenn auch Hobbes Staatssittlichkeit und natürliche Sittlichkeit nicht deutlich genug getrennt hat, so sagt er doch ausdrücklich, „dafs die natürlichen Gesetze das Wesentliche der Moralphilosophie bilden. Ich habe davon hier nur die Lehren behandelt, welche sich auf unsere Erhaltung beziehen und gegen die Gefahren, die aus dem Unfrieden entspringen, sich richten. Daneben giebt es aber noch andere Lehren der natürlichen Vernunft, aus denen andere Tugenden entspringen; so ist die Mäfsigkeit ein Gebot der Vernunft, weil die Unmäfsigkeit zu Krankheit und zum Verderben führt; ebenso die Standhaftigkeit, d. h. das Vermögen, bei gegenwärtigen Gefahren, die schwerer zu vermeiden, als zu überwinden sind, kräftigen Widerstand zu leisten; denn sie ist ein Mittel, wodurch sich der Widerstehende erhält“[1].

Aus dieser Stelle geht hervor, dafs sein Werk keine vollständige Theorie der Ethik enthält. Wichtiger war für ihn seine Staatslehre, das Verhältnis des Staatsoberhauptes zu den Bürgern, sowie des Staates zur Kirche.

Die natürlichen Gesetze sind nach seiner Lehre unveränderlich und ewig; Stolz, Undankbarkeit, Vertragsbruch u. s. w. werden nie erlaubt sein, sie verpflichten vor dem Gewissen. „Dagegen können die äufseren Handlungen nach den Umständen und dem bürgerlichen Gesetz sich so verschieden gestalten, dafs das zu einer Zeit Rechte zu einer andern Zeit unrecht wird, und das zu einer Zeit Vernünftige zu einer andern unvernünftig wird. Die Vernunft bleibt aber dieselbe und wechselt weder ihr Ziel, welches in dem Frieden und in der Verteidigung besteht, noch die Mittel, d. h. jene Tugenden der Seele, die oben dargelegt worden sind und die durch keine Gewohnheit und kein bürgerliches Gesetz aufgehoben werden können“[2].

Das Endergebnis unserer Betrachtung wäre also folgendes: Der Codex der Sittlichkeit jeder Zeit, in welcher durch Vertrag ein Staat errichtet worden ist, enthält zwei Arten von Normen: ewige, unveränderliche Naturgesetze und nach den gesellschaftlichen Zuständen wechselnde bürgerliche Gesetze, jene Folgerungen der rechten Vernunft des einzelnen, diese Folgerungen der „Vernunft des Staates“[3]. Da Hobbes es unterliefs, eine scharfe Grenzlinie zwischen beiden zu ziehen, sich auch in anscheinende

---

[1] a. a. O. p. 68, Kap. III, § 32.
[2] a. a. O. p. 66, Kap. III, § 29.
[3] Den Ausdruck: „Vernunft des Staates“, braucht Hobbes selbst. Anmerkung zu Kap. II, § 1.

Widersprüche über ihr gegenseitiges Verhältnis verwickelte, selbst die „Vernunft des Staates" voranstellte, hielten sich seine Gegner an die Lehre, dafs die Staatsgewalt darüber entscheide, was sittlich und was unsittlich sei, und übersahen, was er über das naturgesetzlich Sittliche gelehrt hatte.

In die vorhergehende Darstellung sind auch schon die Ansätze zu einer Ethik mit verwoben worden, weil ihrer im folgenden noch gedacht werden mufs und sie, aus dem Zusammenhang des Ganzen gerissen, nicht so verständlich sind.

Hören wir schliefslich das Urteil des gründlichsten Forschers auf dem Gebiete des Naturrechtes über die Doktrinen des Thomas Hobbes. Er, sagt Gierke, habe es zuerst versucht, „auf dem Boden und mit dem Rüstzeug des Naturrechtes selber das Naturrecht zu sprengen. Denn er setzte das vorstaatliche Recht des Naturzustandes zu einem „Jus inutile" herab, das in Wahrheit nicht einmal den Keim eines Rechtes enthielt; er liefs im Staat, durch dessen Befehl und Zwang erst Recht entstehen sollte, jedes nicht von ihm selbst erzeugte Recht vollkommen untergehen; er verwarf schlechthin jeden Gedanken einer rechtlichen Gebundenheit der über die Begriffe Recht und Unrecht souverän entscheidenden Staatsgewalt" [1]. So kann die Frage erhoben werden, ob Hobbes in eine Darstellung der Entwicklung des Naturrechtes gehöre. Selbst wenn wir nicht wüfsten, dafs die beiden einander widersprechenden Auffassungen vom Naturrecht, welche wir als die stoische und epikureische bezeichnet haben, sich immer wieder durchkreuzt haben, würde es notwendig sein, Hobbes eingehend zu betrachten, weil er das Naturrecht und die Ethik der folgenden Zeit so stark beeinflufst hat. Ich denke dabei im Umkreise des Naturrechtes nicht an Spinoza, welcher die psychologischen und sociologischen Grundanschauungen mit ihm teilt, aber zu einer verschiedenen Staatslehre gelangt, sondern an Pufendorf, den Mann, welcher aus den disjecta membra ein System geschaffen hat, den Zeitgenossen aufgeklärter, absoluter Fürsten, denen er auch in seinem Leben nahe steht und deren Mission er mit seinem System unterstützt.

## 4.

## Pufendorf.

Die grofsen Verdienste, welche sich Pufendorf um das Naturrecht erworben hat, bestehen, soweit ich das beurteilen kann, in der völligen Befreiung der jungen Wissenschaft von der Theologie, was ihm bekanntlich schwere Kämpfe eintrug, in einer

[1] Gierke, Althusius p. 300.

meisterhaften Systematik, die sich im wesentlichen bei seinen Nachfolgern erhalten hat, in der so schwierigen und mühevollen Ausfüllung des wissenschaftlichen Gerüstes mit einem wertvollen Inhalte und endlich in seiner klaren, lichtvollen Darstellung.

Dagegen scheint mir die philosophische Grundlegung, welche er dem Naturrechte gegeben hat, nicht so bewundernswert. Ich glaube, dafs er in drei Irrtümern befangen ist. Erstens stellt er sich formell auf den Boden der Socialitätstheorie. Aus ihr läfst sich aber das Naturrecht in dem Sinne eines ewigen, unveränderlichen, vor und über allem positiven Rechte bestehenden Naturrechtes nicht herleiten, wie schon bei Grotius angedeutet wurde, sondern nur aus der Annahme eines höchsten, weisen und gerechten Wesens, welches entweder das Weltall durchdringt oder das Weltall und die Menschen, diese nach seinem Ebenbild erschaffen hat. Zweitens glaubt Pufendorf sich der Lehre der Stoiker zu nähern, wie erinnerlich sein wird, obgleich die Stoiker das Recht nicht aus der Gemeinschaft hergeleitet haben. Drittens ist seine Socialitätstheorie weder die stoische, noch die grotianische, sondern eine sonderbare Ausgestaltung der Hobbesschen [1].

Die selbstsüchtigen und furchtsamen Urmenschen Pufendorfs haben dasselbe Bedürfnis nach Gemeinschaft wie diejenigen des Philosophen von Malmesbury; hüben und drüben ist das Princip des Naturrechtes ein interessierter Geselligkeitstrieb, so wenig die Menschen von Natur für die Geselligkeit geschaffen sind. Nachdem sich Pufendorf zu den psychologischen Anschauungen des Engländers bekannt hat, sollte man nun auch erwarten, dafs er weiter auf den Bahnen seines Vorgängers fortschreiten würde. Aber mit einem kühnen Salto mortale springt er formell zu Grotius hinüber. Da Wohl und Wehe der Menschen von ihrer „Sociabilität“ abhängt, so sollen sie das Wohl der Gesellschaft im allgemeinen mit allen ihren Kräften zu erhalten und zu fördern suchen. Dies nennt Pufendorf das Grundgesetz des Naturrechtes, und die Gesetze dieser Sociabilität bezeichnet er als Naturgesetze.

Ich weifs nicht, ob Warnkönig mit seiner Behauptung recht hat, Pufendorf wolle Grotius mit Hobbes versöhnen. Im übrigen ist seine Kritik meines Erachtens durchaus zutreffend. Vor allem seine Bemerkung, „dafs das gesamte Naturrecht Pufendorfs dahin geht, zu zeigen, was infolge jenes officium recht sein soll. Seine Doktrin nimmt durchaus den Charakter einer Moraltheorie an, d. h. den einer für die geselligen Verhältnisse berechneten

---

[1] Ähnlich urteilt Raumer: „Sein Geselligkeitsgrundsatz führt zwar auf milderem Weg zu dem Gebote: suche den Frieden! aber er lautet doch ebenso wie bei Hobbes, und der Eigennutz hat zuletzt nur ein schönes Kleid übergehangen.“ Raumer: Über die geschichtliche Entwicklung der Begriffe von Recht, Staat und Politik. 1832. p. 49.

Pflichtenlehre, die also nicht zeigt, was infolge der Gesetzgebung der menschlichen Vernunft wirklich Rechtens ist, sondern was es sein soll. Seine Raisonnements sind fast stets teleologischer Art, wie die der Verteidiger des Nützlichkeitssystems"[1].

In dieser den Gegensatz des wahren und des Pufendorfschen Naturrechtes scharf hervorhebenden Kritik ist nur der letzte Satz überflüssig. Denn wie wäre es möglich, dafs Pufendorf, der im Gefolge von Hobbes wandelt, andere als Nützlichkeitserwägungen anstellen könnte? Pufendorf hat diesen schwachen Punkt seines Systems wohl gefühlt. Obgleich, führt er aus, die Befolgung der Naturgesetze von offenbarem Nutzen sei, so hätten sie doch erst Gesetzeskraft, wenn man voraussetze, dafs es einen Gott gebe, der den Menschen die Befolgung dieser Gesetze vorgeschrieben habe. Dies sucht er zu zeigen. Dafs aber dadurch der Charakter seines Naturrechtes nicht verändert wird, ist wohl klar. Aus dem unsichern Charakter der philosophischen Grundlegung, die zwischen Stoicismus und Epikureismus schwankt, und aus dem Bedürfnisse der Zeit nach einer starken monarchischen Gewalt erklärt es sich, dafs Pufendorf im Gegensatz zu dem konsequenteren Hobbes für den Rechtscharakter des Naturrechts eintritt und lehrt, dafs es im Naturzustande gegolten habe, aber andererseits, was die Fortdauer des ursprünglichen natürlichen Rechtes der Individuen im Staate betrifft, sich trotz einzelner Schwankungen für Hobbes entscheidet. Die Sklaverei übernimmt er in sein System, wenn er auch dem Herrn einschärft, nicht zu vergessen, dafs der Sklave ebensowohl ein Mensch sei, wie er selbst. Von dem Augenblick des Eintritts in die bürgerliche Gesellschaft begeben sich die Menschen nach Pufendorf der natürlichen Freiheit und Gleichheit. Der Souverän ist von den Gesetzen gelöst, die er selbst giebt. Gegen die Launen, Härten und Grausamkeiten des Herrschers kennt Pufendorf nur geduldiges Ertragen oder die Flucht. Aber er tritt für eine humane Behandlung der Bürger und dafür ein, dafs der Souverän dem Naturrecht Gesetzeskraft gebe.

Auch die Thatsache, dafs Pufendorf die Socialität zum Princip des Naturrechts machte, verhinderte ihn, die volle Freiheit der Individuen zu fordern.

Zum Schlusse haben wir noch zwei Bemerkungen zu machen, die sich nicht auf das Wesen des Naturrechtes beziehen, sondern auf den Inhalt und die Methode, welche Pufendorf dem Naturrecht gab. Sein System ist die Darstellung einer universellen Pflichtenlehre, soweit sie durch die Vernunft erkennbar sind: der Pflichten der Menschen gegen Gott, sich selbst und die übrigen Menschen. So wird der Rahmen des Naturrechtes soweit gespannt, dafs es umfafst: 1. das Naturrecht im engeren Sinne, 2. einen Teil der Ethik, 3. das System der natürlichen Religion. Dadurch

[1] Warnkönig, Rechtsphilosophie, p. 50.

wird das Naturrecht auch in eine äufsere Verbindung mit dem Deismus gebracht, welchem es innerlich verwandt ist; dies wird in einem folgenden Abschnitte eine eingehende Darstellung erfahren. Was nun die beiden übrigen Bestandteile betrifft, so ist es wichtig, folgendes hervorzuheben. Wenn Pufendorf auch die Ethik des Naturrechtes fast ausschliefslich auf die äufseren Handlunqen des Menschen beschränkte, so war doch die Möglichkeit gegeben, die Moralphilosophie im Rahmen des Naturrechts auszudehnen. Diese Disciplinen blieben innerlich verwandt, auch nachdem man angefangen hatte, die Lehren von Recht und Sittlichkeit äufserlich schärfer zu trennen, was in Deutschland Thomasius, in England wahrscheinlich Adam Smith that. Beiden Wissenschaften blieb eine gemeinschaftliche psychologische Grundlage, beide hatten dasselbe Organ der Erkenntnis für das, was Recht und Sittlichkeit sein sollte. Wie verschieden ist das Naturrecht Hutchesons, Wolffs von demjenigen Pufendorfs, da sie andere Grundlagen wählten!

Was die Methode des Naturrechts betrifft, so wandte Pufendorf bekanntlich auf Anrathen seines Lehrers Weigel und auf Wunsch von Boyneburg's die mathematische Methode auf die junge Wissenschaft an. Doch sind diese Männer nicht die ersten Verfechter der mathematischen Methode; schon Hemming war für sie eingetreten[1].

An dieser Stelle beschränke ich mich auf die vorstehenden Ausführungen, da ich in einem anderen Zusammenhange noch darauf zurückkommen werde.

Durch Pufendorf verbreitete sich das Naturrecht über ganz Europa. In Deutschland sind ihm unter anderen Thomasius und Wolff gefolgt. In England bearbeitete es Hutcheson in seinen berühmten „Institutes of Moral Philosophy“. In der That ist die schottische Moralphilosophie der Hutcheson, Smith, Ferguson nichts anderes als das weiter entwickelte System des Pufendorfschen Naturrechtes. Es fafste festen Fufs in Frankreich, wo ihm ja schon von den grofsen Juristen so erfolgreich vorgearbeitet worden war und von wo das epikureische Naturrecht die kräftigste Verbreitung gefunden hatte. Barbeyrac übersetzte die Werke Pufendorfs ins Französische. Lehrbücher nach Pufendorfs System, „jedoch schon unter dem Einflufs der Wolffschen Philosophie“, verfafsten Burlamaqui, de Felice, beide 1750 gestorben, und Vicat, gestorben 1770. In der grofsen Encyklopädie

[1] Kaltenborn, Abteilung II, p. 30. . . . „Considerare principia, ac veluti elementa axiomatum moralis philosophiae, ex quibus hypotheses innumerare, adhibita philosophica apodixi, in legibus politicis et oeconomicis extruuntur: observare syntheses et analyses demonstrationum: perspicere, qua via omnia jura et omnes leges ad suos fontes revocare possint . . . . videbunt (sc. jurisprudentiae ac ethicae studiosi) non minus legis naturae conclusiones destitui evidentibus demonstrationibus, quam artem Euclidis.“

wurden die naturrechtlichen Theorieen in dem Artikel „Droit naturel“ verkündet[1].

Ein ebenso grofses Ansehen genofs dann später Wolffs Philosophie im Auslande, was ja auch Warnkönigs Worte zum Teil beweisen. „Die Akademieen in Paris und London ernannten Wolff zu ihrem Ehrenmitgliede . . . es war ein bis dahin unerhörtes Ereignis, dafs die wissenschaftlichen Werke eines Deutschen fast in alle lebenden Sprachen übersetzt wurden. In Frankreich vermittelten das Journal des Savants, die Histoire littéraire de l'Europe und das Journal de Trévoux zahlreiche Auszüge; Voltaire und Madame du Châtelet, die bekannte Freundin Voltaires, welche Newton in Frankreich eingeführt hatten, studierten auf Veranlassung des Kronprinzen von Preufsen eine zeitlang Wolff so eifrig, dafs sich dieser mit der allerdings trügerischen Hoffnung trug, es werde ihm gelingen, durch Hilfe derselben in Frankreich dem englischen Einflufs den Rang abzulaufen[2].

---

[1] Warnkönig, Rechtsphilosophie p. 53.
[2] Hettner, Literaturgesch. des 18. Jahrh., 1862, III, 1 p. 240.

# Viertes Kapitel.

## Locke und seine Schüler.

### Erster Abschnitt.

### Locke.

Der Überblick über die Entwicklung des Naturrechtes, welcher im Vorhergehenden gegeben wurde, könnte zu dem Irrtum veranlassen, dafs die Nachfolger Pufendorfs nur eine neue Form für seine Lehren gesucht hätten. In Wirklichkeit unterscheidet sich der Inhalt ihrer Systeme in wesentlichen Stücken von dem seinigen; aber das Gerüst des Systems ist geblieben. Der theoretische Wandel in den Lehren ist gröfstenteils auf das zweite Buch von Lockes „Two Treatises of Government" zurückzuführen, welche 1689 erschienen.

Waren die Lehren des epikureischen Naturrechtes durch Gassendi und Hobbes mit gröfserer oder geringerer Treue neu belebt worden, hatten sie Pufendorfs Absicht, sich den Stoikern anzuschliefsen, nicht zur ungetrübten Verwirklichung gelangen lassen, so erscheint in Lockes zweitem „Treatise of Government" der stoische Charakter des Naturrechtes in aller Reinheit und mit allen Konsequenzen. Das ungeheure Ansehen, welches dieses Werk anderthalb Jahrhunderte hindurch genofs, führte den politischen Individualismus, die Überschätzung des natürlichen Rechtes, die Unterschätzung der positiven Satzungen und Gewalten, welche dem philosophischen System Zeno's eigentümlich gewesen waren, mit höchster Kraft in die Gedankenwelt der modernen Menschheit ein.

Locke läfst die Menschen im Naturzustande, in voller Freiheit und Gleichheit leben[1]. Mit dieser Gleichheit verträgt

[1] .... all men are naturally in... a state of perfect freedom... a state also of equality . . . there being nothing more evident, than that

sich die Ungleichheit, welche Alter, Tugend, Begabung, persönliches Schicksal bewirken[1]. Er versteht unter Gleichheit vorzugsweise die gleiche Freiheit von gegenseitiger Beherrschung[2]. Er hält die Sklaverei, wenn sie die Folge eines gerechten Krieges ist, für naturrechtlich erlaubt[3]. Die Kinder haben, ehe sie die Reife des Urteils erlangt, nicht gleiche Rechte mit den Eltern, ebensowenig die Frau völlig gleiche Rechte mit dem Manne in der Verwaltung des Hauswesens[4]. Auch streitet das soziale Herrschaftsverhältnis, welches zwischen Herrn und Diener besteht, nicht mit der natürlichen Gleichheit[5].

Der Naturzustand ist nicht mit dem Kriegszustande zu verwechseln, der in jenem wohl als Episode auftrat. In diesen Ausführungen ist schon angedeutet, daſs Locke die Existenz einer natürlichen Gesellschaft vor der Entstehung der bürgerlichen annimmt. Die erste Gesellschaft war die eheliche Gesellschaft, aus welcher diejenige zwischen Eltern und Kindern hervorging; hierzu kam die Gesellschaft zwischen Herrn und Diener und Herrn und Sklaven. Diese in der Familie zusammengefaſsten Gesellschaften, wie sie den Zustand der natürlichen Freiheit und Gleichheit nicht aufheben, sind nicht mit der politischen oder bürgerlichen Gesellschaft zu verwechseln[6]. Die natürliche Gesellschaft ist ebensosehr ein Produkt der Notwendigkeit, wie der Zweckmäſsigkeit und der Neigung[7]. Der Mensch ist also ein geselliges Wesen.

Leben nun die zu natürlicher Gesellschaft vereinigten Men-

---

creatures of the same species and rank, promiscuously born to all the same advantages of nature, and the use of the same faculties, should also be equal one amongst another without subordination and subjection . . . II, § 4. Alle Citate sind aus dem 2. Buch genommen, weshalb in der Folge nur der Paragraph citiert wird.

[1] Though I have said above Chap. II. „That all men by nature are equal,“ I cannot be supposed to understand all sorts of equality: age or virtue may give men a just precedency: excellency of parts and merits may place othersbove the common level: birth may subject some, and alliance or benefits others . . . and yet all this consists with the equality, which all men are in, in respect of jurisdiction or dominion one over another. § 54.

[2] A state also of equality, wherein all the power and jurisdiction is reciprocal, no one having more than another, § 4. — . . . equality being that equal right, that every man hath to his natural freedom, without being subjected to the will or authority of any other man, § 54.

[3] § 23. Die Sklaven bilden keinen Teil der bürgerlichen Gesellschaft, § 85.

[4] Kap. 6.

[5] Obgleich der Diener gewöhnlich im Hause des Herrn, unter dessen Disciplin lebe, „it gives the master but a temporary power over him, and no greater than what is contained in the contract between them“. § 85.

[6] §§ 77—86.

[7] God . . . put him (man) under strong obligations of necessity, convenience, and inclination to drive him into society, as well as fitted him with understanding and language to continue it. § 77.

schen im Naturzustande im Zustande der Freiheit, so doch nicht in dem der Ungebundenheit[1]. Denn sie stehen unter der Herrschaft des Naturgesetzes, welches jedem die Verletzung eines anderen wie seiner selbst an Leben, Gesundheit, Freiheit und Eigentum verbietet[2] und die Erhaltung des Menschengeschlechtes will[3] und jeden als Selbstzweck zu achten befiehlt[4]. Das Recht der Bestrafung an denjenigen, welche gegen das Naturgesetz freveln, steht dem Verletzten, aber auch jedermann zu[5]. Durch Bedrohung des Lebens entsteht der Kriegszustand, welcher die Sklaverei des todeswürdigen, besiegten Angreifers rechtfertigt.

Wir sahen vorher, daſs Locke schon im Naturzustande Eigentumsvergehen annimmt. Existiert denn das Privateigentum nach Naturrecht? Jawohl und seine Begründung ist der wichtigste Zug seiner Lehre.

Gott hat den Menschen die Erde als gemeinsames Eigentum verliehen. Aber da er sie alle frei und gleich schuf, gab er einem jeden das Privateigentum an seiner eigenen Person. Auf sie besitzt niemand sonst ein Recht. Die Arbeit seines Leibes, das Werk seiner Hände gehören ihm und ihm allein. Der Mensch hat, wie bekannt, das Recht der Selbsterhaltung — Locke hätte richtiger sagen sollen, die Pflicht der Selbsterhaltung —; er hat folglich auch das Recht auf Speise und Trank und andere Unterhaltsmittel[6]. Da aber die von der Erde freiwillig geschenkten Unterhaltsmittel nicht genügen, so muſs der Mensch die Erde roden, bearbeiten, düngen, besäen; Gott hat dem Menschen die Arbeit befohlen. Durch seine Thätigkeiten mischt er mit der Erde etwas, was sein Privateigentum ist, und hierdurch macht er das Grundstück zu seinem Privateigentum. Wer es ihm entreiſsen oder ihn im Genusse der Früchte seiner Arbeit beeinträchtigen wollte, verginge sich also an seinem natürlichen Rechte[7]. Daſs das Privateigentum an Grund und

---

[1] Though this be a state of liberty, yet it is not a state of licence, § 6.

[2] The state of nature has a law of nature to govern it, which obliges every one: and reason, which is that law, teaches all mankind, who will but consult it, that being all equal and independent, no one ought to hurt another in his life, health, liberty or possessions. — Every one . . . is bound to preserve himself, and not to quit his station wilfully, a. a. O.

[3] which willeth the peace and preservation of all mankind, § 7.

[4] There cannot be supposed any such subordination among us, that may authorize to destroy another, as if we were made for one another's uses, as the inferior ranks of creatures are for our's, § 6.

[5] § 8.

[6] § 25.

[7] Though the earth, and all inferior creatures, be common to all men, yet every man has a property in his own person: this nobody has any right to but himself. The labour of his body, and the work of his hands, we may say, are properly his. Whatsoever then he removes out of the state that nature hath provided, and left it in, he has mixed his

Boden gerecht sei, bemüht sich Locke auch dadurch zu zeigen, daſs er auf den Unterschied der Menge der Unterhaltsmittel eines bearbeiteten und eines brach liegenden Grundstückes hinweist. Locke beschränkt das Recht des Eigentumserwerbs auf eine solche Landfläche, welche die Ernährung des Eigentümers sichert, ohne daſs jedoch etwas von den Früchten verdirbt. Da er aber die Verschenkung und den Umtausch des Überflüssigen gegen Gegenstände von dauerndem Werte für erlaubt hält, so ist damit keine Grenze gegen eine übermäſsige Ausdehnung des Privateigentums gegeben[1].

Der Gedanke des Privateigentums beherrscht so sehr die Lockesche Theorie, daſs er die Begriffe „lives, liberties, and estates" mit dem Worte property zusammenfaſste[2]. Daher behauptet er denn auch, der Hauptzweck bei der Gründung der bürgerlichen Gesellschaft sei die Erhaltung des Eigentums[3]. Zu diesem Teile seiner Lehre müssen wir uns jetzt wenden.

In dem Naturzustande fehlt ein positives Gesetz. Das Naturgesetz ist einfach und verständlich; aber Interesse und Unwissenheit schwächen oft seine Kraft; es fehlt zweitens ein Richter, welcher mit Autorität und Objektivität Streitigkeiten entscheidet, da jeder in eigener Sache Richter ist; es fehlt häufig drittens an der Macht, einen Urteilsspruch durchzusetzen. Diese drei Übelstände bewegen die Menschen, sich in die bürgerliche Gesellschaft zu begeben[4]. Wären sie nicht entartet, dann hätten sie in der natürlichen, die ganze Menschheit umspannenden Gesellschaft unter der Herrschaft des Naturgesetzes verharren können, ohne sich in eine Anzahl bürgerlicher Gesellschaften aufzulösen[5]. So aber werden sie durch die übermäſsig nicht genügend oder gar nicht bestraften Vergehen gegen Leben, Freiheit und Eigentum veranlaſst, einen Vertrag abzuschlieſsen, wodurch die politische Gesellschaft entsteht. Es wird nun ein positives Gesetz erlassen, ein kompetenter Richter ernannt und eine Exekution zur Durchführung eines Urteilsspruches be-

---

labour with, and joined to it something that is his own, and thereby makes it his property, § 27. Man . . by being master of himself, and proprietor of his own person, and the actions of labour of it, had still in himself the great foundation of property. § 44.

[1] The exceeding of the bounds of his just property not lying in the largeness of his possessions, but the perishing of anything uselessly in it, § 46. Daher denn auch die Aussage „dishonest to carve himself too much, or take more, than he needed" keinen Sinn hat.

[2] § 123.

[3] § 85.

[4] § 124 ff.

[5] Were it not for the corruption and viciousness of degenerate men, there would be no need of any other (community); no necessity that men should separate from this great and natural community, and by positive agreements combine into smaller and divided associations. § 128. Locke spricht auch einmal von der Tugend des „golden age". § 111.

stellt. Ein jeder vermag nun Leben, Freiheit und Eigentum besser zn bewahren; aber er hat auch einen Teil der natürlichen Freiheit, Gleichheit und exekutiven Macht an den politischen Verband abgeben müssen. Dieser hat alles gewonnen, was die Individuen an ihn abgetreten haben; so weit reicht seine Macht, aber auch nicht weiter, und diese reicht so weit nur so lange, als er seinem Zwecke dient. Die Individuen haben zu Gunsten des Verbandes verzichtet nur auf die Freiheit, das Zweckmäfsige zur Erhaltung ihrer selbst zu thun, und auf die Bestrafung der Vergehen, welche an ihnen verübt worden sind, in Verfolg ihres eigenen Urteilsspruches. Es wäre also erstens eine Thorheit, zu glauben, dafs das Naturrecht in der bürgerlichen Gesellschaft nicht fortdauere[1], da die bürgerliche Gesellschaft zum besseren Schutze des Naturrechtes gebildet worden ist; es wäre zweitens eine Thorheit, anzunehmen, dafs die übrigen natürlichen Rechte und Privilegien erloschen seien, deren Aufgabe die Gründung der bürgerlichen Gesellschaft nicht notwendig macht[2].

Der Zweck dieser Darstellung erfordert kein weiteres Eingehen auf die Lockesche Theorie. Die vorhergehenden Ausführungen dürften ihre grofse Verwandtschaft mit den stoischen Grundanschauungen dargethan haben. Wir finden das goldene Zeitalter, den Naturzustand, in welchem alle Menschen frei und gleich waren und unter der Herrschaft des Naturgesetzes lebten, die Entstehung der bürgerlichen Gesellschaft infolge der Entartung der Menschen, die Lehre von der Fortdauer des Naturrechtes im Staate, so dafs das Naturgesetz die ewige Norm für das positive Gesetz darstellt, die geringe Wertung der bürgerlichen Gesellschaft, die als Loslösung von der uranfänglichen menschlichen Gemeinschaft erscheint, die Behauptung, dafs der Mensch ein geselliges Wesen sei und der Naturzustand nicht als ein Kriegszustand aufgefafst werden dürfe. Nachdem Locke das epikureische Naturrecht mit seiner relativen Wertschätzung der positiven, das Individuum bindenden Institutionen durch die Rückkehr zum stoischen Naturrechte überwunden hatte, wurde es möglich, den Anspruch des Vernunftrechtes auf höhere Geltung gegenüber dem positiven Rechte durchzusetzen und dem Individualismus die freieste Bahn zu bereiten. Dies ist im 18. Jahrhundert durch seine Schüler in Frankreich, Deutschland

---

[1] The obligations of the law of nature cease not in society, but only in many cases are drawn closer, and have by human laws known penalties annexed to then. Thus the law of nature stands as an eternal rule to all men, legislators as well as others, § 135.

[2] But though men, when they enter into society, give up the equality, liberty and executive power they had in the state of nature, into the hands of the society to be so far disposed of by the legislative, as the good of the society shall require; yet it being only with an intention in every one the better to preserve himself, his liberty and property u. s. w. § 131. Siehe auch § 137.

und England geschehen. Sie haben einige Voraussetzungen der Theorie noch kräftiger entwickelt wie die Lehre von der geselligen Natur des Menschen und von der natürlichen Gesellschaft, die zwar noch als eine Summe von Familien erscheint, welche jedoch durch die Arbeitsteilung miteinander verbunden sind, so dafs der Naturzustand eine immer gröfsere Ähnlichkeit mit der bürgerlichen Gesellschaft gewinnt. Aufserdem bestand ihre Aufgabe darin, den Komplex der natürlichen Freiheit, welchen die Individuen in die bürgerliche Gesellschaft hinübergeführt haben, in eine Reihe von einzelnen Menschenrechten aufzulösen. Der wichtigste Schritt geschah dadurch, dafs man von diesem Punkte aus die Forderung der wirtschaftlichen Freiheit dem Naturrechte einverleibte.

Hat nun auch Locke das Naturrecht wieder auf stoische Grundlagen gestellt, so läfst sich doch nicht leugnen, dafs er sie metaphysisch nicht begründet hat. Während im stoischen System alles zusammenhängend und klar ist, steht bei Locke das Gebäude auf sehr lockerem Fundamente. Von der Hartnäckigkeit des Thomas Hobbes, den Voraussetzungen der Deduktionen eine granitene Festigkeit zu geben, spürt man in dem Werke seines jüngeren Landsmannes sehr wenig. Hierdurch ersparte er sich aber auch die Schwierigkeiten des Grotius, und die feste Fundamentierung mochte er auch für eine Parteischrift nicht nötig erachten. Nimmt man aber die Prämissen als erwiesen an, dann ist die Folgerichtigkeit der Konsequenzen meistens zwingend. Der philosophisch vollendetste Teil seiner Theorie ist nach meiner Meinung die Begründung des Privateigentums an Grund und Boden, welche in den Darstellungen des Lockeschen Naturrechtes gewöhnlich verflacht wird; der philosophisch unvollkommenste ist die Rechtslehre Lockes.

Heben wir es noch einmal hervor: Locke ist der Vater des politischen und socialen Individualismus, der Lehre von den unantastbaren Grundrechten, den unveräufserlichen Menschenrechten, dem schwachen Staate, welcher nur Eigentum und Freiheit zu schützen hat, dessen einziger Zweck der Rechtszweck ist. Denn wenn auch von den früheren Naturrechtslehrern die Sicherheit als Zweck des Staates bezeichnet worden war, so hatten sie ihn doch hierauf nicht beschränkt. Wir sind mit einem Sprunge in das Reich des subjektiven Naturrechtes gelangt. Locke beseitigte alles, was dem Individualismus feindlich sein konnte: den epikureischen Naturzustand ohne Naturrecht, den Hobbesschen Unterwerfungsvertrag, die Socialitätstheorie des Grotius. Will man den ungeheuren Wandel der Anschauungen sich klar machen, so mufs man insbesondere die Lehre Hobbes' und Pufendorfs vom Naturzustande und der natürlichen Gesellschaft dagegen halten.

Man hat wohl gemeint, es sei ein Widerspruch, dafs er, obwohl er eine natürliche Gesellschaft annehme, doch nicht wie

Grotius die Gesellschaft zum Princip seiner Theorie erhebe. Thatsächlich konnte er das nicht. Er begründet weitläufig, dafs Mann und Weib nur deshalb eine dauernde Verbindung eingehen, weil die lange Hülfsbedürftigkeit der menschlichen Jungen dies nötig macht; den Kindern spricht er die Selbständigkeit zu, sobald sie die Reife des Verstandes erlangt haben; das Verhältnis zwischen Herr und Diener ist zeitlich vorübergehend und kontraktlich beschränkt, und was dasjenige zwischen Herrn und Sklaven betrifft, so liefs dies noch weniger eine theoretische Verwertung zu. Denn erstens besteht es nur ausnahmsweise, und zweitens betrachtet er den Sklaven nicht als einen Teil der bürgerlichen Gesellschaft. So bleibt nur das Individuum mit seinen ewigen und unveräufserlichen Rechten. Die natürliche Gesellschaft Lockes hat keinen organischen Charakter. Wohl behauptet er, dafs die Erhaltung der Gesellschaft der Zweck des Staates sei; aber er versteht darunter stets die Individuen. An einer Stelle stellt er die Gesellschaft und das Individuum in Gegensatz [1]; aber der Zusammenhang des Ganzen ergibt, dafs die Opferung der einzelnen für das gesamte Beste die Unschädlichmachung oder Vernichtung der Verbrecher bedeutet.

Wir haben nun die Schranken des alten Naturrechtes weit hinter uns; die vorhergehende Darstellung möchte zu dem Glauben verführen, der Verfasser meine, der Wechsel der Anschauungen sei allein das Ergebnis eines theoretischen Prozesses. Das wäre ein grofser Irrtum. Was uns aus dem alten Naturrechte herausgeführt hat, ist keine Begriffsentwicklung, sondern ein höchst realer Vorgang: das Streben der besitzenden, vorzugsweise der Mittelklassen Englands nach Schutz ihrer Freiheit und ihres Eigentums vor den Übergriffen einer künftigen Staatsgewalt, welche, ähnlich wie die Stuarts, sowohl die Person der Unterthanen schädigen, wie ihr Eigentum willkürlich besteuern könnte. Das Gefühl der Unsicherheit erzeugt den Wunsch nach einem schwachen Staate, und das Gemüt möchte auch als wahr erwiesen sehen, was es so heftig begehrt. Dieses von einem jedenfalls politisch und social mächtigen Teile Englands empfundene Begehren befriedigte Locke, indem er auf das Naturrecht der Stoiker zurückgreift und es mit gröfster Gewandtheit für seine Zwecke gestaltet. Der rascheste Kulissenwechsel hat auf das absolute Fürstentum des 17. Jahrhunderts die konstitutionelle Monarchie Wilhelms III. folgen lassen.

Die Lockesche Theorie, in Verbindung mit der Geschichte des Naturrechtes gesehen, gestattet einen tieferen Einblick in den Zusammenhang der herrschenden politischen und socialen

---

[1] The first and fundamental natural law . . . is the preservation of the society, and (as far as will consist with the public good) of every person in it. § 134.

Ideen mit den politischen und sozialen Zuständen der Zeit. Da diese Schrift auf einer bestimmten Ansicht hierüber beruht, so mufs sie mit wenigen Worten dargelegt werden. Neue politische oder sociale Ideen werden herrschend, wenn neue politische oder sociale Zustände dauernd Unbefriedigung in einem ganzen Volke oder einem mächtigen Bruchteil eines solchen erregen oder alte Zustände den gesteigerten Anforderungen und Bedürfnissen der Menschen nicht mehr entsprechen. Hierdurch wird ein Gefühl der Unbefriedigung hervorgerufen: sie erscheinen ungerecht. Um sich vor sich selbst zu rechtfertigen, um einen Rechtsboden für die Umgestaltung zu besitzen, verlangt das Gemüt einen Beweis dafür, dafs die Gerechtigkeit verletzt sei. Zu diesem Zwecke schafft die Vernunft Theorieen und Doktrinen. Aber diese brauchen durchaus nicht originell zu sein, sie sind sogar gewöhnlich weitere Entwicklungen, Anpassungen alter Gedanken an die neuen Bedürfnisse. Was lange in alten Büchern geschlummert hat, gewinnt neues Leben, sobald sich ein guter Nährboden findet. Welchen Bestrebungen hat das Naturrecht allein in der neueren Zeit dienen müssen: den Bedürfnissen einer handeltreibenden Republik, des absoluten und aufgeklärten Fürstentums, der Mittelklassen und endlich des vierten Standes! Staatsabsolutismus und Volkssouveränetät, Rechtsstaat und Wohlfahrtsstaat, unveräufserliche Menschenrechte und alles verschlingende Staatsomnipotenz, Freiheit und Knechtschaft, Freiheit mit Centralisation und Freiheit mit Association — sie alle haben im Naturrechte Platz gefunden. Nichts vermag so skeptisch gegen politische oder sociale Theorien zu stimmen wie die Geschichte des Naturrechtes. Die Doktrinen überzeugen leicht, wenn sie beweisen, was man wünscht. Wer mit den Konsequenzen übereinstimmt, nimmt die Prämissen gern in den Kauf. Und gerade die Prämissen stehen überall in Frage, nicht nur in der Politik, sondern auch in den verwandten ethischen Wissenschaften. Wie naiv ist der Gedanke, man könne einen politischen Gegner überzeugen! In neun von zehn Fällen ist es unmöglich, weil der Gegner ein ganz anderer Mensch werden müfste, um sich überzeugen lassen zu können. Immer wieder ist die Arbeitswerttheorie in ihrer Unwahrheit innerhalb unserer Wirtschaftsordnung erwiesen worden; aber das socialistische Gemüt klammert sich immer wieder an sie an, weil sie beweist, was es fordert. Für die wissenschaftliche und noch mehr für die praktische Politik gilt das Wort Schopenhauers: der Wille schafft sich den Intellekt zu seinem Dienste. Und dieser Prozefs geht gewöhnlich unbewufst vor sich.

Wenn also die herrschenden Ideen die materiellen, politischen und socialen Zustände reflektieren, so ist der Vorgang doch von einer physikalischen Spiegelung sehr weit entfernt, auch deshalb, weil die Theorien ihr Gepräge durch den Geist eines hervorragenden Mannes erhalten, welcher sie anderen mitteilt, und ihrem unbestimmten Wollen die Wege weist. Ganze Generationen denken sie in der Form, in welcher er sie gedacht hat, und führen seine Ideale aus. Wie nüchtern und maſsvoll erscheint der Individualismus noch bei Locke, welchen enthusiastischen, fanatischen, maſslosen Charakter wird der politische Liberalismus bei Rousseau, der wirtschaftliche bei den Physiokraten empfangen! Auf welche Bahnen werden diese Theoretiker ihr Volk führen! Und andererseits erkennt man die Kraft des nationalen Geistes und der geschichtlichen Entwicklung bei Rousseau und bei Quesnay in dem zentralistisch-atomistischen Charakter ihrer politischen Systeme[1]).

## Zweiter Abschnitt.

## Lockes Schüler.

Unsere Aufgabe erheischt es nicht, alle Ausstrahlungen und selbst nicht einmal, alle bedeutenden Ausstrahlungen der Lockeschen Theorie zu verfolgen. Sonst dürften wir Christian Wolff, Rousseau und Kant nicht übergehen. Dagegen müssen wir die Werke dreier Männer betrachten, die man in der Geschichte des Naturrechtes vergeblich sucht, oder denen dort nur ein ganz bescheidenes Plätzchen angewiesen ist: Francis Hutcheson, François Quesnay und Adam Smith. Die verschiedenartige Begabung, die verschiedenartigen politischen und socialen Zustände, von denen sie umgeben sind, erklären die verschiedenartigen Leistungen; gemeinsam ist den Dreien nur der Boden der Lockeschen Ideen, in dem sie wurzeln.

### 1. Hutcheson.

Hutcheson, ein schottischer Professor von hohem Idealismus und zornmütigem Charakter, dazu ein Schüler Shaftesburys, lebt in den politischen und ökonomischen Anschauungen, welche in dem von Wilhelm III. begründeten, von Locke verteidigten Staatswesen unter Georg I. und Georg II. herrschen. Ihm sind die religiöse und individuelle Freiheit heilig; die politische Freiheit, welche er predigt, ist diejenige, welche sich in dem aristokratischen Staatswesen Englands zu seiner Zeit herausgebildet hat; in dem Sinne Rousseaus ist sie ihm völlig unbekannt. Von der wirtschaftlichen Freiheit in der Formulierung Adam Smiths hat er noch keine Ahnung; er vertritt die Maximen des nach innen gemäſsigten Merkantilismus, welchem sein Vaterland in jener Periode huldigte. Die theoretische Abhängigkeit von Locke

---

1 Vergleiche über den Gegensatz der centralistisch-atomistischen Auffassung bei Turgot, Rousseau u. A. und der individualistisch-collektivistischen bei Böhmer, Wolff u. A. Gierke, Althusius, p. 256 ff.

zeigt sich fast auf allen Seiten, insbesondere in der Begründung des Privateigentums, in der Lehre von den Menschenrechten, die hier schon ziemlich ausführlich behandelt sind, und in der Schilderung des Naturzustandes, den er wesentlich friedlich malt. In Hutchesons Werk ist der liebenswürdige Glanz über den Menschen ausgebreitet, welcher aus Shafterburys Werken hervorstrahlt. In dem Naturzustande, den Hutcheson darstellt, finden wir die durch Arbeitsteilung verbundene, in Familien geschiedene natürliche Gesellschaft. Es ist bemerkenswert, dafs dem Lehrer Adam Smiths die Vorteile der Arbeitsteilung so bedeutend erscheinen, dafs er ihr einen grofsen Einflufs auf die Bildung der natürlichen Gesellschaft zuschreibt. Der Übergang aus dem Naturzustand in die bürgerliche Gesellschaft ist demgemäfs ein bedeutungsloserer Vorgang als bei den älteren Naturrechtslehrern, welche ihn als den Fortschritt von völliger Unsicherheit zur Sicherheit, von völliger Unkultur zur Kultur betrachteten. So erscheint denn charakteristischerweise bei Hutcheson als Staatszweck neben dem Schutz des Eigentums und der Freiheit „the promoting the general happiness by the concurring force of multitudes". Dabei sieht man, dafs er das Wirken des Staatslenkers für das allgemeine Wohl so weit fafst, dafs er in dessen kraftvollem Eingreifen gegen Dummheit und Eigensinn kein Verbrechen an der individuellen Freiheit findet[1]. Man wird durch diese Lehren in lebhafter Weise an Hutchesons Kollegen und Zeitgenossen, an unseren gelehrten, gründlichen Christian Wolff, den Schüler Leibnitzens und Zeitgenossen Friedrich Wilhelms I., den typischen Vertreter des polizeilich-kameralistischen Zeitalters, erinnert worden sein, in dessen Schriften ja ebenfalls der Staatszweck der öffentlichen Wohlfahrt, der allgemeinen Glückseligkeit, so sehr denjenigen der Sicherheit und des Schutzes von Freiheit und Eigentum verdrängt[2]. Danach ist zu vermuten, dafs die Sorge für die materielle Wohlfahrt der Bürger eine ernste Aufgabe der Staatsgewalt geworden ist.

## 2. Quesnay und seine Schüler.

Der zweite, dem unsere Betrachtung gilt, heifst François Quesnay. Er ist Arzt, durch Beruf und Neigung der Beobachtung der Aufsenwelt, der Natur und des menschlichen Körpers zugewandt. Er ist weiter ein Zeitgenosse Ludwigs XV. Seine

---

[1] It is well known how hard it is to make the vulgar quit their own customs for such as are far better in agriculture or mechanick arts etc. As there are in our species men of superior genius and penetration, and of more extensive views, nature points them out as fit to direct the actions of the multitude for the general good u. s. w. B. III, Kap. 4, II, 1.

[2] Über Wolffs Wohlfahrtsstaat siehe z. B. Grundsätze des Natur- und Völkerrechts. Halle 1754, §§ 43, 44.

Überzeugungen, seine Stellung als Leibarzt dieses Fürsten und sein milder, furchtsamer Charakter weisen ihm die Rolle eines Reformators zu. In seinen politischen Ansichten nähert er sich mehr Bossuet als Fénelon und Montesquieu, von dem ihn sein Rationalismus trennt; in seinen wirtschaftlichen und sozialen berührt er sich mit Boisguillebert, Vauban und d'Argenson. Er lebt in einer Zeit, wo die französischen ländlichen und städtischen Mittelklassen wirtschaftlich mündig werden und, abgesehen von den privilegierten und an der Aufrechterhaltung der Mifsbräuche interessierten Schichten dieser Klassen, die Überreste der feudalen Ordnung, noch mehr aber die Gewerbepolitik und den Fiskalismus des absoluten Königtnms beseitigt zu sehen wünschen.

Gournay ist der Vertreter der städtischen Mittelklassen, Quesnay der Dolmetsch der Bedürfnisse der ländlichen Mittelklassen, des Standes der Pächter. So sehr Quesnay auch mit seinem System die Erzielung des gröfstmöglichen, wirtschaftlichen Reinertrags und damit den Nutzen der Grundbesitzerklasse zu bezwecken scheint, so zeigen doch die Schriften Quesnays und seiner Schüler auf das deutlichste, dafs ihnen die Lage des bäuerlichen Unternehmerstandes besonders nahe geht. Die Verbesserung seiner wirtschaftlichen Lage ist nach der Lehre der Physiokrateu die unumgänglich notwendige Vorbedingung einer Steigerung des Reinertrags, welche eine Konsequenz des Systems ist. Wenn man nun weiter erwägt, dafs er den Grundbesitzern alle Steuern aufbürden will, so erscheint die Annahme wohl gerechtfertigt, dafs die ökonomische Hebung der bäuerlichen Klassen sein wichtigstes Ziel war und dafs man ein besonders helles Licht auf das „produit net" fallen liefs, um die mächtigste Klasse als Hebel für eine Veränderung der Wirtsschaftspolitik zu benutzen. Sie würde auch die entsetzliche Finanzpraxis der Zeit, wenn sie gegen sie gerichtet wäre, zu beseitigen verstehen. Wahrscheinlich wurde Adam Smith noch stärker von derartigen Erwägungen geleitet, da diese Klasse in England einen weit gröfseren Einflufs auf die Gesetzgebung besafs.

Die Sympathie für die ländliche Unternehmerklasse hinderte aber Quesnay nicht, den Drang aller nicht privilegierten Unternehmerklassen nach wirtschaftlicher Freiheit zum Ausdruck zu bringen, wenn er auch die Wirkungen, welche die wirtschaftliche Freiheit auf die wirthschaftliche Lage der unfruchtbaren Klasse haben würde, übersah und sie der bäuerlichen Klasse und dem Grundbesitzerstande dienstbar zu machen hoffte. So nimmt der von Locke aufgenommene Ruf der englischen besitzenden Klassen: liberty und property! einen neuen und zwar einen wirtschaftlichen Charakter an. Wie Locke fordert Quesnay Schutz der natürlichen Rechte, Freiheit der Person und Sicherheit das Eigentums; aber er verlangte sie als notwendige Voraussetzungen des wirtschaftlichen Gedeihens. Keine Volkswirtschaft kann blühen, wo das Individuum nicht die Gewifsheit hat, dafs es die Früchte seiner Arbeit geniefsen werde, wo sein Eigentum (Kapital) nicht sicher ist vor ungerechter, noch mehr vor wirtschaftlich unzweckmäfsiger Besteuerung, wo der einzelne nicht frei ist in der möglichst wirtschaftlichen Verwendung seines Eigentums und seiner Arbeitskraft. Es sind fast ausschliefslich volkswirtschaftspolitische Grundsätze, welche Quesnay formuliert.

Um einem möglichen Irrtum vorzubeugen, sei ausdrücklich hervorgehoben, dafs auch das vorphysiokratische Naturrecht selbstverständlich Grundsätze der Volkswirtschaftspolitik und der Finanzpolitik enthielt, da diese Disciplin ja für alle staatlichen Gebiete auszusprechen hatte, was natürlichen Rechtes wäre und demgemäfs von der Staatsgewalt ausgeführt werden müsse. Aber das Naturrecht vor den Physiokraten enthielt wohl, wie die fortschreitenden Bedürfnisse der Zeit es erheischten, die Forderung der religiösen, politischen, individuellen, nicht aber die der wirtschaftlichen Freiheit; nur Grotius war für die Handelsfreiheit eingetreten. Auch beschränkt sich das vorphysiokratische Naturrecht nicht ausschliefslich auf wirtschaftliche Fragen, während das „Droit Naturel“ Quesnays zu einem wirtschaftlichen Naturrechte zusammengeschrumpft ist[1]. Gerade darin besteht die Eigentümlichkeit und die Bedeutung Quesnays, dafs er, angeregt durch das, was seinem Volke notthat, die Lockeschen Lehren von dem ewigen Rechte auf Eigentum und Freiheit fortentwickelt zur Lehre von dem Naturrechte des Menschen auf wirtschaftliche Freiheit, wie er sie versteht.

Sie bedeutet für ihn nicht die schrankenlose Ungebundenheit der Individuen und das unthätige Zusehen der Regierung. Dadurch unterscheidet er sich aufs schärfste von Locke. Er hat bekanntlich an der Unteilbarkeit der höchsten Gewalt festgehalten, und sein Staat ist ein Verwaltungsstaat, dem er sehr wichtige Aufgaben zuweist. Auch polemisiert er sehr stark gegen den mauvais usage de la liberté. Seine Meinung ist folgende. Es giebt eine natürliche, unveränderliche, vollkommene Weltordnung, welche der Schöpfer gewollt hat und die vom Menschen, dessen Wohl der Schöpfer ebenfalls will, in ihren Beziehungen zu seinem eigenen (wirtschaftlichen) Vorteil oder Nachteil erkannt werden kann. Der Mensch hat aus der schlechthin vollkommenen Weltordnung zu erkennen, was ihm wirtschaftlich den gröfsten Vorteil gewährt, und was ihm Schaden bringt, das erstere für sich zu nützen, das letztere zu vermeiden. So bringt Quesnay die dem Menschen vorteilhafteste wirtschaftliche Ordnung in den innigsten Zusammenhang mit der allgemeinen Weltordnung. Jene durchzuführen und sich ihr unterzuordnen ist die Aufgabe der

[1] Quesnay definiert das Naturrecht: Le droit naturel de l'homme peut être défini vaguement le droit que l'homme a aux choses propres à sa jouissance. Daire, Physiocrates I, p. 41.

Einzelnen wie des Staates. An den Staat ergeht daher die Aufforderung, die positiven Gesetze aufzuheben, welche der natürlichen Ordnung widerstreben, und die Naturgesetze (der Wirtschaft) zu verkünden, mit andern Worten, sie zu seinen positiven Gesetzen zu machen. Freiheit bedeutet daher zunächst für Quesnay die Befreiung von den schlechten positiven Gesetzen, dann die Einführung der natürlichen Ordnung.

Aber welches ist der Inhalt dieser natürlichen Ordnung? Man wird es in der folgenden Darstellung sehen, in welcher auch die Beziehungen des physiokratischen Naturrechtes zum Lockeschen noch deutlicher hervorgehoben werden sollen. Wir folgen dabei im wesentlichen den Ausführungen Mercier de la Rivière[1] und Dupont de Nemours'.

Jener Schriftsteller beginnt seine Darstellung mit dem Nachweise, dafs eine natürliche Gesellschaft vor der bürgerlichen bestanden habe. Aber das natürliche Recht leitet er wie Locke aus den Trieben des Individuums her. Bei ihm fällt dies auf, da unter seiner Feder die natürliche Gesellschaft einen organischen Charakter gewinnt, und zwar in Folge seiner psychologischen Analyse der menschlichen Natur, die nicht an Locke erinnert.

Wäre die Gesellschaft nicht im Plane Gottes, dann wären die Triebe, Neigungen und Bedürfnisse, mit welchen der Schöpfer den Menschen ausgestattet hat, unverständlich. Nun zeigt die Betrachtung der Kräfte des Menschen, dafs er für die Gesellschaft bestimmt ist; denn er ist des Mitleides, der Freundschaft, der Nacheiferung fähig. In der Jugend und im Alter bedarf er der Gesellschaft zu seiner Selbsterhaltung. Seine Intelligenz, die sich erst in der Gesellschaft entwickelt, ermöglicht eine kulturfördernde geistige Verbindung mit früheren Generationen. Der Mensch hat weiter einen starken Drang, sich zu vermehren; die Vermehrung ist aber ohne materielle Kultur unmöglich, die materielle Kultur ist nur in der Gesellschaft denkbar. So ist also die Errichtung der Gesellschaft ein Teil der Weltordnung[2].

Nun gelangen wir zu jenem salto mortale, von dem ich eben sprach; das Individuum wird das Princip seiner Deductionen[3]. Pufendorf machte den umgekehrten, wie man sich erinnern wird. Der von der Natur mit dem Selbsterhaltungstriebe ausgestattete

---

[1] L'ordre naturel et essentiel des Sociétés Politiques. London 1767. 2 Bändchen.

[2] Ainsi l'établissement de la société comme moyen nécessaire à l'abondance des productions est d'une nécessité physique à la multiplication des hommes et fait partie de l'ordre de la création. I, p. 15.

[3] Mercier fühlt das Unlogische seines Verfahrens und sagt deshalb: Quoi qu'il soit vrai de dire que chaque homme naisse en société, cependant dans l'ordre des idées, le besoin que les hommes ont de la société, doit se placer avant l'existence de la société. I, p. 17.

Mensch empfindet nach Mercier das Bedürfnis, sich zu erhalten; folglich hat er auch das natürliche Recht, sich zu erhalten. Hieraus geht das Recht hervor, durch Occupation und Arbeit die zu seiner Erhaltung nützlichen Dinge zu erwerben und das Erworbene zu behalten. C'est donc de la nature même que chaque homme tient la propriété exclusive de sa personne et celle des choses acquises par ses recherches et ses travaux [1]. Es zeigt wiederum die Abhängigkeit von Locke, daſs Mercier nicht von dem Begriffe der Freiheit ausgeht, sondern von demjenigen des Eigentums. Die persönliche Freiheit nennt er propriété personnelle. Aus ihr leitet er, wie Locke, alle andern Arten des Eigentums ab. La propriété personnelle est le premier principe de tous les autres droits: sans elle, il n'est plus ni propriété mobiliaire, ni propriété foncière, ni société [2].

Mit der Erwähnung der propriété foncière sind wir dem Werke Merciers etwas vorausgeeilt, aber wir hielten die vorstehende Ausführung für notwendig, um das System richtig zu charakterisieren. Wir fahren nun wieder in unserer Darstellung fort.

Wir haben vorher die Rechte des Individuums kennen gelernt, welche aus seiner körperlichen und geistigen Verfassung hervorgehen, die das Werk Gottes ist. Diesen Rechten entsprechen Pflichten: Point de Droits sans Devoirs, et point de Devoirs sans Droits [3].

Hier muſs ich den Faden noch einmal abbrechen, um einen wichtigen Punkt zu erörtern. Mercier de la Rivière geht von dem Rechte des Individiuums auf Selbsterhaltung aus. Er sagt wörtlich: „Je ne crois pas qu'on veuille refuser à un homme le droit naturel de pourvoir à sa conservation.“ Dann aber sieht man erstaunt, daſs er das Recht aus der Pflicht ableitet. Er fährt fort: „ce premier droit n'est même en lui que le résultat d'un premier devoir qui lui est imposé sous peine de douleur et même de mort.“ Schmerz und Tod sind also die natürliche Sanktion des göttlichen Gebotes. Und an einer andern Stelle heiſst es über das Verhältnis von Recht und Pflicht: „il n'est point de devoirs sans droits, ceux-là sont le principe et la mesure de ceux-ci.“ Ja er nennt „droit ... une prérogative établie sur un devoir“ [4]. Man ist im höchsten Maſse verwundert, einige Zeilen weiter wieder die entgegengesetzte Ausführung zu finden, z. B. „les devoirs enfin ne peuvent être établis dans la société, que sur la nécessité dont ils sont à la conservation des droits qui en résultent.“

Vielleicht wird man dagegen erwidern, Mercier habe damit seiner Ansicht von der Reciprocität von Rechten und Pflichten

---

[1] I, p. 18.
[2] I, p. 45.
[3] I, p. 24.
[4] I, p. 18, 22, 21.

Ausdruck geben wollen. Diese Ansicht ist für die Rechte und Pflichten der Menschen in der Gesellschaft wohl haltbar; aber es ist unmöglich, in Beziehung auf die Selbsterhaltung das Recht aus der Pflicht und die Pflicht aus dem Rechte abzuleiten. Hier kann nur das eine die Basis des andern sein, und danach mufs dann auch konsequent das Verhältnis der Menschen in der Gesellschaft bestimmt werden. Das Schwanken unseres Schriftstellers ist vielleicht daraus zu erklären, dafs er, wie man sieht, Locke folgt, sich dann aber unter dem Einflusse Wolffs bewufst wird, dafs das Lockesche Naturrecht zunächst nicht zum Begriffe des Rechts, sondern dem der Pflicht führt[1]. Welches sind nun diese Pflichten? Zuerst, wie wir gesehen, eine Pflicht gegen uns selbst, die Pflicht der Selbsterhaltung. Dann aber auch Pflichten gegen andere: Ich mufs das ausschliefsliche Eigentum des andern an seiner Person und an dem von ihm Erworbenen anerkennen, wenn er das meinige anerkennen soll. Da die Natur den Individuen ungleiche Fähigkeiten gegeben hat, so folgen daraus Ungleichheiten des Vermögens, die durch das Naturrecht gerechtfertigt sind[2]. Fügen wir hinzu, diese Ungleichheiten sind das Werk

---

[1] Eine ähnliche Zusammenstellung von Rechten und Pflichten, aber in weit logischerem Zusammenhange, findet sich bekanntlich bei Wolff, den Dupont de Nemours neben Confucius, Socrates, Galilei und andern zu den Märtyrern der Wissenschaft zählt (Daire I, p. 356). Ein natürliches Gesetz, führt Wolff aus, ist dasjenige, welches seinen hinreichenden Grund in der Natur des Menschen und der Dinge hat. Dieses Gesetz wird gewöhnlich das Recht der Natur genannt. Da nun die Natur des Menschen und der Dinge ihren Grund in Gott haben, so ist das natürliche Gesetz auch ein göttliches, und es verbindet folglich alle Menschen. Durch die Natur wird aber der Mensch verbunden, die Handlungen zu begehen, welche seine und seines Zustandes Vollkommenheit befördern. Weil aber niemand seinen Zustand allein vollkommen machen kann, sondern ein jeder des andern Hilfe nötig hat, so verbindet das Naturrecht die Menschen, 1) ihren Zustand mit vereinten Kräften vollkommen zu machen, und ein jeder ist verbunden, zur Vollkommenheit des andern soviel beizutragen, als er ohne Schaden der Verbindlichkeit gegen sich selbst vermag, und 2) auch alle Handlungen zu unterlassen, wodurch des andern oder sein Zustand unvollkommen gemacht wird. Da nun weiter der Mensch sich und die andern vervollkommnen soll, so darf er es auch. Es leitet also Wolff aus der dem Menschen durch seine Natur auferlegten Pflicht das Recht ab. So entstehen Rechte aus der Pflicht, sich selbst zu vervollkommnen, und aus der Pflicht, andere zu vervollkommnen. Ich weifs nicht, ob Mercier unter dem Einflusse der Wolffschen Philosophie gestanden hat. Wenn es der Fall gewesen ist, so hat er ihre Anregungen jedenfalls frei benutzt. Unmöglich ist die bezeichnete Einwirkung nicht, da, wie man sich erinnern wird, die Philosophie Wolffs in Frankreich einen ehrenvollen Einzug gehalten hatte. Quesnay leitet an verschiedenen Stellen die droits aus den devoirs ab, z. B. Un enfant . . . a un droit naturel à la subsistance, fondé sur le devoir indiqué par la nature au père et à la mère. Und: Il y a un ordre . . . dans la jouissance du droit naturel de chacun . . . qui doit être réglé . . . conformément aux devoirs prescrits par la nature (Droit Naturel chap. I, III. Daire I, p. 42, 49).

[2] La loi de la propriété est bien la même pour tous les hommes;

Gottes; also sind sie auch von ihm gewollt. Doch anerkennt Mercier auch eine unnatürliche und nicht notwendige Ungleichheit an. Diese gegenseitigen Rechte und Pflichten sind absolut gerecht, weil sie aus der physischen Notwendigkeit hervorgehen, die ein Werk Gottes ist.

Im Verlaufe der menschlichen Entwicklung genügen die von der Natur gebotenen Unterhaltsmittel nicht mehr, die Erde mufs mit Mühe und Kosten urbar gemacht werden. Wer diese auf sich genommen hat, mufs gerechterweise Eigentümer des Bodens und der Ernte werden. Wer ihm das Grundeigentum rauben wollte, der würde sein persönliches und dingliches Eigentum verletzen. Also gehört auch das Grundeigentum zum Bestande der natürlichen Ordnung. Wenn nun auch durch die Einführung des Privateigentums an der Erdoberfläche viele vom Privateigentum ausgeschlossen werden, so erhalten sie doch ein Recht auf den Mitgenufs der Ernte, wenn sie sich nützlich machen. Mercier ist nun zu einer Definition der wesentlichen Ordnung gelangt. L'ordre essentiel des sociétés est l'accord parfait des institutions sans lesquelles ce bonheur et cette multiplication ne pourraient avoir lieu[1].

Die höchstmögliche Entfaltung der materiellen Wohlfahrt und die gröfstmögliche Menschenvermehrung hängen ab von der socialen Freiheit. Der Mensch wird seine Kräfte nicht aufs äufserste anstrengen, wenn ihn nicht der Wunsch zu geniefsen antreibt. Wenn aber die Freiheit des Genusses nicht besteht, wer wird dann Arbeit und Mühe auf sich nehmen? Désir de jouir et liberté de jouir voilà l'âme du mouvement social[2]. Der Mensch kennt eben nur zwei Beweggründe: den Hang zum Vergnügen und die Abneigung gegen den Schmerz.

Was versteht er also unter der socialen Freiheit? La liberté sociale peut être définie une indépendance des volontés étrangères qui nous permet de faire valoir le plus qu'il nous est possible nos droits de propriété et d'en retirer toutes les jouissances qui peuvent en résulter sans préjudicier aux droits de propriété des autres hommes[3]. Die Freiheit kann nie schädlich sein. Denn unser Drang nach Genufs macht uns von andern abhängig. Damit sie uns helfen, müssen wir ihnen ebenfalls Genüsse bieten. So ist mit der Vermehrung unserer Genüsse die Vermehrung der Genüsse aller andern verbunden. Unter der Bedingung socialer Freiheit strebt ein jeder nach seinem eigenen Besten und damit nach dem Besten der ganzen Gesellschaft. Die Gegenüberstellung des Privatinteresses und des allgemeinen Interesses erscheint

---

les droits qu'elle donne sont tous d'une égale justice, mais ils ne sont pas tous d'une égale valeur. I, p. 21.

[1] I, p. 40.

[2] I, p. 54.

[3] a. a. O.

Mercier als widersinnig. Das allgemeine Interesse ist nur die Summe aller Einzelinteressen[1].

Eigentum, Sicherheit und Freiheit zu genießen: das sind die Säulen der natürlichen und wesentlichen Ordnung der Gesellschaft. Es ist eine natürliche Ordnung; denn die sociale Ordnung ist ein Teil der allgemeinen Naturordnung. Es ist physisch unmöglich, ohne Lebensmittel zu existieren, und es ist physisch unmöglich, daſs sich die Menschheit vermehre, wenn nicht die Kulturarbeit die Schätze der Erde erschlieſst: Folglich ist auch das Privateigentum an Grund und Boden physisch nötig, das Eigentum an den beweglichen Sachen ist physisch nötig. Kurz: la base fondamentale de cet ordre est évidemment le droit de propriété, parceque sans le droit de propriété, la société n'aurait aucune consistance, et ne serait d'aucune utilité à l'abondance des productions[2].

Dieses sind gewissermaſsen die wirtschaftlichen Grundrechte der Menschen und die Fundamente der Gesellschaft; dringen wir nun tiefer in das speciell nationalökonomische Gebiet ein. Die ersten Kapital- und Arbeitsaufwendungen (avances foncières), an welche sich die Einsetzung des Grundeigentums knüpft, genügen nicht, um die Nahrungsmittel dauernd zu erzeugen, es müssen auch Aufwendungen für Instrumente, Zugtiere u. s. w. (avances primitives) und für den Lebensunterhalt der arbeitenden Menschen und Tiere (dépenses annuelles) gemacht werden. Soll nun die Erzeugung von Nahrungsmitteln ihren regelmäſsigen Gang gehen, so muſs eine bestimmte Quote des Ertrags zur Erneuerung des Anlagekapitals und es müssen die jährlich wiederkehrenden Auslagen ganz zurückgelegt werden. Hierzu kommt dann noch eine Risikoprämie für Hagelschlag u. s. w. Sie zusammen bilden die reprises des cultivateurs.

Dieser Teil des Ertrages muſs also unverletzlich sein, er darf weder vom Eigentümer noch vom Staate in der Form von Grundrente oder Steuer in Anspruch genommen werden. Dies ist eine der wichtigsten Forderungen der natürlichen Ordnung, von welcher die Erhaltung der einzelnen, die Vermehrung und das Glück der Menschen abhängt. Damit sie verwirklicht werde, ist aber nichts weiter nötig, als daſs der Staat nichts thue. Überläſst er die Verteilung des Ertrages ganz dem freien Vertrage zwischen Gutsbesitzer und Pächter, so wird die Konkurrenz schon dafür sorgen, daſs die notwendigen Auslagen stets zurückerstattet werden

[1] Au moyen de cette liberté, qui est le véritable élément de l'industrie, le désir de jouir irrité par la concurrence, éclairé par l'expérience et l'exemple, vous est garant que chacun agira toujours pour son plus grand avantage possible et par conséquent concourra . . . au plus grand accroissement possible de cette somme d'intérêts particuliers, dont la réunion forme . . . l'intérêt général du corps social. I, S. 58.

[2] I, p. 48.

und doch andererseits der Anteil des Pächters so mäfsig wie nur möglich ausfällt [1].

Der Anteil des Grundbesitzers ist der Reinertrag; von diesem Teil darf und soll der Staat eine Quote als Steuer erheben, denn der Staat ist das notwendige Mittel zur Förderung der ganzen Volkswirtschaft. Es ist von der hervorragendsten Wichtigkeit, dafs das produit net möglichst grofs ausfalle: je gröfser es ist, um so vorteilhafter wird es, Eigentümer zu sein. Je vorteilhafter dies, um so mehr Boden wird in Kultur gewonnen; je ausgebreiteter und je vollkommener die Kultur, um so mehr Unterhaltsmittel werden erzeugt; je gröfser deren Menge, um so mehr Genüsse können sich die Menschen gönnen; um so glücklicher sind sie. Je glücklicher sie sind, um so mehr vermehren sie sich. Da nun die Klassen der Gewerbetreibenden und Kaufleute ebenfalls von den Überschüssen der Landwirtschaft erhalten werden müssen, wie wir noch sehen werden, so darf man sagen, dafs das Gedeihen der ganzen Menschheit von dem möglichst grofsen Reinertrag abhängt [2]. Das Geheimnis aber, um dieses Ziel zu erreichen, ist die Herstellung der freien Konkurrenz. Da die Gewerbetreibenden sowohl ihre Rohstoffe wie ihre Nahrungsmittel aus dem Ertrag der Landwirtschaft erhalten, so können sie keine neuen Güter producieren. Ihre Thätigkeit besteht darin, dafs sie den vorhandenen Stoffen durch ihre Arbeit eine neue Form geben. Der höhere Wert, welchen diese Klasse den Rohprodukten verleiht, ist gleich dem Wert der Unterhaltsmittel und Kapitalauslagen, die zu jener Umformung nötig waren. Damit aber die Summe der Unterhaltsmittel und der Kapitalauslagen möglichst gering sei, ihr Einkommen das Mafs des gesellschaftlich Notwendigen nicht übersteige, ist wiederum die vollste wirtschaftliche Freiheit nötig. Dasselbe gilt von den Kaufleuten, welche den Austausch der Güter besorgen. Der höhere Wert, welchen sie den Waren verleihen, ist volkswirtschaftlich auf Kapitalauslagen und Unterhaltsmittel zurückzuführen. Diese werden bei voller wirtschaftlicher Freiheit am geringsten sein. In den Überschüssen der Landwirtschaft liegt also die Ursache der Gröfse der Volkswirtschaft: je gröfser jene, um so bedeutender diese [3]. Gewerbetreibende und Kaufleute dürfen

---

[1] En cette partie l'administration n'est point embarrassante; elle n'a rien à faire, il lui suffit, de ne rien empêcher ... de laisser ainsi la concurrence en possession d'être l'arbitre naturel et souverain de ces mêmes débats ... ils (cultivateurs) seront donc constamment assujéttis par elle à ne prendre dans ces produits bruts que la portion qu'on ne peut absolument leur refuser; et, cette portion étant ainsi la plus modique qu'il soit possible, celle qui formera le produit net, pour se partager entre les propriétaires et le souverain, sera par conséquent toujours aussi forte qu'elle peut et doit l'être. Daire II, p. 460.

[2] Vgl. Dupont de Nemours. Daire I, p. 346.

[3] Eine humoristische Ausführung dieses Satzes, der sehr sophistisch

daher vom Staate keine besondere Begünstigung erfahren[1]. Von ihnen darf aber auch keine Steuer erhoben werden, sie reproduzieren nur ihre Konsumtion. Der einzige Teil des jährlichen Ertrages, auf welchem eine Steuer lasten darf, ist folglich der Reinertrag, das produit net.

Also ist die Einführuug der vollen wirtschaftlichen Freiheit das unumgänglich notwendige, aber auch das einfache gottgewollte Mittel zur Begründung des Glückes der Menschheit. Da dieses durch die Beschränkung der Concurrenz sehr gehindert wird, so ist sie ein ungeheures Verbrechen. Darum sagt Dupont de Nemours: „Se livrer à cet attentat, ce serait déclarer la guerre à ses semblables; ce serait violer les droits et manquer aux devoirs institués par le Créateur; ce serait s'opposer à ses décrets autant que le peut notre faiblesse, ce serait commettre un crime de lèse-majesté divine et humaine“ [2]. Um aber diese Ordnung der gröfstmöglichen Freiheit und Sicherheit durchzuführen und aufrecht zu erhalten, um ihr Glück nicht zu beschränken, sondern zu steigern, ernennen die Menschen eine schützende Obrigkeit; sie treten in die bürgerliche Gesellschaft ein. Diese Obrigkeit hat also keine andere Aufgabe, als jene Naturordnung zu schützen. Es steht ihr nicht etwa zu, Gesetze zu machen[3].

Die Verwandtschaft mit Lockes Theorie tritt hoffentlich ebenso deutlich hervor, wie der Unterschied des politischen Ziels und die breite Entwicklung der nationalökonomischen Grundgesetze und Grundsätze, die aber noch immer eng mit dem Naturrechte verbunden bleiben. Die Lockeschen „Two Treatises“ haben einen wesentlich politischen Charakter, die physiokratischen Schriften einen wesentlich wirtschaftlichen. Hier wie dort bildet das Individuum das Princip der Theorie, obwohl Locke wie Quesnay die Existenz einer natürlichen Gesellschaft annehmen;

---

das pourquoi und comment unterscheidet, bei Baudeau, Explication du Tableau Economique. Daire II, p. 849.

[1] Que le gouvernement économique . . . laisse aller d'elles-mêmes les dépenses steriles. Quesnay. Daire I, p. 88.

[2] Daire I, p. 346.

[3] Car les lois sont toutes faites par la main de celui qui créa les droits et les devoirs . . . Les ordonnances des souverains, qu'on appelle lois positives, ne doivent être que des actes déclaratoires de ces lois essentielles de l'ordre social. Widersprechen die positiven Gesetze den Naturgesetzen der socialen Ordnung, so verdienen sie nicht den Namen von Gesetzen, sie wären „des actes insensés qui ne seraient obligatoires pour personne“. Es giebt also einen natürlichen und höchsten Richter über alle positiven Gesetze, und dieser ist „l'évidence de leur conformité ou de leur opposition aux lois naturelles de l'ordre social“. Die Obrigkeit ist aber auch verpflichtet, die Naturgesetze zu verkünden, und die Menschen wären gebunden „par religion de for intérieur“ sich ihnen zu unterwerfen, wenn sie nicht verkündet wären, da sie ihnen vorteilhaft sind. a. a. O. S. 347.

Mercier führt aus, dafs die Menschen natürlicher- und notwendigerweise in der Gesellschaft leben, weil es natürlicher- und notwendigerweise zwischen ihnen Rechte und Pflichten gebe. Locke ist der Vater des politischen, Quesnay einer der Väter des wirtschaftlichen Individualismus. Letzterer behauptet ähnlich wie Locke, dafs die Gründung des Staates nicht die Beschränkung der natürlichen Rechte der Menschen bedeutete, sondern die Ausdehnung der Ausübung und des Genusses aller ihrer Rechte[1].

Vergleicht man Quesnays Doktrin mit derjenigen der früheren Naturrechtslehrer überhaupt, so fällt erstens die enge Beziehung auf, in welche er das ethische Naturgesetz (Naturrecht) und das physische Naturgesetz der Gesellschaft bringt; zweitens, dafs nach seiner Lehre das der Erhaltung, Fortpflanzung, Vervollkommnung, Glückseligkeit der Menschen Nützliche auch das Gerechte ist.

Wir sahen im Vorhergehenden, wie die Lehre ihren Ausgangspunkt nimmt sowohl in der allgemeinen Weltordnung wie in der menschlichen Natur. Eine noch schüchterne Analyse der menschlichen Natur, welche mit der physiokratischen übereinstimmt, haben wir zuerst bei Grotius gefunden. Quesnay, der Arzt, vergifst nicht, dafs der Mensch Nahrungsmittel, Kleidung, Wohnung bedarf, um sich selbst zu erhalten und sein Geschlecht fortzupflanzen. Diese Triebe hat Gott dem Menschen neben der Sozialität eingepflanzt, also sind sie gottgewollt, also mufs sich auch hieraus erkennen lassen, welche rechtliche Ordnung er für die menschliche Gesellschaft vorgeschrieben habe. Indem aber der Schöpfer den Menschen mit seiner Existenz auf die äufsere Natur hingewiesen hat, entspinnt sich ein Gewebe von Physischem und Sittlichem, das noch genauer dargestellt werden mufs.

Quesnay ist Optimist, aber weit davon entfernt, eine prästabilierte Harmonie zwischen der äufseren Natur und der menschlichen Gesellschaft anzunehmen. Jene geht ihren ewigen Gang; sie kann dem Menschen nützen, sie kann ihm aber auch schaden. Soll eine Harmonie stattfinden, so kann sie nur die That der Vernunft des Menschen sein. Der zur Erhaltung seiner selbst und der Gattung auf die äufsere Natur angewiesene Mensch mufs die Gesetze des Weltalls ebensowohl wie die menschliche Natur erforschen, um die für sein Dasein vorteilhaften und nachteiligen Wirkungen der Naturgesetze kennen zu lernen. Das Vorteilhafte zu benutzen, ist dann aber auch seine Pflicht. So zeigt der Schmerz des Hungers dem Menschen an, dafs er essen soll. Der Vorrat der äufseren Natur an Genufsgütern ist bald erschöpft, also soll der Mensch den Boden kultivieren. Die Kultur des Bodens ist, wie die Menschennatur geartet ist, nur denkbar, wenn er in Privateigentum ist, also mufs das Privateigentum am Boden eingeführt werden. Nach der Natur-

[1] Vgl. die Correspondenz Duponts mit Say. Daire I, p. 395.

ordnung kann nicht der ganze Ertrag verzehrt werden; also mufs, wenn nötig, durch Gesetze dafür gesorgt werden, dafs eine zur Reproduktion notwendige Quote zurückgelegt werde.

Man sieht also erstens, dafs das der Gesamtheit Nützliche als das Gerechte, durch die Gesetze zu Erzwingende gilt, zweitens, dafs die Naturordnung, das Naturgesetz zugleich physisch und sittlich ist. Es giebt eine dem Menschengeschlecht vorteilhafteste physische natürliche Ordnung „l'ordre physique le plus avantageux au genre humain“; eng mit ihr verbunden ist eine sittliche Ordnung, ein natürliches Gesetz der Handlungen der Menschen, welches es ermöglicht, dafs die Naturgesetze dem Menschen den gröfsten Vorteil bringen können: „on entend par loi morale la règle de toute action de l'ordre moral, conforme à l'ordre physique évidemment le plus avantageux au genre humain“[1]. Diese moralische Ordnung läfst sich mit dem Worte: Privateigentum (persönliches, bewegliches, unbewegliches), zusammenfassen; denn das richtig verstandene Privateigentum ist auch die Freiheit. Wo die sittliche Ordnung (Naturrecht) nicht herrscht, da kann sich auch die physische, möglichst vorteilhafte Naturordnung nicht entfalten. Wo kein Privateigentum, da keine Kultur; wo keine Kultur, da keine Erhaltung des Menschen und der menschlichen Gattung. Beide Arten von Naturgesetzen bilden zusammen das Naturgesetz: „Ces lois forment ensemble ce qu' on appelle la loi naturelle“[2]. Die verpflichtende Kraft dieser Gesetze liegt darin, dafs sie vom höchsten Wesen vorgeschrieben sind. Aus diesem Grunde sind sie auch die besten Gesetze. Welcher Wahnsinn, welches Verbrechen, wenn die positive Gesetzgebung das Naturgesetz nicht einfach erklärt!

So hat das Naturgesetz in dem physiokratischen System wiederum eine Hoheit und Bedeutung gewonnen, die es in dem Lehrgebäude der Stoiker besessen hatte. Die Stoiker wollen in Übereinstimmung mit der Natur leben, die Physiokraten der Natur zur Herrschaft in der menschlichen Gesellschaft verhelfen. Wiederum sind das sittliche Gesetz und das Naturgesetz in den engsten Zusammenhang gebracht, wiederum erscheinen beide nur als verschiedene Ausstrahlungen des Wesens des Schöpfers, wiederum tritt das Naturgesetz mit einer souveränen Geltung dem positiven Gesetze gegenüber, wiederum erfüllt es die Jünger mit Leidenschaft und Energie, die im 18. Jahrhundert nicht mehr durch die Verachtung der Dinge dieser Welt gemildert wird. Denn gerade auf sie ist ihr Gemüt gerichtet. Je mehr materielle Genüsse die Menschen sich verschaffen können, um so glücklicher sind sie, sagt Dupont de Nemours naiv. Der Reichtum hat bei ihnen einen materiellen Charakter, hebt Daire hervor. Dieses Materielle, Utilitarische der physiokratischen Lehre unterscheidet

---

[1] Quesnay, Droit Naturel. Daire, Physiocrates I, p. 53.
[2] a. a. O.

sie wesentlich von der stoischen. Aber ein andere verbindet sie wieder mit ihnen. Mit aller Schärfe wird von ihnen der Gedanke ausgesprochen, daſs diese natürliche Ordnung auch die für alle Völker und Zeiten geltende ist. Il y a donc un ordre naturel, essentiel et général, qui renferme les lois constitutives et fondamentales de toutes les sociétés, sagt Dupont[1]. Daher seine Bekämpfung Montesquieus', der die Relativität der politischen Einrichtungen zu seinem Studium machte.

Aber wir haben die ganze Bedeutung der physiokratischen Lehre für unsere Wissenschaft noch nicht klargelegt. Wir haben unsere Aufmerksamkeit vorzugsweise auf die sittliche Ordnung (Naturrecht) gerichtet, welche Quesnay für alle Zeiten und Völker hergestellt wissen wollte. Wir sahen aber, wie sich in seinem System unter die rechtliche Ordnung eine physische Ordnung schob[2], die natürlich ebenso unveränderlich ist wie jene. So wird Quesnay dazu geführt, physische Gesetze der menschlichen Gesellschaft, ewige theoretische Naturgesetze der Volkswirtschaft aufzustellen[3]. Er wird der Begründer einer nationalökonomischen Theorie. Nicht als ob es vor Quesnay keine theoretischen Erkenntnisse in der Nationalökonomie gegeben hätte. Die Literaturgeschichte unserer Wissenschaft weist eine Fülle von wertvollen theoretischen Lehren über Geld, Bevölkerung, Wert, Preis, Ackerbau, Handel, Steuern vor Quesnay nach. Aber es waren Edelsteine, die ihren vollen Glanz erst zeigen konnten, wenn sie in eine, das Ganze des volkswirtschaftlichen Lebens umspannende Theorie gefaſst wurden. Und eine solche, den Organismus der Volkswirtschaft darstellende und erklärende Theorie schuf Quesnay, und zwar aus theoretischen Bausteinen, die schon vor ihm bei Davenant, Locke, Mandeville,

---

[1] a. a. O. p. 337.

[2] Die neue Gestalt, welche das Naturrecht bei Quesnay annimmt, wird auch im 18. Jahrh. deutlich erkannt. So sagt Dupont de Nemours in seiner „Notice abrégée des différents écrits modernes etc." (Oncken: Oeuvres économiques et philosophiques de François Quesnay p. 152): Les écrivains moraux et politiques ont fait souvent très-bien sentir la iustice de quelques-unes des lois naturelles qu'ils développaient; mais ils ont toujours été embarrassés pour trouver la sanction physique de ces mêmes lois. Mr. Quesnay a commencé par constater leur sanction physique et impérieuse, et elle l'a conduit à en reconnaître la justice. Ob sich dieses so verhält, kann dahingestellt bleiben: jedenfalls hat Dupont den charakteristischen Zug des Quesnay'schen Naturrechtes richtig erfaſst.

[3] Als Naturgesetze bezeichnet sie ausdrücklich Mercier de la Rivière. So heiſst es Daire II, p. 467: „Dans le code physique nous trouvons trois lois immuables concernant la reproduction: la première porte que les avances de la culture, sans lesquelles il n'est point de reproductions, ne pourront être faites par les cultivateurs, qu'après les dépenses à faire par les propriétaires fonciers; la seconde ordonne expressément que ces doubles avances ne cesseront jamais à se renouveler dans leur ordre essentiel, suivant que le cours naturel de la destruction l'exige, et ce sous peine de l'anéantissement des produits et de la société u. s. w.

Cantillon vorhanden waren. Er ist der Begründer einer organischen Auffassung der Volkswirtschaft.

Blicken wir auf die Ergebnisse unserer Untersuchung zurück, so fällt besonders die Thatsache auf, dafs im Schofse des Naturrechtes die systematische Wissenschaft der politischen Ökonomie in Frankreich herangereift ist. Wie das Kind das Leben der Mutter gelebt hat, so die politische Ökonomie dasjenige des Naturrechtes. Wie sich die allgemeinen psychologischen, ethischen, sociologischen Grundlagen des Naturrechtes gestalten, so diejenigen unserer Wissenschaft. Die wirtschaftspolitischen Grundsätze erscheinen nun mit der Würde naturrechtlicher Forderungen umkleidet. Die wirtschaftliche Freiheit erhält im System der Physiokraten den Charakter eines gottgewollten, unabänderlichen, für alle Zeiten und Völker bestimmten Naturgesetzes. Was zeitlich und örtlich zweckmäfsig war, das soll nun das für alle Zeiten und Völker Gerechte sein. Aber nicht blofs Grundsätze der Wirtschaftspolitik enthält die neue Wissenschaft, sondern auch theoretische Gesetze. Derartige Erkenntnisse finden wir in den Schriften nicht blofs der Nationalökonomen, sondern auch der Naturrechtslehrer vor Quesnay. Ihm ist aber das erste umfassende System der theoretischen Nationalökonomie gelungen, und er hat weniger aus der naturrechtlichen Quelle geschöpft, als Adam Smith, wie ich an einer andern Stelle zu zeigen hoffe. Denn diese Nachweisung würde nur in einem ganz äufsern Zusammenhange mit der Darstellung der allgemeinen philosophischen Grundlagen der politischen Ökonomie stehen.

## 3. Adam Smith.

Dagegen haben wir das Naturrecht dieses Mitbegründers unserer Wissenschaft zu betrachten. Hier türmt sich eine grofse Schwierigkeit vor uns auf. Adam Smith hat keine Darstellung des Naturrechtes hinterlassen. Wie kommen wir aber dazu, ihn unter die Naturrechtslehrer einzureihen? Zunächst sprechen äufsere Gründe dafür.

Wir wissen, dafs Smith der zweite Nachfolger Hutchesons auf dem Lehrstuhl der Moralphilosophie in Glasgow war. Die schottische Moralphilosophie aber schlofs auch das Naturrecht ein. Zudem hat Millar, ein Schüler Smiths, dessen Biographen Dugald Stewart Nachrichten über die Vorlesungen seines Lehrers mitgeteilt, welche keinen Zweifel darüber lassen, dafs Smith das Naturrecht vorgetragen habe. „The second“ (Vorlesung), schreibt er, „comprehended Ethics strictly so called“ . . . „In the third part“, heifst es weiter, „he treated at more length of that branch of morality which relates to justice, and which being susceptible of precise and accurate rules, is for that reason capable of a full and particular explanation [1].“ Auch diesen Teil seiner Vorlesungen, fährt

[1] Essays on Philosophical Subjects by the late Adam Smith. London 1795. p. XVII.

Millar fort, habe Smith veröffentlichen wollen, wie er am Ende der Theorie der moralischen Gefühle mitteile; aber sein Tod habe ihn daran verhindert. Dafs die Lehre von der Gerechtigkeit, welche mit der Ethik den weiteren Begriff der „morality" ausmacht, das Naturrecht, wie es Smith verstand, thatsächlich war, zeigt aufs deutlichste die von Millar erwähnte Schlufsstelle des moralphilosophischen Werkes. Smith setzt dort auseinander, dafs nur die Gebote der Gerechtigkeit bestimmt und genau seien, diejenigen aller andern Tugenden unbestimmt und ungenau; die Kasuistik müsse deshalb verworfen werden. Die zwei nützlichen Teile der Moralphilosophie wären also Ethik und Jurisprudenz. Jedes positive Rechtssystem dürfe man als einen mehr oder minder unvollkommenen Versuch zu einem System des natürlichen Rechtes (natural jurisprudence) betrachten, oder zu einer Aufzählung der besonderen Rechtsnormen. Bei dieser Lage der Dinge hätte man erwarten dürfen, dafs die Klagen der Juristen über die Unvollkommenheit der Gesetze der verschiedenen Länder zu einer Untersuchung darüber geführt hätten „what were the natural rules of justice independent of all positive institution".

Zeigen nun schon diese Ausführungen, dafs Adam Smith auf dem Boden des Naturrechts steht, so haben wir einige Zeilen weiter den Beweis, dafs er für das natürliche Recht den Anspruch erhebt, der Mafsstab des positiven Gesetzes zu sein, ein Anspruch, welchen in der neueren Zeit erst Locke und dessen Nachfolger mit aller Kraft gestellt hatten. Das System des Naturrechtes „or a theory of the general principles . . . ought to run through and be the foundation of the laws of all nations". Trotz der Dringlichkeit des Bedürfnisses scheine aber erst Grotius ein System des Naturrechtes entworfen zu haben. Das Werk sei unvollkommen, aber bis jetzt das vollkommenste Werk über diesen Gegenstand. Smith schliefst mit der Ankündigung, dafs er ein ähnliches Werk zu veröffentlichen beabsichtige.

Ich gehe nicht weiter auf den Inhalt des geplanten Buches ein, welchen er dort in grofsen Umrissen entwirft; es genügt mir, nachgewiesen zu haben, dafs Smith ein System des Naturrechtes vorgetragen hat, dafs er sich zu den naturrechtlichen Anschauungen bekennt und Lockes Ansichten von dem Verhältnis des natürlichen Rechtes zu dem positiven Rechte teilte. Die Verwandtschaft mit Locke wird im folgenden noch mehr hervortreten.

Den Inhalt von Smiths Naturrecht kennen wir nur unvollkommen. Es ist auch unmöglich, sein System völlig oder gröfstenteils zu rekonstruieren, während man mit leidlicher Vollständigkeit seine Vorlesung über die natürliche Theologie wieder aufbauen kann, wie ich an einer andern Stelle zu zeigen hoffe. Weder sein ethisches, noch sein nationalökonomisches Werk genügen hierzu. Das erstere giebt wohl die allgemeine ethische Grundlage seines Naturrechtes, aber natürlich nicht dessen Inhalt; in dem letzteren vernehmen wir mit aller Entschiedenheit einzelne Forderungen des Naturrechts, aber nicht ihre Begründung noch ihren Zusammenhang. Der Inhalt der Untersuchung über den Reichtum der Völker ist nach der Erzählung des erwähnten Gewährsmannes die weitere Ausführung der vierten Vorlesung, welche Smith in Glasgow hielt; sie verhält sich zum Werke wie Grundriſs und Aufbau[1]. Sie bildet also einen Teil des Systems der Moralphilosophie, und aus diesem Grunde wird wahrscheinlich der Geist der Gesamtwissenschaft auch in ihr leben, die Principien der vorhergehenden Wissenschaften werden vielleicht von fern hereinklingen; aber ihr besonderes Princip ist die Zweckmäſsigkeit[2]. In der modernen Staatswissenschaft waren die Principien des Gerechten und des Nützlichen nicht selten miteinander vermischt worden, und schon Grotius klagt Bodinus an, daſs er den Charakter der Politik nicht richtig erkannt habe, als zu welcher die Lehre vom Nützlichen gehöre, „weshalb auch Aristoteles sie für sich behandelt, um sie mit nichts Fremdartigem zu vermengen“. Grotius behauptet zwar, er habe die Lehre vom Nützlichen aus dem Naturrecht ausgeschieden, gesteht aber zu, es an einzelnen Stellen mit erwähnt zu haben, „doch nur obenhin, um es von der Rechtsfrage zu unterscheiden“ [3]. Ob Grotius so consequent war, wie er glaubte, brauchen wir nicht zu untersuchen[4]. Auch hat die Vermengung der beiden Gebiete nach ihm nicht aufgehört; noch Bielfeld stellt seine Politik derjenigen der Naturrechtslehrer gegenüber[5]. Erst Thomasius führt die Unterscheidung zwischen dem Sittlichen, dem Gerechten und dem Nützlichen scharf durch. Dies wurde schon früher erwähnt, auch des Einflusses gedacht, welchen die Vertreter der Staatsraison hierauf hatten. Vielleicht hat Smith von Thomasius' Vorgehen mehr Kenntnis gehabt, als wir wissen. So viel ich das zu beurteilen vermag, war er der erste, welcher diese drei Gebiete in der schottischen Moralphilosophie säuberlich sonderte. Und daſs er sie scharf geschieden habe, wird man aus den Worten Millars entnommen haben, der die „Ethics“ „strictly so

---

[1] What he delivered on these subjects contained the substance of the work he afterwards published under the title of An Iuquiry into the Naturé and causes of the wealth of Nations. A. a. O. p. XVIII.

[2] In the last part of his lectures, he examined those political regulations which are founded not upon the principle of justice, but that of expediency, a. a. O.

[3] Einleitung, 57.65 d. A. von Kirchmann.

[4] Eine Entschuldigung hat er in seiner Meinung: „Aber dem natürlichen Rechte tritt auch der Nutzen hinzu; denn der Schöpfer wollte, daſs wir als einzelne schwach seien und zum rechten Leben vieles bedürfen, damit wir desto mehr zur Pflege der Geselligkeit angetrieben würden.“ Einl., 16.

[5] Pufendorf, Grotius u. a. nennt er „auteurs célèbres qui ont parsemé leurs ouvrages de belles réflexions politiques et combiné de cette manière diverses sciences.

called", die „Justice", deren Normen mit aller Genauigkeit angegeben werden könnten, und die Politik unterscheidet, die auf dem Princip der „expediency" beruht.

Wenn aber Smith die politische Ökonomie als einen Teil der Lehre vom Nützlichen betrachtet hat, so dürfen wir im „Wealth of Nations" keine Aufklärung über sein Naturrecht erwarten. Sollte aber auch das genannte Werk dadurch von der vierten Vorlesung verschieden sein, daſs sich das naturrechtliche Element in ihm geltend machte, so dürften wir doch nur eine Darstellung des wirtschaftlichen Naturrechtes zu finden hoffen. Versuchen wir nun dasjenige, was sein nationalökonomisches Werk an naturrechtlichen Bestandteilen enthält, zusammenzutragen.

Smith tritt an verschiedenen Stellen der Beschränkung der natürlichen Freiheit mit der gröſsten Entschiedenheit entgegen. Gegen die Beschränkung in der freien Verwendung der Arbeitskraft infolge von Lehrlingsgesetzen spricht er sich in einer Weise aus, die an Locke und die Physiokraten erinnert. „The property which every man has in his labour, as it is the original foundation of property, so it is the most sacred and inviolable." Behinderungen in der Ausübung dieses Rechtes sei „a plain violation of this most sacred property" und „a manifest encroachment upon the just liberty, both of the workman and of those who might be disposed to employ him" [1]. Die Ausweisung eines schuldlosen Mannes infolge des Niederlassungsgesetzes sei „an evident violation of natural liberty and justice" [2]. Die Beschränkung des freien Kornhandels tadelt er in ähnlicher Art: „To hinder . . the farmer from sending his goods at all times to the best market, is evidently to sacrifice the ordinary laws of justice to an idea of public utility, to a sort of reason of state" [3]. Von dem Gesetze, welches den Gewerbetreibenden daran verhinderte, einen Laden zu halten, und einem anderen, welches dem Pächter das Geschäft eines Kornhändlers aufdrängte, sagt er gleichfalls: „Both laws were evident violations of natural liberty, and therefore unjust" [4]. Ist also entweder unbeschränkte Arbeits- (Gewerbe) freiheit, oder Niederlassungsfreiheit, oder Handelsfreiheit durch das Naturrecht geboten, so kann man allgemein sagen: „To prohibit a great people, however, from making all that they can of every part of their own produce, or from employing their stock and industry in the way that they judge most advantageous to themselves, is a manifest violation of the most sacred rights of

[1] I, p. 166 (Ausgabe von 1809, Edinburgh).
[2] a. a. O. I, p. 194.
[3] II, p. 363.
[4] II, p. 350.

mankind" [1]. Unbeschränkte Arbeits- und Kapitalfreiheit gehört zu den angeborenen Menschenrechten.

Sieht man hierin aufs deutlichste den Schüler Lockes, welcher, wie er den Begriff des Privateigentums in den Vordergrund rückt, die Grundsätze des Lehrers konsequent auf das Gebiet der Volkswirtschaft anwendet, und das subjektive Naturrecht in einer Reihe von wirtschaftlichen Urrechten auflöst, so werden wir diese Thatsache noch deutlicher in der Abgrenzung der Staatsthätigkeit erkennen. In den Trümmern eines von Dugald Stewart erhaltenen Aufsatzes will er vom Staate nur Frieden und eine erträgliche Rechtspflege. Am Ende des vierten Buches des „Wealth of Nations" weist er ihm die Aufgabe zu, nach aufsen Frieden zu erhalten, nach innen das Recht zu schützen, drittens öffentliche Werke und Einrichtungen zu begründen und zu erhalten, welche man vom Privatinteresse nicht erwarten dürfe. Wie sich diese Abweichung von dem Aufsatze erklärt, wird später erörtert werden. Hier tritt also wiederum die Abhängigkeit von Locke klar hervor. Smith nennt sein System zweimal kurz nacheinander charakteristisch „system of natural liberty". Er könnte diesen Ausdruck nicht gewählt haben, wenn er nicht auf dem Boden einer Theorie stände, die im Naturzustande alle Menschen frei sein läfst und diese Freiheit durch die Begründung des Staats keineswegs für aufgehoben ansieht.

In dem Lande, wo diese Grundsätze durchgeführt werden, mufs sich die freieste Konkurrenz einstellen. Smith ist gezwungen, auch zu behaupten, die freie Konkurrenz sei nach Naturrecht gerecht. Ich kann mich aber nicht erinnern, den Satz in dieser oder einer ähnlichen Form bei ihm gelesen zu haben. Wohl haben wir eine grofse Zahl von Ausführungen über den Nutzen der freien Konkurrenz [2] und andere, in denen er positiv sagt, dafs nach Naturrecht jedem die völlige wirtschaftliche Freiheit gestattet sei. So heifst es in der angezogenen Stelle am Schlusse des vierten Buches: „Every man, as long as he does not violate the laws of justice, is left perfectly free to pursue his own interest his own way, and to bring both his industry and capital into competition with those of any other man, or order of men." Sein Ideal ist ein rechtlicher Zustand, wo es jedem erlaubt ist, „to pursue his own interest his own way upon the liberal plan of equality, liberty, and justice [3]. Der Staat darf also niemand auf Kosten eines andern bevorzugen: „To hurt in any degree, the interest of any one order of citizens, for no other purpose but to promote that of some other, is evidently contrary to that justice and equality of treatment which the sovereign owes to all the different orders of his subjects" [4].

---

[1] II, p. 424.
[2] z. B. II, p. 83, 300, 343, 350, 362.
[3] III, p. 31.
[4] III, p. 18.

Der von Smith gewünschte Rechtszustand beruht also auf folgenden Grundlagen: Freiheit, Gleichheit und Gerechtigkeit. Was wir unter wirtschaftlicher Freiheit zu verstehen haben, ist nach den vorhergehenden Ausführungen klar. Die Gleichheit ist identisch mit der Forderung, dafs die Regierung keine künstlichen Ungleichheiten durch merkantilistische und zünftlerische Mafsregeln schaffen soll. Dafs er merkantilistische Mafsregeln im Auge hat, zeigt der Zusammenhang, in welchem die letztangezogene Stelle auftritt, dafs sie aber auch auf andere Beschränkungen ausgedehnt werden mufs, ihr Wortlaut. Diese Auffassung wird dadurch unterstützt, dafs er einmal das Wort „inequality" gebraucht, wo er von Beschränkungen der Gewerbefreiheit spricht[1]. Man möchte nun glauben, Smith lehre, das Privatinteresse aller solle vollständig ungebunden walten, ungehindert durch alle Hemmungen der Regierung, welche einzelnen Vorteil bringen. Aber da erhebt er die Forderung der Gerechtigkeit und bereitet unlösbare Schwierigkeiten.

Zwar hat uns Smith über die Stellung dieses Begriffes in seinem System der Ethik aufgeklärt. Die Gerechtigkeit ist eine Tugend von wesentlich negativem Charakter, welche durch die Staatsgesetze erzwungen werden kann und gegebenen Falles erzwungen werden soll. Sie bethätigt sich in der Enthaltung von der Schädigung anderer Personen, ihres Eigentums oder Rufes. Smith hat also offenbar gemeint, das Walten des Selbstinteresses und der Konkurrenzkampf solle durch positive Gesetze eingeschränkt werden. Aber über den Inhalt dieser Gesetze hat er uns wenig gesagt, und somit stehen wir vor einer Lücke, die nicht nur wissenschaftlich, sondern auch praktisch beklagt werden mufs. Denn eben diese Lücke hat den gröfsten und verderblichsten Einflufs auf die europäische Politik ausgeübt. Doch uns interessiert nur die wissenschaftliche Seite der Frage.

Die Lücke kann auch nicht durch Ausführungen früherer Naturrechtslehrer ergänzt werden; denn sie kannten weder die allseitig durchgeführte Konkurrenz noch die freie Konkurrenz innerhalb der Schranken der Gerechtigkeit. Smith sagt ja auch ausdrücklich, wie erinnerlich sein wird, dafs die Normen der Gerechtigkeit bis dahin nicht genügend dargestellt worden seien. Da er diese Behauptung noch kurz vor seinem Tode in der letzten Auflage der Theorie der moralischen Gefühle wiederholte, so dürfen wir auch nicht das physiokratische System zur Aushilfe heranziehen.

---

[1] The policy of Europe occasions a very important inequality in the whole of the advantages and disadvantages in the different employments of labour and stock, by restraining the competition in some employments to a smaller member than might otherwise be disposed to enter into them. The exclusive privileges of corporations are the principal means it makes use of for this purpose. I, p. 163.

Daſs die Normen der Gerechtigkeit genau angegeben werden könnten, behauptet Smith ausdrücklich, wie wir gesehen haben. Daſs er sie vorgetragen habe, teilt uns sein Schüler mit.

So kann also kein Zweifel darüber herrschen, daſs das Fehlen des naturrechtlichen Systems Adam Smiths uns auf immer daran verhindern wird, die Grundsätze seiner Volkswirtschaftspolitik richtig zu verstehen. Das Verbrennen des Smithschen Kollegienheftes ist kein so erfreulicher Akt, wie ein bekannter Gelehrter gemeint hat.

Und nicht nur durch positive Gesetze erwartete Smith, wie mir scheint, das wirtschaftliche Leben beschränkt zu sehen. Er hoffte auch, so glaube ich, auf eine rege Wirksamkeit der öffentlichen Meinung, dieser Macht, welche Locke bekanntlich in die Ethik eingeführt hatte. In der Theorie der moralischen Gefühle findet sich eine Stelle, in welcher Smith ausführt, daſs die unbeteiligten Zuschauer keinen Widerwillen gegen denjenigen fühlen, welcher im Wettlaufe um Reichtum, Ehre und Beförderung nach Kräften rennt und jeden Nerv und jede Muskel anspannt, um allen Mitbewerbern den Rang abzulaufen. Sollte er aber einen beiseite stoſsen, oder zu Boden werfen, dann sei ihre Nachsicht zu Ende[1]. Ob sich Smith in der Beurteilung der Menschen geirrt, kann unerörtert bleiben; jedenfalls zeigen diese Ausführungen beiläufig seine feste Überzeugung von der elementaren Gewalt des menschlichen Eigennutzes. Ja, der Egoismus, welchen Smith im wirtschaftlichen Leben pulsieren läſst, ist wenigstens ebensogroſs wie derjenige, dessen Wirkungen die Jünger des Hobbes im Anfang ihrer naturrechtlichen Schriften und bei der Schilderung des Naturzustandes darstellen[2].

Wir sind nicht imstande, uns ein genaues Urteil darüber zu bilden, welches die Vorstellung Smiths vom Naturzustand gewesen sei. Aber sein nationalökonomisches Werk, in dem er immer wieder auf den „rude state of society“ zurückkommt, zeigt, daſs er einen rohen Zustand der menschlichen Gesellschaft angenommen habe. Seine Ausführungen im letzten Buche beweisen, daſs er den Zustand der Jägervölker, in dem weder eine bürgerliche Gesellschaft noch eine Obrigkeit besteht, für den niedrigsten Gesellschaftszustand gehalten habe, denjenigen der Hirtenvölker für einen fortgeschritteneren: sie leben unter einem Oberhaupte. Als den dritten betrachtet er das Dasein ackerbautreibender Völker, ohne durchgeführte Arbeitsteilung, deren Privatwirtschaft sich noch wenig zur Verkehrswirtschaft entwickelt hat. Allmählich löst sich das Gewerbe vom Ackerbau ab, die Handelsbeziehungen werden rege, und damit entsteht der vierte Gesell-

---

[1] Theory of Moral Sentiments. A new edition, Basil 1793. I, p. 136.

[2] Siehe z. B. Pufendorfs Werk über die Pflichten des Menschen und des Bürgers, das 3. Kapitel des 1. Buches, das 1. und 5. Kapitel des 2. Buches.

schaftstypus, welchen Smith „commercial society" nennt. Die Arbeitsteilung ist nun weit entwickelt, ein jeder stellt durch eigene Arbeit nur einen Teil der Mittel zur Befriedigung seiner Bedürfnisse her, und so wird jeder bis zu einem gewissen Grade ein Kaufmann. Die psychologische Achse dieser Handels- und Tauschgesellschaft ist das Selbstinteresse. Die Individuen, mit Ausnahme der Bettler, können von den andern nur dann etwas erhalten, wenn sie ein Äquivalent zu bieten haben[1].

Aus dieser Übersicht scheint mir hervorzugehen, dafs sich Smith den Naturzustand nicht so farblos-abstrakt vorgestellt hat, wie die älteren Naturrechtslehrer, und dafs von ihm selbst in der rohesten Daseinsform die Existenz einer natürlichen Gesellschaft angenommen worden ist. Auch die Arbeitsteilung ist nach ihm keine Einrichtung, die erst später künstlich eingeführt wurde; sie ging aus der Verschiedenheit der Talente und dem Tauschtriebe hervor und hat schon bei Jäger- und Hirtenvölkern bestanden[2]. Nur konnte sie sich anfänglich wenig entfalten, da der Markt und ein Tauschmittel fehlte. Ja, in dem rohesten Gesellschaftszustande müssen sich schon Ungleichheiten des Vermögens eingestellt haben und zwar infolge der Verschiedenartigkeit der Talente[3]. Andere Unterschiede waren aber nicht vorhanden; denn das Land stand noch im Gemeineigentum, und Kapital existierte noch nicht[4]. Sobald sie eingeführt, bezüglich gebildet worden waren, standen sich Unternehmer, Grundbesitzer, Kapitalbesitzer und Arbeiter gegenüber. Die Grundbesitzer und Kapitalbesitzer beanspruchen einen Anteil am Ertrage der Arbeit, welcher

---

[1] I. Buch, Kap. 2 u. 4.

[2] Die von Smith gelehrte Gleichheit im Naturzustande (B. I, Kap. 2) ist nicht so grofs, wie sie einigen Schriftstellern erscheint. Er hebt mit grofser Richtigkeit hervor, dafs Gewohnheit, Erziehung, Arbeit und Beruf die Menschen stark differenzieren. Dafs sich ein Philosoph und ein Lastträger erst nach dem 8. Lebensjahre zu unterscheiden anfangen, liegt darin, dafs „the difference of talents comes then to be taken notice of". Diese Verschiedenheit mufs also doch schon vorher vorhanden gewesen sein. Übrigens korrigiert Smith seine frühere Aussage auch später in folgender Stelle: „By nature a philosopher is not in genius and disposition half so different from a street porter, as a mastiff is from a grey-hound etc." Es ist also von Natur eine Verschiedenheit da. Aufserdem sagt er: „In a tribe of hunters or shepherds a particular person makes bows or arrows, for example, with more readiness and dexterity than any other." Selbst in dem niedrigsten Gesellschaftszustande hat also die Natur die Menschen mit verschiedenen Gaben ausgestattet. Übrigens ist das 2. Kapitel kein Muster an Präcision des Stils.

[3] if the one species of labour and dexterity requires an uncommon degree of dexterity and ingenuity, the esteem which men have for such talents, will naturally give a value to their produce, superior to what would be due to the time employed about it . . . something of the same kind (höhere Löhne in dem fortgeschrittenen Zustand der Gesellschaft) must probably have taken place in its earliest and rudest period. B. I, Kap. 6.

[4] I, Kap. 6 u. 8. II, Introduction.

jetzt nicht mehr allein dem Arbeiter zufällt, und infolge dessen entspinnt sich ein Kampf der Interessen zwischen ihnen: jede Klasse möchte den gröſsten Anteil haben. Zwischen den besitzenden Klassen herrscht auch keine Harmonie der Interessen; im allgemeinen verstehen es die Gewerbetreibenden und Kaufleute, die Grundbesitzer für ihre Zwecke zu miſsbrauchen, und das Interesse der Krämer ist immer in einer gewissen Beziehung dem der Konsumenten entgegengesetzt. So malt Smith ein sehr trauriges Bild der „Handelsgesellschaft", welches durch die unleugbaren Lichtseiten nicht völlig verändert werden kann. Denn wenn sich nun auch infolge der immer mehr zunehmenden Arbeitsteilung und der durch sie bedingten Einführung von Maschinen, welche erst die Ansammlung von Kapital und die Ausbildung eines Tauschmittels ermöglicht haben, der Reichtum ungeheuer vermehrt hat, so bietet doch die Gesellschaft das Schauspiel einer allgemeinen Zerrissenheit der Interessen und einer unheilvollen Einseitigkeit der Bildung bei den arbeitenden Schichten des Volkes. Nur auf zwei Klassen ruht Smiths Auge mit Liebe, auf den Grundbesitzern und den Arbeitern; denn ihre Interessen sind immer mit dem Interesse der Gesellschaft, mit dem Fortschritte des Ganzen verknüpft, während das von den Kapitalbesitzern keineswegs gesagt werden kann. Auſserdem verstehen diese ihr Interesse besser: sie sind häufig organisiert und auch mehr geneigt, ihren Nutzen auf Kosten der Gesellschaft durchzusetzen, als der arme ungebildete Arbeiter und der reiche, groſsmütige, an geistige Arbeit wenig gewöhnte Grundbesitzer, welcher isoliert auf dem Lande lebt[1]. Die schmutzige Selbstsucht der Kaufleute und Gewerbetreibenden, ihre Sophismen und ihr lautes Geschrei nach Schutz des nationalen Handels und des nationalen Gewerbes haben das Merkantilsystem ins Leben gerufen. Man täuscht sich, wenn man Smith und die sich an Quesnay anschlieſsenden Physiokraten für Kosmopoliten in dem gewöhnlichen Sinne dieses Wortes hält: beide haben es gelegentlich hervorgehoben, daſs die groſsen Kaufleute kein Vaterland besäſsen und sie zeigen eine entschiedene Vorliebe für den Ackerbau[2].

Wenn man diese Ausführungen Smiths durchdenkt, so läſst sich die Vermutung nicht abwehren, daſs er die Einführung des Grundeigentums nicht für einen so heilsamen Schritt in der Entwicklung der Völker gehalten habe, wie die Physiokraten, obgleich er, wie früher bemerkt, in der Ableitung alles Eigentums aus dem persönlichen Eigentum mit ihnen übereinstimmt. Auch bricht im 6. Kapitel des ersten Buches ein geheimer Groll gegen die socialen Zustände hervor, die der Beseitigung des gemeinsamen Eigentums gefolgt sind. Ob er unter dem Einflusse Rousseaus gestanden hat, vermag ich nicht zu sagen. Smiths Recension der

---

1 Ende des ersten Buches und II, p. 251.

2 Für Smith B. II, Kap. V. Für Mercier, Daire II, p. 559 ff.

Schrift „Sur l'origine et les fondements de l'inégalité parmi les hommes", welche hierüber vielleicht einige Aufklärung geben könnte, stand mir nicht zur Verfügung[1], und andere Methoden, sich über diesen Punkt zu unterrichten, sind mir nicht bekannt. Aber die Meinung Smiths läfst sich mit einiger Wahrscheinlichkeit aufhellen, ohne dafs man an eine Einwirkung Rousseaus denkt. Je mehr man sich mit Smith beschäftigt, um so mehr sieht man, wie sehr seine Entwicklung durch Hutcheson bestimmt worden ist. Dieser aber steht dem Privateigentum schon viel nüchterner gegenüber als Locke und die Physiokraten, und wenn er auch den Communismus ganz und gar verwirft, so macht er doch in der Weise moderner Sozialreformer Vorschläge zur Beseitigung der Unzuträglichkeiten des Privateigentums[2].

Dem Lehrer Smiths entgeht auch nicht ein grofser Mangel der Lockeschen Theorie, welche auf Seite 51 dieser Schrift bezeichnet wurde: nämlich die Unmöglichkeit zu sagen, bei welcher Ausdehnung das Privateigentum an Grund und Boden aufhört, durch das Naturrecht gerechtfertigt zu sein. Hutcheson polemisiert keineswegs gegen Locke, dessen Theorie er ja annimmt; aber seine Ausführungen konnten den Schüler immerhin zu einer Fortbildung der Lockeschen Lehre anregen, welche im Naturrechte Smiths vielleicht vorhanden war.

So scheint mir, dafs Smith von dem Naturrecht Hutchesons zu den schroffen Sätzen des 6. Kapitels gelangen konnte. Für noch wahrscheinlicher halte ich es, dafs er die naturrechtliche Begründung und die historische Entstehung und Verteilung des Privateigentums an Grund und Boden gegenübergestellt habe, was für einen Mann wie Smith, welcher die ganze Kraft des naturrechtlichen Geistes in sich verspürte und doch von dem Hauche der heranwehenden historischen Luft kräftig berührt wurde, den Gegenstand der interessantesten Betrachtungen ab-

---

[1] Delatour giebt nur eine kurze, für unsern Zweck ungenügende Übersicht. Adam Smith, Sa vie et ses travaux, Paris 1886, p. 84.

[2] Auch Hutcheson verkannte die Schattenseiten des Privateigentums nicht. Obgleich er der Menschennatur neben den selbstsüchtigen Trieben entschieden wohlwollende zuschreibt, zweifelt er an der Möglichkeit eines kommunistischen Gemeinwesens in dem „the worst of men have the generous and industrious for their slaves" (ähnlich wie Proudhon), und er meint: Nothing can so effectually excite men to constant patience and diligence in all sorts of useful industry, as the hopes of future wealth, ease, and pleasure to themselves, their offspring, and all who are dear to them, and of some honour too to themselves on account of their ingenuity, and activity and liberality u. s. w. (B. II, ch. 6, V.). Er begründet das Privateigentum in der Weise Lockes und der Physiokraten, betont aber die „inconveniencies arising from property", wenn er sie auch nicht für so grofs hält, als diejenigen, „which must ensue upon community". Er meint, dafs sich die meisten beseitigen lassen „by a censorial power, and proper laws about education, testaments, and succession". Das ist der Standpunkt moderner Socialreformer.

geben mufste. Welche Fülle von Thatsachen konnte ihm die englische Agrargeschichte liefern! Die Vermutung, die ich hier ausspreche, ist so wohl begründet, wie eine Vermutung sein kann; sein Biograph teilt uns mit, dafs Smith eine grofse Vorliebe für derartige Spekulationen gehabt habe; seine Vorlesung über das Naturrecht sei überreich daran gewesen[1].

Nach den vorhergehenden Ausführungen kann es nicht überraschen, dafs wir in dem nationalökonomischen Werke Smiths eine Menge von Ausführungen über den Egoismus finden, jene Kraft, aus deren Wirksamkeit Hobbes, Pufendorf Recht und Staat hatten hervorgehen lassen. Was uns Smith im „Reichtum der Völker" bietet, sind natürlich Aussagen über den wirtschaftlichen Egoismus. Indem wir sie klassifizieren und analysieren, gelangen wir einen Schritt weiter in dem Verständnis seiner Grundanschauungen. Es ist aber notwendig, dabei sehr sorgfältig zu Werke zu gehen, auf die Gefahr hin, Bekanntes zu wiederholen, da sich sonst Unklarheiten nicht vermeiden lassen.

Eine Klasse von Aussagen tadelt das unsittliche, andere schädigende Streben nach Gewinn; er findet es vorzugsweise bei Kaufleuten und Gewerbetreibenden[2]. Eine zweite Klasse enthält die Psychologie des Wirtschaftslebens. Smith erklärt jedem Menschen den Trieb nach Besserung seiner Lebenslage angeboren[3]. Diese Behauptung hatte Bielfeld fast mit denselben Worten ausgesprochen[4]. Aber auch von Smith war schon in seinem ethischen Werke bemerkt worden, der Drang, sich zu erheben, bewege alle Gesellschaftsklassen, und der Trieb, ihre Lage zu verbessern, sei allen Menschen gemein. Er leitet ihn dort psychologisch aus dem Wunsche, geehrt, geschätzt zu werden, d. h. die Sympathie der Mitmenschen zu erwerben her, da alle Menschen

---

[1] a. a. O. XLIV. Nachdem Stewart ausgeführt hat, dafs Smith auf seine Theorie von dem natürlichen Fortschritt des Reichtums eine Untersuchung der Ursachen folgen läfst, welche ihn umgekehrt haben, fährt er fort: His lectures on jurisprudence seem . . . to have abounded in such enquiries.

[2] The private interest of our merchants and manufacturers may, perhaps, have extorted from the legislature these exemptions as well as the greater part of our other commercial regulations. III, p. 3.

People of the same trade seldom meet together, even for merriment and diversion, but the conversation ends in a conspiracy against the public, or in some contrivance to raise prices. I, p. 177.

[3] . . . the desire of bettering our condition; a desire which, though generally calm and dispassionate, comes with us from the w'omb, and never leaves us till we go into the grave. II, p. 99.

[4] L'homme naît avec un désir insurmontable de rendre sa condition meilleure. Ce principe incontestable et fécond est la source de toutes les actions humaines. Institutions Politiques, chap. III, § 4.

lieber mit dem Glücke als dem Unglück der andern sympathisierten [1]. Dieser Trieb, lehrt er im „Reichtum der Völker“, äufsert sich erstens und vorzugsweise in der Sparsamkeit, dem Aufhäufen des Erworbenen. Seine Wirksamkeit wird durch den Trieb nach Genufs (principle of expence) durchkreuzt, welcher in einigen Menschen besonders stark ist. Aber in der Mehrheit aller Menschen zeigt sich der Sparsinn, wenn man ihr ganzes Leben überblickt, als der vorherrschende [2]. Da die Sparsamkeit der psychologische Faktor der Kapitalvermehrung ist [3] und auf der Kapitalbildung der materielle Fortschritt beruht [4], so schätzt sie Smith sehr hoch. Nicht der Fleifs, die Emsigkeit des Erwerbs, hebt er hervor, sondern die Sparsamkeit bewirkt unmittelbar die Vermehrung des Kapitals [5]. Der Trieb nach Besserung der eigenen Lage äufsert sich zweitens in dem Fleifse, der wirtschaftlichen Rührigkeit [6]. Diese Eigenschaften zeigen nicht in allen Menschen dieselbe Stärke. Wie könnte er sonst von Thätigen und Faulen sprechen? Es ist nicht überflüssig, diese Bemerkung zu machen, da die Gleichheit der Menschen in Smiths Werken zu einem Dogma geworden ist, welches viele falsche Folgerungen veranlafst hat. Doch wir kommen auf diesen Punkt zurück. Dem Triebe nach Besserung der Lebenslage, der sich so in einen Spar- und Erwerbtrieb zerlegen läfst, schreibt Smith die Fähigkeit zu, nicht nur oft die Verschwendung der Individuen und der Regierung wettzumachen, sondern auch die Gesellschaft die Hindernisse überwinden zu lassen, welche schlechte Gesetze der Volkswirtschaft bereiten. Er findet in seiner beständigen, gleichmäfsigen, ununterbrochenen Wirksamkeit das Princip des öffentlichen Wohl-

---

[1] Theory of moral sentiments. a. a. O. I,p. 78 fg.

[2] . . . the principle which prompts to save is the desire of bettering our condition. An augmentation of fortune is the means by which the greater part of men propose and wish to better their condition . . . and the most likely way of augmenting their fortune, is to save and accumulate some part, of what they acquire. . . . Though the principle of expence, therefore, prevails in almost all men upon some occasions, and in some men upon almost all occasions; yet in the greater part of men, taking the whole of their life at an average, the principle of frugality seems not only to predominate, beet to predominate very greatly. II, p. 99, 100.

[3] Capitals are increased by parsimony. II, p. 94.

[4] Parsimony, by increasing the fund which is destined for the maintenance of productive hands, tends to increase the number of those hands whose labour adds to the value of the subject upon which it is bestowed. Il tends, therefore, to increase the exchangeable value of the annual produce of the land and labour of the country. II, p. 94.

[5] Parsimony, and not industry, is the immediate cause of the increase of capital. Industry, indeed, provides the subject which parsimony accumulates. But whatever industry might acquire, if parsimony did not save and store up, the capital would never be the greater. II, p. 94.

[6] When they are secure of enjoying the fruits of their industry, they naturally exert it to better their condition. II, p. 177.

standes[1]. Wenn der Spar- und Erwerbbetrieb sich frei und sicher äufsern dürften, so sei sehr Wertvolles erreicht. Nicht eine musterhafte volkswirtschaftliche Gesetzgebung sei das Wirksamste im Leben eines Volkes, sondern die Sicherheit, dafs jeder die Früchte seiner Arbeit geniefsen könne[2]. Aus diesem Grunde wendet er sich gegen die Meinung Quesnays, dafs ohne die Herstellung völliger Freiheit und Gerechtigkeit kein wirtschaftliches Gedeihen möglich wäre. Auch im politischen Körper habe die Weisheit der Natur für Heilmittel gegen menschliche Thorheit und Ungerechtigkeit gesorgt[3].

Haben der Spartrieb und der Erwerbtrieb nach Smith nicht in allen Menschen die gleiche Stärke, sind wahrscheinlich seiner Meinung nach beide Seiten nicht in jedem Menschen gleichmäfsig entwickelt, so mufs der Trieb nach Besserung der Lebenslage eine sehr verschiedene Gröfse in den verschiedenen Menschen darstellen. Hierzu kommt nun ein neuer Faktor der Differenzierung: nicht alle Menschen verstehen ihr Interesse. Den Kaufleuten und Gewerbetreibenden schreibt er im allgemeinen dieses Verständnis zu[4]. Also mufs auch das Privatinteresse der

---

[1] The uniform, constant, and uninterrupted effort of every man to better his condition, the principle from which public and national, as well as private opulence, is originally derived, is frequently powerful enough to maintain the natural progress of things towards improvement, in spite both of the extravagance of government, and of the greatest errors of administration. Like the unknown principle of animal life, it frequently restores health and vigour to the constitution, in spite not only of the disease, but of the absurd prescriptions of the doctor. II, p. 101. Vorher: to compensate not only the private prodigality, but the public extravagance u. s. w.

[2] That security which the laws in Great Britain give to every man, that he shall enjoy the fruits of his own labour, is alone sufficient to make any country flourish, notwithstanding these and twenty other absurd regulations of commerce. Es folgt nun eine Ausführung, die mit der früheren im wesentlichen übereinstimmt: das natürliche Bestreben eines jeden nach Besserung seiner Lebenslage sei stark genug, „of surmounting a hundred impertinent obstructions with which the folly of human laws too often encumbers its operations.“ II, p. 364.

[3] He seems not to have considered, that in the political body the natural effort which every man is continually making to better his own condition, is a principle of preservation capable of preventing and correcting, in many respects, the bad effects of a political economy, in some degree both partial and oppressive . . . the wisdom of nature has fortunately made ample provision for remedying many of the bad effects of the folly and injustice of man. III, p. 48.

[4] The middling and superior ranks of people, if they understood their own interest, ought always to oppose all taxes upon the necessaries of life, as well as all direct taxes upon the wages of labour. III, p. 333.

When our country gentlemen, therefore, demanded the establishment of the bounty, though they acted in imitation of our merchants, they did not act with that complete comprehension of their own

Individuen und Völker (interest, selfinterest, own interest, private interest), welches psychologisch aus diesen Elementen zusammengesetzt ist, eine sehr ungleiche Wirkungsfähigkeit haben. Eine neue Frage lautet: Haben jene Triebe an sich eine hohe Stärke?

Der Trieb nach Verbesserung der Lage ist nach Smith „calm and dispassionate"; den Thätigkeitstrieb scheint er für schwächer als den Spartrieb zu halten. Natürlich thätige und arbeitsfreudige Menschen giebt es wenige. Der Thätigkeitstrieb der meisten Menschen mufs durch äufsere Vorteile gereizt werden; die äufseren Vorteile, welche die meisten Menschen in Bewegung setzen, sind rein materielle. Der grofse Ehrgeiz regt sich nur in wenigen; die Mehrheit von denen, deren Lebenslage eine günstige ist, läfst sich durch ein erreichbares hohes Ziel nicht in Thätigkeit versetzen. Was die meisten anstachelt, ist die Notwendigkeit der Existenz und die Möglichkeit, durch Verwendung eines Kapitals viel zu gewinnen[1]. Zieht man nun in Betracht, dafs Smith den Kapitalgewinn nicht unter den Begriff Arbeitslohn subsumiert, so ist die Begierde des Kapitalbesitzers psychologisch aus der

---

interest which commonly directs the conduct of these two orders of men. II, p. 329.

But though the interest of the labourer is strictly connected with that of the society, he is incapable either of comprehending that interest, or of understanding its connection with his own. I, 350.

It is by this superior knowledge of their own interest that they (merchants and master manufacturers) have frequently imposed upon his (the country-gentleman's) generosity. I, p. 351.

[1] It is the interest of every man to live at much at his ease as he can; and if his emoluments are to be precisely the same, whether he does or does not perform some very laborious duty, it is certainly his interest, at least as interest is vulgarly understood, either to neglect it altogether, or if he is subject to some authority which will not suffer him to do this, to perform it in as careless and slovenly a manner as that authority will permit. III, p. 168.

In every profession, the exertion of the greater part of those who exercise it is always in proportion to the necessity they are under of making that exertion. III, p. 166.

The greatness of the objects which are to be acquired by success in some particular professions may, no doubt, sometimes animate the exertions of a few men of extraordinary spirit and ambition... In England, success in the profession of the law leads to some very great objects of ambition; and yet, how few men, born to easy fortunes, have ever in this country been eminent in that profession? III, p. 166, 167.

This necessity is greatest with those to whom the emoluments of their profession are the only source from which they expect their fortune, or even their ordinary revenue and subsistence. III, p. 166.

Every individual is continually exerting himself to find out the most advantageous employment for whatever capital he can command. II, p. 239.

If he is naturally active, and a lover of labour, it is his interest to employ that activity in any way from which he can derive some advantage, rather than in the performance of his duty, from which he can derive none. III, p. 168.

Aussicht zu erklären, einen Verdienst zu erlangen, welcher in keinem Verhältnis zur Arbeitsaufwendung steht. Versetze aber diese Menschen, sowie sie Smith geschildert hat, in die Notwendigkeit, um ihren Lebensunterhalt, oder um eine einträgliche Lebensstellung, oder um den Gewinn, oder um ein den Ehrgeiz befriedigendes Ziel kämpfen zu müssen, wie werden sie sich da nach seiner Meinung rühren, jeden Nerv und Muskel anstrengen, die andern niederzuwerfen suchen, wenn sie nicht das Gesetz und die öffentliche Meinung daran hindert! Diese Notwendigkeit wird durch die freie Konkurrenz herbeigeführt[1].

Damit sind wir bei einer dritten Klasse von Aussagen über das Selbstinteresse angelangt, bei dem Selbstinteresse unter der Herrschaft der freien Konkurrenz. Von ihr läſst sich nicht behaupten, was im allgemeinen von den beiden ersten Klassen gilt, daſs die Aussagen nur wenig die Grenzen desjenigen überschreiten, was ein Beobachter des wirtschaftlichen Lebens auf Grund seiner Erfahrungen für wahr halten konnte, und eine, wenn auch nicht feine, so doch auch nicht gerade unwahre Psychologie des Wirtschaftslebens geben. Hier aber läſst Smith das Selbstinteresse nicht selten mit der Präcision und Gleichmäſsigkeit einer Naturkraft wirken und so den Markt mit dem der Nachfrage entsprechenden Angebot von Waren versehen. Man versteht es kaum, wie ein Schriftsteller, welcher uns die Menschen vorher so verschieden an geistigen Gaben, Trieben, so voller Trägheit, vielfach so wenig ihres Interesses kundig gezeichnet hatte, sie nun plötzlich mit einer gleichmäſsigen, von Intelligenz begleiteten Kraft des Selbstinteresses ausstattet[2]. Doch ist sich Smith nicht konsequent. Neben den Sätzen, in welchen er das Selbstinteresse mit überall gleicher Kraft wirken läſst, begegnen wir nicht selten andern, in denen von einer „Tendenz“ des Selbstinteresses, eine bestimmte Wirkung hervorzubringen, die Rede ist, z. B. „Their mutual competition tends to lower its profit.“ Daſs eine solche Aussage von der vorher gekenn-

---

[1] Where the competition is free, the rivalship of competitors, who are all endeavouring to justle one another out of employment, obliges every man to endeavour to execute his work with a certain degree of exactness. III, p. 166.

Rivalship and emulation render excellency, even in mean professions, an object of ambition, and frequently occasion the very greatest exertions. III, p. 167.

[2] If at any time it exceeds the effectual demand, some of the component parts of its price must be paid below their natural rate. If it is rent, the interest of the landlords (!) will immediately prompt them to withdraw a part of their land; and if its wages or profit, the interest of the labourers (!!) in the one case, and of their employers in the other, will prompt them to withdraw a part of their labour or stock, from this employment. I, p. 77. Das Interesse der Grundbesitzer und Arbeiter, welche er uns sonst als so wenig ihres Interesses kundig geschildert hat, zeigt sich hier dem der Gewerbetreibenden vollständig gleich.

zeichneten durchaus verschieden ist, bedarf keiner Ausführung. Ich halte es nicht für nötig, bei diesem Punkte zu verweilen, da derartige Sätze dem Leser Smiths unzweifelhaft erinnerlich sein werden.

So wären wir denn wieder bei der freien Konkurrenz angekommen. Nachdem wir ihre naturrechtlichen und psychologischen Grundlagen, ihre rechtlichen und ethischen Beschränkungen kennen gelernt haben, wollen wir einen flüchtigen Blick auf den Nutzen werfen, welchen Smith von ihr erwartet hat. Wenn man seine Bemerkungen über diesen Punkt zusammenträgt, so findet man, daſs er ihr vier vorteilhafte Wirkungen zuschreibt: sie erzieht die Individuen, sie versöhnt die Klassen, sie fördert die Individualwirtschaften, und sie bringt den gesunden Zustand des volkswirtschaftlichen Organismus hervor.

Sie erzieht die Individuen, sie reiſst sie aus ihrer Trägheit heraus, sie lehrt sie Vorsicht, daſs weder zu viel Waren, noch zu viele Menschen auf den Markt gebracht werden. Mercier sprach von dem „désir de jouir, irrité par la concurrence, éclairé par l'expérience." Sie versöhnt die Klassen. Der Krämer, der Banquier oder der Handwerker, welcher viele Konkurrenten neben sich hat, wird gezwungen, seine Kunden gut und billig zu bedienen. Wenn Gewerbefreiheit eingeführt und die Gleichberechtigung der Arbeiter anerkannt ist, sind die Gewerbetreibenden nicht mehr in der Lage, diesen ihren Willen aufzuzwingen. Im „System der natürlichen Freiheit" können auch die Kaufleute und die Industriellen sich selbst keine Vorteile auf Kosten der andern zuwenden, da der Staat sich ja nicht mehr um die Volkswirtschaft bekümmert. Ihre Schlauheit und Selbstsucht vermag den groſsmütigen und seiner Interessen unkundigen Grundbesitzer nicht mehr hinters Licht zu führen. Der Antagonismus der Klassen, welcher Smith so groſs erscheint, ist nicht beseitigt, aber gemildert.

Sie fördert die Individualwirtschaften. Sie schafft erstens mehr Produkte als ein Zustand wirtschaftlich-rechtlicher Gebundenheit; sie allein liefert den Konsumenten gute und billige Waren und befördert besonders den Verkehr der ärmeren Klassen [1]. Das Interesse der Konsumenten ist aber viel wichtiger als das der Produzenten [2].

---

[1] It is the industry which is carried on for the benefit of the rich and powerful, that is principally encouraged by our mercantile system. That which is carried on for the benefit of the poor and the indigent, is too often either neglected or oppressed. III, p. 4.

[2] Consumption is the sole end and purpose of all production; and the interest of the producer ought to be attended to, only so far as it may be necessary for promoting that of the consumer. III, p. 28. Daſs durch den übergroſsen Andrang in die Lehrerlaufbahn der Stand eines öffent-

Sie bringt endlich den gesunden Zustand des volkswirtschaftlichen Organismus hervor.

Ein Kapital findet entweder im Ackerbau, oder im Gewerbe, oder im Handel Verwendung. Unter gleichen Umständen ist die erste die privatwirtschaftlich und volkswirtschaftlich günstigste; denn sie setzt die gröfste Menge von produktiver Arbeit in Bewegung und schafft die gröfste Menge von Produkten, erhöht also das Nationaleinkommen am meisten und gestattet, die gröfste Summe von Ersparnissen zu machen [1]. Es folgt in der volkswirtschaftlichen Rangordnung die Anlage im Gewerbe, dann die im Handel, und zwar geht hier die Anlage im Binnenhandel derjenigen im Aufsenhandel und diese der im Zwischenhandel voran [2]. Aus diesem Grunde thut daher ein Volk am besten daran, zunächst den Ackerbau allseitig zu entwickeln und erst, wenn hier das Kapital den gewöhnlichen Zins nicht mehr trägt, es dem Gewerbe und endlich dem Handel in der angegebenen Reihenfolge zuzuwenden. Dies nennt Smith den „natural course of things“ oder auch „natural order of things“; wie natürlich, ist diese Ordnung bis zu einem gewissen Grade auch überall befolgt worden. Aber in den modernen Staaten Europas wurde sie auch gründlich umgekehrt. Das war aber nur möglich, weil die Gesetzgebung den stärksten künstlichen Anreiz gab, die Kapitale in einer unnatürlichen Weise zu verwenden, „contrary to the order of nature and of r e a s o n“, wie er charakteristischer Weise sagt [3]. Denn die menschlichen Neigungen stimmen aufs seltsamste mit jener natürlichen Ordnung überein [4]. Je gröfser der volkswirtschaftliche Nutzen einer Kapitalverwendung, um so gröfser ist auch die Annehmlichkeit und Sicherheit des Betriebs. Auch der privatwirtschaftliche Nutzen würde sich in derselben Richtung bewegen, wenn das System der natürlichen Freiheit einmal ausgeführt wäre. Denn obwohl das Individuum nur seinen

---

lichen Lehrers in der socialen Achtung gesunken sei, nennt Smith „trifling inconveniency“, verglichen mit der „cheapness of literary education“, welche dadurch herbeigeführt worden sei. I, p. 185. Dafs durch die Gewerbefreiheit Gewinn und Löhne sinken würden, beschäftigt Smith wenig: denn „the public would be a gainer, the work of all artificers coming in this way cheaper to market“. I, p. 169.

Ganz anders Quesnay, der jedenfalls in Beziehung auf die unfruchtbaren Klassen mit Smith übereinstimmt, aber mit Rücksicht auf den Handel folgende Grundsätze aufstellt. Qu'on ne fasse point baisser le prix des denrées et des marchandises dans le royaume. XVIII. Qu'on ne croie pas que le bon marché des denrées est profitable au menu peuple. IX. VIII. Maximes Générales du Gouvernement.

[1] II, p. 129 u. 133.

[2] II, p. 131 u. 239 ff.

[3] B. III, ch. 1.

[4] That order of things which necessity imposes in general, though not in every particular country, is, in every particular country, promoted by the natural inclinations of man. II, p. 148.

Nutzen im Auge hat, so würde es den allgemeinen fördern, weil es sein Kapital in einer Weise anwendete, welche der Entwicklung der Volkswirtschaft am günstigsten wäre[1].

So darf man also wohl sagen, dafs, wenn einmal die wirtschaftliche Freiheit hergestellt ist, die Interessen der einzelnen Klassen mit dem Interesse der Gesellschaft übereinstimmen werden, wenn auch der Interessengegensatz der Klassen nicht völlig beseitigt werden kann. „Without any intervention of law,“ sagt Smith, „therefore, the private interests and passions of men naturally lead them to divide and distribute the stock of every society, among all the different employments carried on in it, as nearly as possible in the proportion which is most agreeable to the interest of the whole society“[2]. Unter der Herrschaft der freien Konkurrenz werden alle Zweige der Volkswirtschaft durch das Selbstinteresse zu einer „natural, healthful and proper proportion“ zurückgeführt werden[3]. Die Thatsache, dafs die Neigungen, Triebe, Leidenschaften, selbstsüchtigen Interessen der Menschen auf das allgemeine Wohl hinzielen, ohne dafs es von ihnen erstrebt wird, erklärt sich Smith aus dem Walten einer höheren Macht. „He generally, indeed,“ heifst es an einer Stelle, „neither intends to promote the public interest, nor knows how much he is promoting it .... he only intends his own gain, and he is in this, as in many other cases, led by an invisible hand to promote an end which was no part of his intention“[4].

Adam Smith hat mit dem Worte „natural“ einen grofsen Mifsbrauch getrieben; bald heifst es vernunftgemäfs, bald im natürlichen Laufe der Dinge, bald der Menschennatur entsprechend, bald selbstverständlich, bald gewöhnlich, womit die Aufgabe dieses Teiles einer Smithphilologie noch nicht erschöpft ist. So ist es möglich, dafs er dasjenige, was er als das gerade Gegenteil einer vernunftgemäfsen Naturordnung betrachtet, einmal „natural state of things“ nennt[5].

---

[1] Smith sagt ganz allgemein und unbeschränkt: „Every individual is continually exerting himself to find out the most advantageous employment for whatever capital he can command. It is his own advantage, indeed, and not that of the society, which he has in view. But the study of his own advantage naturally, or rather necessarily, leads him to prefer that employment which is most advantageous to society.“ II, p. 239. Dieser Satz ist verwunderlich, da der „Wealth of Nations“ umständlich zu beweisen sucht, dafs durch die merkantilistische Politik das Kapital in eine Verwendung getrieben wird, welche wohl privatwirtschaftlich nützlich, aber volkswirtschaftlich schädlich ist. Hätte er jenen Satz bedingter ausgesprochen, so würde man ihm in Anbetracht seiner folgenden Ausführungen zustimmen können.

[2] II, p. 495.

[3] II, p. 460.

[4] II, p. 242.

[5] Von der „tacit, constant and uniform combination of masters“ sagt er „it is the usual, and one may say, the natural state of things“. I, p. 90.

Der häufige Gebrauch dieses Wortes könnte dazu verführen, noch nach andern Provinzen der Naturordnung auszuspähen, z. B. der beständigen Tendenz des Marktpreises, sich dem natürlichen zu nähern, was weiter bedeutet, da sich der Preis aus Einkommenteilen zusammensetzt, dafs die Einkommenzweige ihre „natürliche" Höhe zu erreichen suchen. Als ein Specialfall des Preisgesetzes erscheint die natürliche Anpassung der Bevölkerung an die Nachfrage nach Arbeit[1]. In allen diesen Fällen strebt das Selbstinteresse den volkswirtschaftlich günstigsten Zustand der richtigen Versorgung mit Waren und Menschen an. Es erreicht nach seiner Meinung diesen Zweck auch sicherer, wenn Beschränkungen der natürlichen Freiheit nicht vorhanden sind. Doch da Smith selbst diese Provinzen nicht in das Gebiet der Naturordnung einbezogen hat und auch andere wichtige Voraussetzungen zu ihrer Einbeziehung fehlen[2], so dürfen wir mit diesen wenigen Worten an dem Gegenstande vorübergehen.

Mehr vermag ich vom Smithschen Naturrecht nicht zu erkennen. Es gleicht einer Gebirgslandschaft im Nebel; hier und da treten einige Gipfel, Zacken und Felswände hervor; aber auch das, was wir sehen, ist undeutlich und verschleiert. Der gröfste Fehler, in welchen wir unter diesen Umständen sehr leicht verfallen können, besteht in dem Glauben, dafs auch Smiths Naturrecht wie dasjenige Quesnays zu einem wirtschaftlichen zusammengeschrumpft sei. Aber ein flüchtiger Blick auf die Systeme des Naturrechtes, welche andere berühmte Schotten hinterlassen haben, belehrt uns, dafs Smith, als Nachfolger Hutchesons und Zeitgenosse Fergusons, das ganze Naturrecht vorgetragen haben müsse. Wäre dies nicht der Fall, dann hätte es gewifs Dugald Stewart vermerkt. Die scheinbare Übereinstimmung zwischen Smith und den Physiokraten entsteht also dadurch, dafs wir von Smiths Naturrecht nur dasjenige zu erkennen vermögen, worauf sich nach Quesnays freiem Entschlusse das Naturrecht beschränken

---

[1] It is in this manner that the demand for men, like that for any other commodity, necessarily regulates the production of men, quickens it when it goes on too slowly, and stops it when it advances too fast. I, p. 108.

[2] So sieht man z. B. nicht ein, weshalb es vernunftgemäfs sein sollte, dafs die natürliche Höhe des Arbeitslohnes gerade nur das zum Leben unumgänglich Notwendige betrage und die Instinkte der Menschen so wenig damit harmonieren; weshalb die natürlichen Instinkte, welche die Fortpflanzung herbeiführen, nicht den verschiedenen gesellschaftlichen Zuständen angepafst sind, und das Ziel der Anpassung der Bevölkerung an die Nachfrage nach Arbeit immer nur durch die gräfsliche Vernichtung von Menschen in dem stationären und zurückgehenden Gesellschaftszustande, nicht durch ein Erlahmen des Geschlechtstriebes erreicht werden kann. Der wesentlichen Merkmale der Naturordnung Smiths sind aber zwei: 1) dafs sie vernunftgemäfs sei, 2) dafs das Vernunftgemäfse dem Menschen durch natürliche Triebe empfohlen werde.

sollte. Auch jener Vermischung des Nützlichen und Gerechten, welches wir bei den Physiokraten gefunden haben, wird sich Smith in seinen Vorträgen über das Naturrecht nicht schuldig gemacht haben, obwohl es uns so erscheint, da uns zur Erkenntnis seines Naturrechtes nur sein nationalökonomisches Werk zur Verfügung steht.

Andererseits begegnen wir in seinem Werke derselben Anschauung, dafs das Nützliche und Gerechte zusammenfallen. Aber während die Physiokraten aus der Erkenntnis das Nützlichen unter der Voraussetzung eines allgütigen Schöpfers das Gerechte herleiten, glaubt Smith, dafs das Gerechte auch das Nützliche sei und dafs der Mensch zur Übung des Gerechten-Nützlichen durch natürliche Triebe angereizt werde. Für jene ist die natürliche Ordnung ausschliefslich eine rechtliche Ordnung, welche durch den Staat eingeführt und aufrechterhalten werden mufs für Smith ist sie eine psychologisch-ethische Ordnung, die aus diesem Grunde der Rechtsordnung viel weniger bedarf. Wenn der Staat den natürlichen Lauf nicht stört, sich möglichst von der Volkswirtschaft zurückzieht und nur die Gerechtigkeit walten läfst, dann wird sich schon von selbst der Wohlstand einfinden. Stellt man sich aber in einige Entfernung, so dafs diese Verschiedenheiten der Systeme verschwinden, so fällt doch eine überwiegende Übereinstimmung auf. Smith und Quesnay knüpfen eng an das Naturrecht Lockes an, welches auf stoischen Grundlagen ruht. Beide bilden den Lockeschen politischen Individualismus zum wirtschaftlichen fort, sie sind die Väter der freien Konkurrenz. Nicht so klar wie bei Quesnay tritt bei Smith der Zusammenhang mit den Bedürfnissen bestimmter Klassen der englischen Gesellschaft hervor, obwohl es uns bekannt ist, dafs zu seiner Zeit das alte Gewerbe und die alte Landwirtschaft in völliger Auflösung begriffen waren. Beide betrachten den wirtschaftlichen Egoismus als die Seele des Wirtschaftslebens, beide sind von einem gläubigen Optimismus erfüllt, der in Erstaunen setzt, beide lassen das Nützliche und Gerechte zusammenfallen. Wir sind damit in Gedankengänge geraten, in denen wir uns am Faden des alten Naturrechts, auch des Lockeschen, nicht mehr zurechtfinden.

Eine Reihe von Fragen erhebt sich, die sich zunächst auf Quesnay beziehen, die man aber auf Smith passend anzuwenden imstande sein wird.

Wie kommt es, dafs Quesnay die Naturordnung der sittlichen Welt so eng mit der Welt- und Naturordnung verbunden, dafs er theoretische Naturgesetze der Wirtschaft gelehrt hat? fragen wir. Wie ist es zu erklären, dafs man auf die Triebe des Menschen eine sittliche Ordnung zu begründen wagt, in ihnen, den christlichen Anschauungen entgegen, etwas schlechthin Gutes, gewissermafsen den Finger Gottes zu erkennen glaubt? Die Ähnlichkeit der grotianischen und physiokratischen psychologischen Analyse der menschlichen Natur könnte dazu verführen, in Quesnay und Mercier Nachfolger des berühmten Niederländers zu sehen. Aber bei genauerem Zusehen erscheint diese Meinung unbegründet. Grotius leitete das Naturrecht aus der uninteressierten Socialität ab, Quesnay aus den Bedürfnissen des interessierten Individuums. Wir fragen weiter: Was hat jene materielle Gesinnung erzeugt, die dem physiokratischen Naturrecht einen so unchristlichen Charakter verleiht? Woher stammt jene Ineinssetzung von Gerecht und Nützlich, die weder dem epikureischen noch stoischen Naturrecht eigen ist? Denn für die Epikureer ist das Gerechte nur eine Art des Nützlichen, wie es ja auch bei Gassendi und Hobbes der Fall ist; die Stoiker aber haben die Unabhängigkeit des Gerechten vom Nützlichen stark betont; man erinnere sich in neuerer Zeit des grotianischen Naturrechts! Wir sehen ja deutlich, daſs Quesnays Identifikation auf einer metaphysischen Annahme ruht: daſs die Weltordnung vollkommen und das Glück und zwar das materielle Glück des Menschen ein Zweck des Schöpfers sei. Damit werden wir aber zu einer neuen Frage gedrängt: ist dieser Optimismus eine Meinung, welche Quesnay zuerst aufgestellt hat, oder läſst sie sich schon früher nachweisen? Auſserdem beschäftigt uns die prästabilierte Harmonie, welche Smith zwischen dem Nützlichen und den Trieben des Menschen aufstellt, so daſs die Vermittlung der Vernunft überflüssig ist.

Wo sollen wir die Antwort auf diese Fragen finden? Wir erinnern uns, daſs das von Pufendorf geschaffene System des natürlichen Rechts ein so weiter Rahmen wurde, daſs es die vornehmsten Geisteswissenschaften der neueren Zeit, wenigstens in ihren Grundlagen, in sich zu schlieſsen vermochte: neben dem Naturrechte die natürliche Theologie und die philosophische Ethik. Sehen wir, ob uns diese Wissenschaften in der Erkenntnis fördern werden!

# Fünftes Kapitel.

## Die moderne Ethik und der Deismus.

### Erster Abschnitt.

### Die moderne Ethik.

#### I.

#### Die vorbereitende Periode.

Es wurde erwähnt, dafs Humanismus und Reformation auch die Keime neuer ethischen Anschauungen enthielten. Aber zunächst sucht man das Neue mit dem Alten zu vereinigen. Die italienischen Humanisten, welche sich zur Stoa bekennen, wollen deshalb nicht weniger Christen sein.

Nur langsam erkennt man den unlösbaren Widerspruch zwischen christlicher und heidnischer Anschauung. Aber schon im 16. und im Anfang des 17. Jahrhunderts gehen von Frankreich Bestrebungen aus, die Ethik von der Religion zu lösen. Die Erklärung für diesen folgenschweren Wandel liegt in äufseren Verhältnissen.

Der Anblick der entsetzlichen Handlungen, welche während der Bürgerkriege aus religiösem Eifer verübt worden waren, die Abneigung gegen den niedrigen Charakter religiöser Sittlichkeit, die oft genug aus der selbstsüchtigen Hoffnung auf himmlischen Lohn und der Furcht vor Höllenstrafen entsprang, drängte den Geistern die Frage auf, ob es möglich sei, der Sittlichkeit ein Fundament aufserhalb der Religion zu geben. Da fällt der Blick auf die antike Philosophie, deren Systeme man nun wieder ziemlich vollständig überblicken kann. In dem lebendigen Drängen nach ihrer Wiedererneuerung, welche die Geister in Platoniker, Aristoteliker und Stoiker scheidet, knüpft Montaigne an die Skepsis des Altertums, aber auch an den Epikureismus an. In seinen 1588 erschienenen „Essais“ spricht er die Überzeugung aus, daſs sich das Sittliche auf die menschliche Natur begründen lasse; er verlegt es nicht in die Handlung, sondern in die Gesinnung: der Zweck der Tugend sei die Lust. Charron meint in seinem Werke „De la Sagesse“, welches anfangs des 17. Jahrhunderts veröffentlicht wurde, das Sittliche lieſse sich ebensowohl aus der allgemeinen Weltordnung, wie aus der persönlichen Wohlfahrt des Individuums herleiten. Es sind das Gedanken, welche in der späteren Ethik eine breite Entwicklung gefunden haben. Zu gleicher Zeit mit Charron tritt Francis Bacon in England für die Begründung einer philosophischen Ethik ein. Er hat wie die Franzosen den Spätern fast nur Anreguugen gegeben; aber diese führten die Moralphilosophie auf ganz neue Bahnen; sie betrafen nämlich die Methode; auch die Ethik soll eine Erfahrungswissenschaft werden. Aus diesem Grunde betont er die Notwendigkeit des Studiums der menschlichen Natur, ihrer Affekte und Triebe, des Einflusses der Gewohnheit und Erziehung. Doch ist nicht seiner Methode der nächste Fortschritt in der Ethik zu verdanken, sie wurde auch nicht gleich angewandt.

Ebensowenig ging der von den französischen Denkern ausgestreute Samen bald auf. Ja, in Frankreich muſste der Kampf für die Begründung einer selbständigen philosophischen Ethik noch einmal um die Wende des 17. Jahrhunderts geführt werden. Nach dem philosophischen Aufschwung, welcher mit den Namen Gassendi und Descartes verknüpft ist, war das französische Geistesleben unter Ludwig XIV. wieder in den Bann theologischer Vorstellungen zurückgesunken; davon zeugen nicht nur die von den Jesuiten gepflegte Scholastik, sondern auch der von Schülern und Freunden fortgebildete Cartesianismus Malebranches und endlich der Skepticismus Pascals und anderer, die, an der Kraft der Vernunft verzweifelnd, sich um so inbrünstiger dem Offenbarungsglauben zuwandten. Ja, einige der Ideen, welche die Gemüter im Reformationszeitalter in allen Tiefen erregt haben, erwachen mit ungeahnter Kraft und rufen von neuem starke Bewegungen unter den französischen Gelehrten und Gebildeten hervor: ich meine den Mysticismus Fénelons und die Wiederbelebung des Augustinismus durch Jansen, dessen Lehre von Portroyal die eifrigste Verbreitung fand. Da auch Malebranche auf Augustinus zurückgegangen war[1], so charakterisierte die geistige Atmosphäre Frankreichs um diese Zeit ein starker Duft von ethischem Pessimismus.

Der Schauplatz des erneuten Angriffs ist nicht Frankreich selbst, sondern es sind die Niederlande, dieselben Niederlande, wo die französischen Philologen und die reformierten Prediger freundlich aufgenommen worden waren, wo Descartes seine Philosophie gereift hatte, wo von Spinoza die Cartesianischen Grund-

---

[1] Jodl, p. 262.

gedanken am grofsartigsten und selbständigsten verwertet und mit anderen Ideen zu einem System des Pantheismus verbunden worden waren, die Niederlande, in denen Locke die Mufse fand, sein Werk über den menschlichen Verstand zu vollenden. Derjenige aber, der den Kampf vor den Augen des gebildeten Europas mit der Kraft eines zersetzenden Geistes und ausgerüstet mit einem ungeheuren Wissen wieder aufnahm und siegreich zu Ende führte, war kein geringerer als Pierre Bayle.

Dafs die Ethik der Religion nicht bedürfe, beweist er aus der Erfahrung. Die Unsittlichkeit bestehe nicht selten zugleich mit dem Glauben, der Glaube bewirke durchaus nicht immer gute Werke, wohl aber häufig Hafs gegen Andersdenkende und ähnliche Leidenschaften; auch habe es Atheisten gegeben, die ein ganz reines Leben geführt hätten. Er legt sich daher die Frage vor, ob nicht in der Natur des Individuums die Principien der Sittlichkeit lägen, ob nicht aus dem geselligen Zusammenleben der Menschen ethische Gebote erwüchsen. Bayle sucht diese Probleme zu lösen; aber die Ansätze zu einer positiven Theorie sind weniger wertvoll als seine Kritik und sein Skepticismus. Dadurch bahnte er der philosophischen Ethik Englands den Weg nach Frankreich. Hier war eine jener Stillen eingetreten, welche dem ungewöhnlich kräftigen Wirken grofser Geister zu folgen pflegen. Dort aber führte Shaftesbury die englische Moralphilosophie in kurzer Zeit zu einer ungewöhnlichen Höhe, auf der sie sich ein halbes Jahrhundert zu behaupten wufste. Mit Newton und Locke setzte auch Shaftesbury über den Kanal, und bald scharte sich um ihn eine Zahl der hervorragendsten Geister Frankreichs. Doch haben wir hiervon zunächst noch nichts zu berichten.

## II.

## Die Periode der Anlehnung. Der Neu-Epikureismus.

Dies ist die erste vorbereitende Periode der modernen Moralphilosophie, welche durch Bayle zeitlich in die folgenden hinübergeführt wird. Die zweite dürfte man vielleicht die Periode der Anlehnung nennen. Denn die führenden Geister begnügen sich nicht mehr mit der Versicherung, dafs eine philosophische Ethik möglich sei, und mit Hinweisen darauf, auf welcher Grundlage sie aufgebaut werden müsse; aber, was sie schaffen, ist doch nur eine freiere oder gebundenere Reproduktion und Verarbeitung heidnischer oder christlicher Gedankenelemente; es sind Gassendi, Hobbes, Locke und die Cambridger Theologen. Das alles beherrschende System ist der Epikureismus; das Platonische Element diente den Cambridger Philosophen zur Verteidigung gegen das epikureische System.

Die epikureische Ethik gehört bekanntlich zu den Lehren des wohlverstandenen Selbstinteresses. Ihr Ausgangspunkt ist der menschliche Egoismus, ihr Ziel Leibesgesundheit und die Gemütsruhe. Die Vernunft empfiehlt dem sinnlich-selbstsüchtigen Menschen bestimmte Verhaltungsmaſsregeln, mit denen das höchste Gut, die Gesundheit und die Heiterkeit des Geistes, erreicht wird. Im Zusammenhange mit diesem Ziele steht der Friede als Zweck der Staatsgründung. Der siebente Band des „Abrégé de la philosophie de Gassendi", welcher den Titel „La Morale" führt, zeigt uns Gassendi überall als den klaren Ausleger, als den treuen Verteidiger des Meisters. Die Schmerzlosigkeit des Leibes und die Ruhe des Gemütes bilden die Wollust, welche Epikur als Ziel des glücklichen Lebens empfiehlt, führt er aus; der Jünger lehrt die Tugenden kennen, welche zu jenem Ziele leiten; die Selbstliebe tadelt er nur, wenn sie den Forderungen des wohlverstandenen Selbstinteresses widerstrebt[1]; er führt die Leidenschaften auf Lust- und Unlustempfindungen zurück.

In den Werken des andern groſsen Schülers Epikurs finden wir die Lehre des Meisters selbständiger dargestellt. Das Ziel seiner Ethik ist, wie man sich erinnern wird, ein beschränkteres, da sie nur vom Staate handelt: es ist die äuſsere Ruhe, der Friede, welchen eine starke Staatsgewalt verbürgt, ohne welchen die Seelenruhe des Individuums, seine Selbsterhaltung in Gefahr ist. Die sittlichen Grundsätze, welche Hobbes für den Naturzustand aufstellt, sind Mittel, um sich den äuſseren Frieden zu sichern; diesen Stoff presst er dann in die antik-scholastischen Grundbegriffe des göttlichen, natürlichen und bürgerlichen Gesetzes. Von gröſserer Bedeutung für die folgende Zeit aber wurde er durch die Schilderung der menschlichen Natur, welche er im Anfang seines Werkes „Über den Bürger" entwirft. Gassendi macht von dem menschlichen Egoismus kein groſses Wesen; denn er ist eben selbstverständlich. Hobbes aber, der Zeitgenosse der Puritaner, malt ihn in christlicher Weise: die Menschennatur ist jeder selbstlosen, edlen Regung unfähig. Doch brauche ich diesen Punkt nur anzudeuten, da schon in dem Abschnitt, welcher von dem Naturrecht handelt, über jene Verbindung der reformatorisch-christlichen Lehre und des Epikureismus das Nötige gesagt wor-

[1] In seiner Psychologie heiſst es: L'un et l'autre (l'amour du plaisir et l'amour de soy mesme) sont veritablement d'ordinaire improuvez comme vicieux, neanmoins cela n'empesche pas qu'ils ne soient tous deux naturels, comme nous montrerons dans la Morale lorsque nous expliquerons en quoy l'un et l'autre est légitime ou blâmable. Bernier, VI, p. 431. — Das erste Naturgesetz Gassendis ist: Que chacun ne recherche que son bien-être et son intérêt, et règle en conséquence ses sentiments et ses actions. Ein anderes: Que la charité bien ordonnée est, comme on dit d'ordinaire, de commencer par soi-même. Damiron, Essai sur l'histoire de la Philosophie en France au XVIIième siècle 1846, I, p. 486. Siehe über Gassendi auch Lotheissen, Gesch. d. frz. Litt. im 17. Jahrh., II, p. 408.

den ist.[1] Aber es ist wichtig, hervorzuheben, daſs Hobbes dem Begriff der Selbstsucht nicht bloſs in dem Naturrecht einen breiten Raum zu verschaffen wuſste, sondern ihn so kraftvoll in die Ethik einführte, daſs die Philosophen der folgenden Zeit sich mit ihm auseinandersetzen muſsten.

Nicht genug damit, die der Theorie des wohlverstandenen Selbstinteresses zu Grunde liegende psychologische Annahme wurde einer erneuten Prüfung unterzogen. Die Lektüre Montaignes und Gassendis rief in Frankreich ungewöhnliche Wirkungen hervor; es bildeten sich in Paris epikureische Gesellschaften, die eine Reihe bedeutender Männer zu ihren Mitgliedern zählten; unter anderen werden Larochefoucault, seine Freundin Madame de la Fayette und Molière genannt[2]. Der Epikureismus des berühmten Herzogs verquickte sich mit einem anderen bekannten Elemente. Wir erwähnten vorher die Wiederaufnahme der Augustinischen Lehren durch Jansen und Melebranche; im Augustinismus tritt aber die christliche Ansicht von der natürlichen sittlichen Unfähigkeit des Menschen am schneidendsten hervor. Augustinismus und Epikureismus verbanden sich noch einmal und erzeugten die Maximen des Herzogs von Larochefoucault, zu deren völliger Charakterisierung es noch gehört, daſs ihr Verfasser die Cartesianische Vorstellungsweise des Seelenlebens teilt[3].

Sie streifen das Gebiet der Ethik nur flüchtig; wir erfahren bloſs, daſs Larochefoucault die Tugend in die Selbstüberwindung setzt, was sowohl christlich als utilitaristisch ist; denn ob der Mensch die himmlische Glückseligkeit oder einen irdischen Vorteil erreichen will, mag dieser in sinnlicher Erregung oder in Gemütsruhe, in Ehre oder Reichtum bestehen, stets wird die Bändigung der mannigfachen menschlichen Triebe täglich notwendig sein. Jene Ansicht von der Tugend muſs aber um so mehr her-

---

[1] Hobbes verweist im „Vorwort an die Leser" auch darauf, daſs nach der Heiligen Schrift alle Menschen schlecht seien. Über den Bürger a. a. O., p. 22.

[2] Siehe den Artikel „Epicure" in der „Encyklopädie", Tome V, p. 785. Er ist nach Rosenkranz von Diderot verfaſst.

[3] Vgl. meinen Aufsatz „Larochefoucault und Mandeville", Schmollers Jahrbuch 1890. Als ich vor einigen Jahren diesen Aufsatz verfaſste, kannte ich weder den obengenannten Artikel Epicure, auf den ich erst durch Jodl (Note 7, p. 431) aufmerksam wurde, noch die Darstellung Larochefoucaults bei Hallam in seinem bekannten Werke über die Litteratur des 15, 16. und 17. Jahrhunderts, IV, p. 193, noch endlich das ausführliche Kapitel, welches ihm Lotheissen in seiner Geschichte der französischen Litteratur des 17. Jahrhunderts gewidmet hat. Sie haben meine Auffassung verstärkt. Die Darstellung der epikureischen Gesellschaften, welche D. giebt, bestätigt meine Ansicht von der theoretischen Beschäftigung L.s mit dem Epikureismus. Hallam macht auch auf die Beschränkung aufmerksam, welche in den Adverbien „souvent, d'ordinaire" u. s. w. liegen. Lotheissen wird in seinen sehr anziehenden Ausführungen meines Ermessens der philosophischen Bedeutung L.s nicht gerecht.

vortreten, je schlechter der Mensch dem Theoretiker erscheint und je höher und idealer er das Lebensziel setzt.

Die Aphorismen haben um so mehr Wichtigkeit für die psychologische Analyse; man darf sie Weiterbildungen der Epikureischen Psychologie nennen. Die kurze und doch so klare Darstellung, feine Beobachtung, eindringliche Analyse, satyrische Schärfe erwarben der Auffassung Freunde, dafs alle menschlichen Gefühle und Begehrungen in einem unmittelbaren oder mittelbaren Verhältnis zum Egoismus stehen. Genaue Kenner der epikureischen Keime und der zeitgenössischen religiösen, philosophischen und schönen Litteratur Frankreichs werden Larochefoucaults Bedeutung vielleicht geringer anschlagen; die Anregungen, die er in der epikureischen Gesellschaft erfuhr, können wir, soweit meine Kenntnis reicht, gar nicht in Erfahrung bringen. Als sein bedeutendstes Verdienst erscheint es, dafs schon Larochefoucault Selbstliebe und Selbstinteresse unterschied. Auch wird von ihm das, wenn auch seltene Vorkommen altruistischer Neigungen durchaus nicht geleugnet, nur dafs er auch sie aus der Selbstliebe herleitet. Er hat in der psychologischen Analyse Fortschritte vollzogen, die wir in Erörterungen über diesen Punkt heutigen Tages zuweilen vermissen.

Nicht lange nachher wird eine in der psychologischen Auffassung dieser ähnliche Lehre von Locke vorgetragen. Er sucht das Sittliche aus Lust- und Unlustempfindungen zu erklären: der Verstand gelangt durch die Erkenntnis des Glückes und Unglückes, welche die von Gott eingesetzte Naturordnung bestimmten Handlungen folgen läfst, zu Erfahrungssätzen über Gestattetes und zu Vermeidendes, welche ihre Sanktion durch das positive Gesetz und die öffentliche Meinung erhalten[1]. So grofs nun auch die erobernde Kraft der Lockeschen, gröfstenteils zuerst von Cumberland und Hobbes ausgesprochenen Ideen angeschlagen werden mufs, so hat doch in England sehr wahrscheinlich Mandeville am meisten zur Verbreitung einer niedrigen Ansicht von der menschlichen Natur beigetragen.

Er setzt alle Handlungen in Beziehung auf die Selbstliebe; die Tugend ist nach ihm objektiv ein Mittel, um weisen und herrschsüchtigen Menschen die Leitung der Massen zu ihren Zielen zu ermöglichen; subjektiv geht sie aus dem Wunsche eitler und ehrgeiziger Menschen nach Bewunderung und Ansehen hervor. Von folgenschwerster Bedeutung aber war es, dafs Mandeville mit dieser psychologisch-ethischen Anschauung an die Erklärung des wirtschaftlichen Lebens herantrat. Das Getriebe der wirtschaftlichen Welt erklärt er allein aus dem Spiel mannigfacher, sehr oft frivoler Bedürfnisse und rein selbstsüchtiger Regungen. Der Egoismus ist das grofse Triebrad der menschlichen Wirtschaft. Von dieser Erkenntnis gelangt er zu einer origi-

[1] Siehe Jodl a. a. O., p. 145 ff.

nellen Auffassung der ethisch-socialen Grundlagen der Volkswirtschaft. Obwohl seine Ansicht von der Gesellschaft eine organische ist, so erblickt er in ihr wirtschaftlich zunächst nur Individuen, welche durch den Trieb nach Genuſs und Gewinn zur höchsten Anstrengung angespornt werden, aber gröſstenteils, ohne es zu wissen und zu wollen, durch das System der gesellschaftlichen Arbeitsteilung gewissermaſsen in eine altruistische Wirksamkeit hineingezwungen werden; sie müssen Dienste gegen einander austauschen und darum auch für andere schaffen. Also ist die Volkswirtschaft infolge der Arbeitsteilung eine Tauschgesellschaft egoistischer Individuen. So wichtig nun auch seine Hervorhebung der Arbeitsteilung ist, so hat Mandeville doch ihre spezifisch national-ökonomische Seite noch nicht gesehen; er betrachtet sie nicht als ein Mittel, um die Masse der Produkte zu vermehren. Ebenso wichtig war es, daſs er, angeregt durch die christliche Lehre von dem Fluche, welchen Gott über die Erde und die ersten Menschen nach dem Sündenfalle aussprach, und belehrt durch die Beobachtungen, welche er in seinem Geburtslande Holland gemacht hatte, die wirtschaftliche Arbeit als einen mühevollen und nicht selten gefährlichen Kampf mit der Natur, die Arbeit selbst als eine Last betrachtete. Im Schweiſse seines Angesichtes soll der Mensch sein Brot essen. Daher erscheint es ihm so wichtig, die Arbeiterklasse in dem thatsächlichen Zustande wirtschaftlicher Hörigkeit zu erhalten.

Ich will nicht dabei verweilen, wie seltsam sich auch in Mandeville epikureische und christliche Gedankenelemente durchdringen, ich will auch nicht nachzuweisen suchen, daſs die ethisch-socialen Grundlagen: Bedürfnisse und Egoismus, Arbeitsteilung und Tauschgesellschaft, Kargheit der Natur und Last der Arbeit, welche Mandeville für die Volkswirtschaft aufzeigt, thatsächlich diejenigen der englischen politischen Ökonomie sind. Denn wer einmal ein Lehrbuch der theoretischen Nationalökonomie in der Hand gehabt hat, wird sie wiedererkennen. Bei Smith treten sie sehr klar hervor; er verbindet aber damit die organisch-physiologische Theorie der Volkswirtschaft, welche von Quesnay aufgestellt worden war.

Dagegen möchte ich bemerken, daſs Mandevilles Lehre von der wirtschaftlichen Gesellschaft eine konsequente Weiterentwicklung der Grundanschauung des epikureischen Naturrechtes ist, welches einen individualistischen Charakter hat. Mandeville baut auch auf dem Fundamente der Gassendi und Hobbes. Originell aber war es, daſs er den wirtschaftlichen Gesichtspunkt in die naturrechtliche Gesellschaft hineintrug. Die Menschen der wirtschaftlichen Gesellschaft werden nicht durch das egoistische Bedürfnis nach Frieden, sondern durch das ebenso selbstsüchtige Bedürfnis nach den Diensten anderer zusammengebunden.

Diesem sich von Montaigne bis Mandeville erstreckenden und

allmählich verbreitenden Gedankenstrom grub später Helvetius ein weites Bett in seinem Werke „De l'Esprit", welches 1758 erschien. Die Lehre hat noch später in England und Frankreich Freunde und Vertreter gefunden; ihre Betrachtung würde den Zweck dieser Darstellung in keiner Weise fördern.

## III.

## Die Periode der Selbständigkeit.

Der Anfang der dritten Periode, derjenigen der Selbständigkeit, welche wir auf die erste und zweite folgen lassen, liegt schon in den beiden vorhergehenden. Die Begründer einer unabhängigen philosophischen Ethik sind Descartes in Frankreich[1] und Shaftesbury in England. Doch wenn wir ihnen diese Stellung zuweisen, so verkennen wir nicht, daſs der erstere den dualistischen Charakter der christlichen Lehre nicht zu überwinden vermochte, der Geist Beider einen groſsen Teil seiner Nahrung aus den Schriften der Alten und nicht zum mindesten der Stoiker zog. Auch erheben sich die Verdienste des Franzosen bei weitem nicht zur Höhe derjenigen des Engländers. Während Descartes eben nur die Grundlagen seiner Lehren skizziert, hat Shaftesbury in genialer, wenn auch durchaus nicht in einer gegen alle Stürme gefeiten Weise das Lehrgebäude in allen seinen Teilen aufgerichtet. Dies erklärt es dann auch, daſs Shaftesbury Butler und Hutcheson gegenüber eine weit autoritativere Stellung einnimmt, als Descartes Malebranche und Spinoza gegenüber. Die Anregung, welche von den Jüngern ausgeht, bringt Männer, wie Leibnitz und Wolff einerseits, Hume und Smith andererseits, zu welchen selbständigen Ergebnissen sie auch

[1] Dieses Urteil wird überraschen, da die Philosophen ziemlich einstimmig die Unbedeutendheit der Cartesianischen Ausführungen auf dem Gebiete der Ethik anerkannt haben. So urteilt Jodl: „Von irgend welcher grundlegenden Thätigkeit kann dabei keine Rede sein: was er dabei vorbringt, sind groſsenteils Reminiscenzen aus der antiken Ethik." Er rühmt dagegen die Affektenlehre, vermiſst aber die Darlegung, wie sich auch dem Drängen der Affekte der konsequent gute Wille erhebe, als welchen Descartes die Sittlichkeit definiere. Für wichtiger hält er seine metaphysische Anschauung über das Sittliche, a. a. O., p. 258, 259. — Teilweise ähnlich Liard: „il renouvelle en morale les solutions de Socrate et des Stoïciens . . . il obéit à l'empire des souvenirs et des traditions." Die Moral Descartes' sei kurz diese: „Il suffit de bien juger pour bien faire etc. (Descartes 1882, p. 246 fg.) Vergleiche auch Wundts geistvolle Darstellung in seiner ‚Ethik'. Ich folge im Paragraphen IV Windelband, weil er, wie mir scheint, am klarsten die originelle Richtung Descartes' dargestellt hat, in welcher sich seine Nachfolger bewegten. Sind diese aber zu originellen Leistungen gelangt und läſst sich deren Keim bei Descartes nachweisen, so wird man ihn wohl auch als einen Begründer der modernen Ethik betrachten müssen, wie geringfügig auch seine Thätigkeit gewesen sein mag.

gelangt sein mögen, doch in innere Beziehungen zu den Gründen der selbständigen Schulen. Nur wird Smith durch ein viel festeres Band an Shaftesbury geknüpft, als Wolff an Descartes.

Beide Schulen haben ziemlich unabhängig voneinander ihre Probleme erörtert; das liegt in der fundamentalen Verschiedenheit ihres wissenschaftlichen Charakters. Die von Frankreich ausgehende Reihe von Moralphilosophen bindet die Ethik an die Metaphysik. England bringt eine stattliche Anzahl von ethischen Empirikern hervor, welche die Wurzel alles Sittlichen in einem Gefühle suchen; doch entbehrt auch diese Schule nicht der Voraussetzung einer Metaphysik. In beide Reihen aber drängen sich störend und fördernd die epikureisch-reformatorisch-augustinischen Anschauungen vom menschlichen Egoismus. Die englische Schule hat sich wohl ausführlicher mit ihnen auseinandersetzen müssen als die französich-niederländisch-deutsche; aber in Spinozas System sind sie zu viel kräftigerer Entfaltung gekommen. Aber auch die englische Schule verhält sich durchaus nicht ablehnend gegen sie, nur dafs sie die theoretischen Ansprüche der Individualisten zurückweist. Sie leugnet den Egoismus als Princip des Moralischen; aber sie anerkennt ihn als ein wichtiges Element der Ethik. Sie glaubt nicht, dafs sich aus dem Egoismus die sittlichen Erscheinungen herleiten lassen; aber sie betrachtet ihn als eine gewaltige und in gewissen Grenzen berechtigte Macht im menschlichen Leben. Hätte man stets den Egoismus als Princip und Element des Sittlichen unterschieden, so wären die sonderbaren Betrachtungen über den Widerspruch in Adam Smiths Werken unmöglich gewesen.

Fragen wir nun, wie es denn komme, dafs gerade die englische Ethik die meisten Erörterungen über die Bedeutung des menschlichen Egoismus zu Tage gefördert hat, obgleich die epikureisch-augustinischen Anschauungen doch von Frankreich ausgegangen waren und von dort ihre Ausprägung empfangen hatten, so kann man mit gutem Rechte antworten: es liegt daran, dafs Hobbes, Locke und Mandeville, die energischsten, bekanntesten, am meisten gelesenen Vertreter dieser Theorien, Engländer waren, so sehr der erste und letzte ihrer Bildung oder Abstammung nach als Franzosen betrachtet werden müssen. Ja, noch mehr, Hobbes ist das Triebrad der vorshaftesburyschen, Mandeville dasjenige der Ethik nach Shaftesbury. Aber es wäre doch eine sehr äufserliche Erklärung. Eine, wie mir scheint, mehr den Kern der Sache treffende suche ich später in einem besseren Zusammenhange zu geben. Hier ist es wohl angezeigter, einen Überblick über das Gesamtgebiet zu gewinnen.

Es gehen im 18. Jahrhundert drei ethische Grundrichtungen nebeneinander her: eine metaphysische, eine empirisch-sentimentale (Gefühlsethik) und eine empirisch-egoistische (Theorie des Selbstinteresses). Als den Endpunkt, bezüglich Höhepunkt der einen kann man Wolff, als den der andern Adam Smith und als den der dritten Helvetius betrachten. So ist die Geschichte der modernen philosophischen Ethik bis tief in das 18. Jahrhundert hinein die Geschichte des Ringens des englischen und des französischen Geistes. Frankreich ist die Heimat sowohl der metaphysischen Vernunftsittlichkeit, wie der empirischen, egoistischen Verstandessittlichkeit; England giebt der Ethik durch Bacon eine neue Methode und durch Shaftesbury eine neue Grundlage im Gefühle. Erst nachdem diese Schulen reiche Früchte getragen haben, wiewohl ihre Kräfte durchaus noch nicht erschöpft sind, weist Kant der Moral neue, wenn auch unnatürliche Bahnen.

Unverhältnismäfsig grofs erscheint der Anteil Frankreichs an der Entwicklung der modernen Kultur, soweit sie hier in unsern Gesichtsbereich fällt. Im 16., 17. und 18. Jahrhundert haben Franzosen für den Sieg der naturrechtlichen Ideen gewirkt, im 16. und im 18. mit Enthusiasmus und Fanatismus, dort die grofsen Juristen, hier die Physiokraten und J. J. Rousseau. In denselben Jahrhunderten erwarben sie sich gleichfalls grofse Verdienste um die Schaffung einer selbständigen philosophischen Ethik. Gewissermafsen als Vorposten des französischen Geistes stehen Hobbes und Mandeville auf dem Boden Englands. So werden wir denn eine Übersicht über die Entfaltung der beiden Schulen selbständiger Ethik am passendsten mit Descartes und seinen Nachfolgern beginnen.

## IV.

## Die metaphysische Ethik.

Im folgenden wird man keine geschichtliche Darstellung der neueren Ethik erwarten. Sie interessiert uns nur soweit, als sie der Erkenntnis der philosophischen Grundlagen der französisch-englischen Nationalökonomie dient. Da nun die metaphysische Schule nach dieser Richtung von sehr geringer Bedeutung ist, so wird sie nur eine flüchtige Aufmerksamkeit beanspruchen dürfen.

Über Descartes sagt Windelband: „Dieselbe Vernunft, welche der Angelpunkt seiner theoretischen Philosophie war, wurde auch das Princip seiner Moral ... das ganze moralische Leben besteht daher nach ihm in einem Kampfe der denkenden Seele mit jenen störenden Lebensgeistern des physischen Organismus, und das Ideal des sittlichen Lebens liegt für ihn darin, dafs der Geist durch die Überwindung der Leidenschaft sich zu voller Klarheit und Deutlichkeit emporarbeitet"[1]. Was Cartesius gab, waren Ansätze zu einem ethischen System; die Keime wurden von Malebranche weiter entwickelt. Seine Moralphilosophie geht von Gott aus, welcher die Ursache aller Erscheinungen ist und sich mit unend-

[1] Windelband, Geschichte der neueren Philosophie I, p. 179 u. 181.

licher Liebe selbst liebt. Er hat den Menschen geschaffen und mit Verstand und Willen begabt, um ihn zur Erkenntnis und Liebe Gottes zu befähigen. Alle wahre Sittlichkeit ist Erkenntnis und Liebe Gottes, die identisch sind. „Sittlichkeit ist nichts anderes, als die Wertschätzung aller einzelnen Dinge nach dem Mafsstabe, den sie für Gott und die Beziehung auf Gott besitzen“ [1]. Gott allein verdient daher Liebe, alle übrigen Geschöpfe nur Achtung und Wohlwollen. Wäre der Mensch nur mit Verstand und Willen ausgerüstet, so würde die Unsittlichkeit unmöglich sein. Da er aber einen Leib besitzt, so ist er Affekten und Leidenschaften ausgesetzt, welche zwar zu seiner Selbsterhaltung notwendig sind, aber auch seine Einsicht verwirren und seiner Liebe Gegenstände zuwenden, die sie nicht verdienen. Unsittlichkeit ist daher „das Sich-Entfernen von der Gottheit durch die Verwirrung der Einsicht“ [2].

So war die philosophische Ethik des Cartesius durch Malebranche wieder mit theologischen Ideen durchsetzt worden.

In der Lehre Spinozas fällt der Gegensatz des pantheistischen Systems und des egoistischen Charakters seiner Ethik sehr stark auf. Er hat den Epikureismus von Gassendi und Hobbes in sein System verwoben, in einer höheren Einheit aufgehoben. Guyau nennt sein System eine Versöhnung von Stoizismus und Epikureismus, der rationalistischen und der utilitaristischen Ethik [3].

Die Einzelwesen haben der absoluten Substanz gegenüber keine selbständige Stellung, sie sind mit den Wellen zu vergleichen, welche sich aus dem Meere erheben, um wieder in das Meer zurückzusinken. Allein Spinoza betrachtet, wie die antiken Pantheisten, den Selbsterhaltungstrieb als den Fundamentaltrieb jedes Individuums. Aber er unterscheidet sich von ihnen darin, dafs den Begriffen „gut“ und „böse“ jede objektive Existenz abgesprochen wird: sie bestehen nur subjektiv für das Individuum. Es sind dies notwendige Konsequenzen seines Systems. Gut ist dasjenige, was es selbst erhält, böse, was ihm feindlich entgegentritt.

Da nun Spinoza das Erkennen für die Grundkraft des Geistes hält, so ist alles gut, was sie fördert, alles böse, was sie hemmt. Als die höchste Erkenntnis bezeichnet er die Erkenntnis Gottes, das heifst die Einsicht in den Zusammenhang der Dinge, in die Notwendigkeit alles Geschehens. Sie verleiht nicht nur die Ruhe der Resignation in allen Widerwärtigkeiten, da sich alles notwendigerweise so ereignen mufs, sie ist auch Quelle der höchsten Glückseligkeit.

---

[1] Jodl, p. 264.
[2] Jodl, p. 266.
[3] Guyau, p. 227 ffg.

Dieser Zustand der Glückseligkeit und der Ruhe des Geistes ist aber in steter Gefahr, durch die Leidenschaften getrübt zu werden. Sie müssen daher der vernünftigen Einsicht unterworfen werden. Die Affekte dürfen nicht die Vernunft beherrschen, andernfalls ist das Individuum unfrei, sondern die Vernunft mufs die Affekte beherrschen. Die Freiheit besteht also in der erfolgreichen Bethätigung der Vernunft; tugendhaft ist derjenige, welcher, unbekümmert um das Wohl und Leiden anderer, seine Affekte und Leidenschaften beherrschend, sich ganz dem Zuge nach tiefster Erkenntnis hingiebt. So fallen Gottesliebe und Selbstliebe zusammen.

Durch den Widerspruch gegen Spinoza wurde Leibnitz auch in seinen ethischen Anschauungen bestimmt. Seine Moralphilosophie ruht ebenfalls auf dem Fundamente seiner Metaphysik. Er nimmt bekanntlich im Gegensatze zu Spinoza eine Unendlichkeit von Substanzen an, die er Monaden nennt. Jede spiegelt die Welt wider und ist ein Ebenbild Gottes. Die Monaden unterscheiden sich jedoch durch die gröfsere oder geringere Klarheit der Vorstellungen voneinander. So kann dann Leibnitz nicht blofs ein Versenken in die Erkenntnis Gottes für Tugend erklären, sondern er lehrt neben der Gottesliebe die Liebe zu den andern Monaden, den Mitmenschen. Da diese um so wirksamer werden kann, je mehr das Individuum seine Vermögen ausgebildet hat, so betrachtet er die vernünftige Selbstliebe als Tugend.

Den Begriff der Selbstvervollkommnung löste Wolff aus dem System unseres grofsen Philosophen und machte ihn zu seinem alleinigen Moralprincip. Die Selbstvervollkommnung, welche nur in dem Zusammen- und Aufeinanderwirken der Menschen in der Gesellschaft und im Staate möglich ist, wird nun auch die Seele seines Naturrechtes; sie ermöglicht es ihm, über den dürren Sicherheits- und Rechtsstaat zum Wohlfahrtsstaate zu gelangen.

Der flüchtige Gang durch die Lehrgebäude der Vernunftsittlichkeit läfst einen starren Individualismus, ja Egoismus der Systeme erkennen, der von dem epikureischen kaum verschieden ist, aber in Deutschland abgeworfen wird. Abgesehen von dem deutschen Zweige der metaphysischen Ethik, bildet die Selbsterhaltung den centralen Begriff sowohl im Neu-Epikureismus wie in der französisch-niederländischen Philosophie der Descartes, Malebranche und Spinoza. In der Geringschätzung der menschlichen Affekte stehen beide so ziemlich auf gleicher Stufe; immer werden Rationalismus und Utilitarismus zur Unterjochung der Natur bereit sein. Hier heifst das Ziel alles sittlichen Thuns Heiterkeit des Gemütes, äufserer Friede, dort ungetrübte Ruhe des Erkennens. Jedoch wird gerade jetzt auch ein fundamentaler Unterschied deutlich sichtbar. In den Systemen der metaphysischen Ethik erscheint die Vernunft nicht blofs als Führerin im Leben, hier ist ihre Bethätigung zugleich höchstes Ziel und höchste Glückseligkeit.

## V.

## Die Gefühlsethik.

Es ist eine andere Luft, welche wir jenseit des Kanales atmen. Bei Descartes und Spinoza einerseits, bei Gassendi und Hobbes andererseits bildet den Ausgangspunkt der Betrachtung das isolirte Individuum, dort Gott oder der Substanz gegenüber, hier im Verhältnis zu den übrigen Menschen. Shaftesburys Lehre beginnt mit der menschlichen Gesellschaft, die wieder einen Teil des Universums ausmacht: dies ein wohlgeordnetes, harmonisches System, in welchem wohl Übel bemerkbar sein mögen, wenn der Blick sich auf ein einzelnes beschränkt, die aber verschwinden, sobald das Auge das Ganze zu überschauen vermag.

Bei Descartes und Hobbes Geringschätzung der Affekte, welche die Ruhe der Erkenntnis oder den Frieden zu trüben vermögen, bei Shaftesbury Verehrung aller Äufserungen der menschlichen Natur, Abneigung gegen diejenigen, welche die Natur in sich zu überwinden lehren[1]; bei Jenen die Erkenntnisquelle des Moralischen aufserhalb der Affekte, bei ihm innerhalb derselben.

Bei Hobbes und Spinoza ist das Individuum ein selbstsüchtiges Geschöpf, bei Shaftesbury dagegen an und für sich gut und durch seine Konstitution für die Existenz in der Gesellschaft bestimmt; denn es ist nicht nur mit Trieben begabt, die auf die eigene Erhaltung zielen, sondern auch mit socialen Neigungen. Shaftesbury kämpft lebhaft gegen die Neu-Epikureer, welche alle Triebe aus der menschlichen Selbstsucht herleiten wollen[2]. Jene Organisation teilt der Mensch mit den Tieren. Aber er, ein mit Verstand begabtes Wesen, besitzt, von ihnen verschieden, die Reflektionsaffekte. Sie entstehen dadurch, dafs die natürlichen Triebe und die Handlungen zu Gegenständen des Nachdenkens gemacht werden und nun neue Empfindungen der Neigung und Abneigung entstehen[3]. Die Erkenntnisquelle

---

[1] There has been in all times a sort of narrow-minded Philosophers who have thought to set this Difference to rights, by conquering N a t u r e in themselves. Shaftesbury kämpft hier gegen Epikur. An Essay on the Freedom of Wit and Humour. Part. III. Sect. 3. Characteristicks of Men, Manners, Opinions, Times I, p. 117, 2. Aufl., 1714.

[2] But the Revivers of this Philosophy in latter Days, appear to be of a lower Genius ... They wou'd so explain all the social Passions, and natural Affections, as to denominate 'em of the s e l f i s h k i n d, a. a. O., p. 118.

[3] Er nennt sie Reflex Affections. „In a Creature capable of forming general Notions of Things, not only the outward Beings which offer themselves to the Sense, are the objects of the Affection, but the very a c t i o n s themselves, and the A f f e c t i o n s of Pity, kindness, gratitude and their

des Sittlichen ist nicht die Vernunft, sondern ein Gefühl. Die Reflexionsaffekte führen den Menschen in das Reich der freien Sittlichkeit hinein. Sie geben nicht bloſs ein Urteil darüber ab, was Billigung, was Miſsbilligung verdient, sondern sie sind auch, wie Gizycki hervorhebt, „selbst treibende Mächte mit einer ganz eigenen, unmittelbar gefühlten, verpflichtenden Kraft — selbst Quellen des Handelns, nicht bloſse Zuschauer“[1]. Das Handeln nach dem Urteil und Drängen der Reflexionsaffekte ist Tugend. Die Tiere können also wohl gutgeartet, aber nicht tugendhaft sein[2].

Welche Handlungsweise empfehlen die Reflexionsaffekte? Sie empfehlen ein harmonisches Verhältnis der auf das eigene und der auf fremdes Wohl gerichteten Neigungen, was aber nur möglich ist, wenn sie eine mittlere Stärke nicht überschreiten. Ist diese Harmonie und Proportion vorhanden, dann ist sowohl das Bestehen der ganzen Gesellschaft, wie die Erhaltung und Glückseligkeit der Individuen verbürgt; denn Tugend und Glückseligkeit fallen zusammen. Die Tugend ist ja das naturgemäſse Verhalten. Weder dürfen also die egoistischen Neigungen die Sorge für andere unmöglich machen, noch dürfen die altruistischen Neigungen der eigenen Erhaltung schädlich werden[3].

Nun sind wir hier bei einem für uns sehr bedeutsamen Punkte angelangt.

Shaftesbury verwirft, wie man gesehen hat, durchaus nicht die wohlgeordnete Selbstliebe; denn sie ist ein Teil unserer natürlichen Ausstattung. Was nun insbesondere das Trachten nach Glücksgütern betrifft, so ist nach seiner Meinung ein mit dem Bestehen des Ganzen zusammenstimmender Grad des Selbstinteresses keineswegs lasterhaft. Er hebt hervor, daſs „sowohl das öffentliche wie das private Beste durch die wirtschaftliche Rührigkeit befördert werden, welche diese Neigung erregt“. Nur wenn sie zuletzt in eine wahre Leidenschaft ausartet, dann ist sie ein ebenso groſser Unsegen für das Ganze wie für den einzelnen[4].

Und ähnlich steht es mit den übrigen Äuſserungen der

---

Contrarys, being brought into the Mind by Reflection, become Objects. So that by means of this reflected sense, there arises another kind of Affection towards those very affections themselves, which have been already felt, and are now become the Subject of a new Liking or Dislike.“ An Inquiry concerning Virtue, Bk. I, Part. II, Sect. 3. „Characteristicks“ II, p. 28.

[1] Gizycki, Die Ethik David Humes 1878, S. 18.

[2] ... Virtue or Merit ... is allow'd to Man only a. a. O. ... if he cannot reflect on what he himself does ... and make that notice or conception of Worth and Honesty to be an object of his Affection; he has not the Character of being virtuous ... S. 31.

[3] If a creature be self-neglectful ... or if he want such a degree of passion in any Kind, as is useful to preserve ... himself; this must certainly be esteem'd vitious B. II, P. 1, Sect. 3. II, p. 89.

[4] Now as to that Passion which is esteem'd peculiarly interesting; as having for its aim the Possession of Wealth, and what we call a

Selbstliebe: mit der Lebenslust, dem Vergeltungstrieb, dem Vergnügen an Speise und Trank, dem Geschlechtstriebe, dem Begehren nach Anerkennung und Ehre, der Freude an Ruhe und Erholung. Sie alle verdienen an sich keinen Tadel: in gewissen Grenzen schädigen sie weder die Gesellschaft, noch hindern sie den Menschen daran, tugendhaft zu sein. Erst wenn sie das dem Bestehen des Ganzen und der Selbsterhaltung dienliche Mafs überschreiten, sind sie zu verwerfen, dann heifsen sie: Feigheit, Rachsucht, Genufssucht, Habsucht, Eitelkeit, Ehrgeiz und Müssiggang.

Was aber bildet die metaphysische Voraussetzung der Shaftesburyschen Ethik? Diese Frage vermögen wir noch nicht zu beantworten.

Auch dieser kurze Umrifs der Shaftesburyschen Ethik läfst darüber keinen Zweifel, dafs kein ethisches System den Individualismus so sehr gefördert hat.

Denn die normale menschliche Natur ist an sich gut; sie besitzt ein Gleichgewicht von egoistischen und altruistischen Trieben. Shaftesbury weifs sehr wohl, dafs es neben ihnen unnatürliche Neigungen giebt: uninteressierte Unmenschlichkeit, Bosheit, Menschenhafs; aber man sieht, nach seiner Meinung sind das Ausnahmen. So ist die menschliche Natur an sich aller Tugenden fähig. Aus den Trieben gehen sie hervor; diese bedürfen zwar eines regulierenden Princips, aber keiner äufseren Autorität; keine fremde Veranstaltung ist notwendig, um sie damit zu versehen oder in Zucht zu nehmen. Die menschliche Natur besitzt ein solches Princip, und es lebt und wirkt in der Brust der Geringsten wie der Höchsten. Was es aber billigt, ist nicht die Verkümmerung der menschlichen Natur, sondern die harmonische Ausgestaltung der individuellen Triebe.

Man hat mit Vorliebe den feindlichen Gegensatz zwischen der Philosophie Lockes und Shaftesburys hervorgehoben. Die Geschichte des modernen Individualismus wird sie als Streiter für dasselbe Ziel betrachten müssen. Shaftesbury hat die Stellung Lockes verstärkt. Locke lehrt das unbegrenzte Recht des Individuums, Shaftesbury seine unbegrenzte sittliche Befähigung,

---

Settlement or Fortune in the World: If the Regard towards this kind be moderate, and in a reasonable degree; if it occasion no passionate Pursuit, nor raises any ardent Desire or Appetite, there is nothing in this Case which is not compatible with Virtue, and even suitable and beneficial to Society. The publick as well as private System is advanc'd by the Industry, which this Affection excites But if it grows at length into a real Passion; the Injury and Mischief it does the Publick, is not greater than that which it creates to the Person himself. B. II, P. II, Sect. 2, II. p. 155.

die Güte seiner Natur, seine Selbstherrlichkeit, seine Souveränität: kurz seine ethische Berechtigung zum Genuſs jener Rechte.

Der Einfluſs Shaftesburys, welcher sich über alle Kulturländer Europas erstreckte, muſste aus jenem Grunde dort den Individualismus am kräftigsten zur Geltung bringen, wo das Lockesche Naturrecht Boden gefunden hatte und die Shaftesburysche Ethik, wenn auch selbständig, doch mit Treue gegen den Meister weitergebildet wurde. Dies war vorzugsweise in Schottland der Fall. Die Hutcheson, die Hume und Smith, sie alle haben auf den Grundlagen Shaftesburys weitergebaut. Die Erkenntnis der allgemeinen philosophischen Grundlagen der Nationalökonomie des vorigen Jahrhunderts erfordert es nicht, auf ihre voneinander gewiſs verschiedenen Lehren einzugehen. In allem Wesentlichen sind die Grundlinien des Systems Shaftesburys bestehen geblieben: die Herleitung des Sittlichen aus einem Gefühle, welches selbstherrlich billigt oder miſsbilligt, der gesellschaftliche Ausgangspunkt oder Hintergrund der Betrachtung, die reiche psychologische Analyse und die unbefangene Würdigung der menschlichen Natur. Vor allem wird die sittliche Berechtigung der Selbstliebe anerkannt. Die gesellschaftliche Notwendigkeit und Bedeutung des Vergeltungstriebes, des Strebens nach Ehre und Ansehen, vor allem des Erwerbstriebes sind immer wieder betont worden. Wie schon oben gesagt wurde, für alle diese Moralphilosophen ist die Selbstliebe ein wichtiges Element des Sittlichen; aber es ist nicht die Quelle des Sittlichen. Das sittliche Gefühl, ein moralischer Sinn, das Gewissen oder wie auch immer jene innere Stimme genannt worden ist, beurteilt die Handlungen nach ihrem sittlichen Werte, und dieser sittliche Sinn billigt die gemäſsigte Selbstliebe im allgemeinen und ein wohlgerütteltes Maſs von Erwerbstrieb im besondern. Dieser verschafft uns ja in reichlichem Maſse alle die Dinge „by which we are well provided for, and maintain'd“ [1].

Nun verfliegt auch jener Widerspruch in sein Nichts, den man in den zwei Werken von Adam Smith hat finden wollen. Die Sympathie ist der Keim, aus welcher das Organ sittlicher Erkenntnis heranwächst; dieses aber billigt das „private interest“. Daſs jener Widerspruch hat entdeckt werden und gläubige Anhänger finden können, ist ein Beweis dafür, daſs niemand die Mühe auf sich nehmen wollte, die Theorie der moralischen Gefühle von Anfang bis zu Ende aufmerksam durchzulesen [2]. Denn die Meinung von Adam Smith liegt nicht etwa tief verborgen, er spricht sie ganz deutlich aus. Und es ist so auch nichts Neues,

---

[1] Shaftesbury, B. II, P. II, Sect. 2, II, p. 139.

[2] Ich benutze diese Gelegenheit, um auf die Schrift von Dr. Richard Zeyss „Adam Smith und der Eigennutz“, Tübingen 1889, hinzuweisen, und freue mich, daſs ich mit dem wichtigsten seiner Ergebnisse übereinstimme, nämlich der vollständigen Harmonie zwischen der Ethik und politischen Ökonomie Smiths.

was er vorträgt. Sein Lehrer Hutcheson, sein Freund Hume, der Ahnherr der ganzen Schule, Lord Shaftesbury, sie alle haben ähnlich gedacht. Aber dies zu beweisen würde die Grenzen überschreiten, welche dieser Schrift durch ihren Titel gesteckt sind. Ich gedenke aber in einem Werke über Adam Smith diesen Punkt ausführlich darzulegen.

Die Aufdeckung eines andern Irrtums wird das Ganze noch mehr erhellen. Adam Smith ist wohl deshalb getadelt worden, dafs er in seiner Kritik der ethischen Systeme Mandeville nicht energisch genug entgegengetreten sei; ja, man hat gemeint, die Milde seiner Polemik beweise, dafs er sich von der Ketzerei des Gegners nicht frei gefühlt habe. Aber was hat denn Mandeville zu beweisen gesucht? Dafs der Wohlstand der Gesellschaften, die Stärke und Gröfse der Staaten davon abhängig seien, dafs man den sinnlichen Bedürfnissen, dem Erwerbstriebe, dem Vergeltungstriebe und der Sucht nach Ehren und Auszeichnung freies Spiel lasse. Diese aber würden von der Religion nicht gebilligt, ja sogar als Laster betrachtet. Und das wären sie auch vom Standpunkte der philosophischen Sittlichkeit: denn die Tugend bestehe in der Beherrschung der sinnlich-selbstsüchtigen Menschennatur. So stehe man vor der betrübenden Wahrheit, dafs die Sittlichkeit zur Armut der Gesellschaften und Schwäche der Staaten führe, und denjenigen Eigenschaften, welche die Kultur am meisten förderten, ihrem Träger weder Hoffnung auf himmlische Glückseligkeit noch Anspruch auf Tugendhaftigkeit gäben. Was konnte Smith hierauf allein erwiedern? Dafs Mandevilles Ansicht von der menschlichen Natur und der Tugend irrig seien. Erstens wären die menschlichen Triebe an sich indifferent, und zweitens sei ein mäfsiger Grad des Erwerbstriebes, des Vergeltungstriebes, des Triebes nach Ehre und Ansehen, der Freude am sinnlichen Genufs durchaus nicht zu verwerfen, mit der Tugend wohl verträglich und für des Bestehen des Ganzen notwendig. Im übrigen habe Mandeville darin Recht, dafs die Überwindung aller unserer Leidenschaften Gesellschaft und Staat zum Stillstand bringen würde, und man müsse ihm dankbar dafür sein, dafs er, wenn auch in übertriebener und einseitiger Weise, nachgewiesen habe, wie sehr das Wohl des einzelnen und des Ganzen vom Egoismus abhänge. So ungefähr lautet auch Smiths Kritik Mandevilles, in der dasjenige ebensoviel Interesse verdient, was er deutlich ausspricht, wie das andere, was er vorsichtig nur andeutet. Smith hätte noch hinzufügen können, dafs Mandeville unbewufst für Shaftesbury Zeugnis abgelegt habe, indem er dargestellt, wie aus dem Unvernünftigen, nicht aus dem Handeln nach Vernunft und Einsicht das Grofse und Gute hervorgehe, weil Gott dem Menschen Instinkte gegeben habe, deren dunkler Drang ihm auch ohne Erkenntnis den rechten Weg weise. Aufserdem sei das Werk auch deshalb vom Standpunkt Shaftesburys zu begrüfsen, weil es das wissenschaftliche Gebiet auf psychologische Grundlagen stelle. Dies war aber nicht notwendig, das hatte ein Gröfserer als Adam Smith lange vor ihm gethan, nämlich Hume in der Einleitung zu seinem „Treatise on Human Nature".

Diese Erörterungen ergeben noch ein anderes Resultat, das den Schlufs dieser Betrachtung bilden soll. Shaftesbury hält dem christlich-asketischen Menschen- und Lebensideal, das auch bei Descartes und Spinoza, wenn auch in so eigentümlich neuer Gestalt, erscheint, und dem mit der christlichen Lehre verquickten Epikureismus die antik-heidnische Welt- und Lebensanschauung, bereichert durch die moderne, gegenüber. Wenn ich mir ein Urteil hierüber gestatten darf, so geht von Shaftesbury, dem Zeitgenossen Bentleys, eine neue Renaissance des klassischen Altertums aus, welche in der Litteratur der drei wichtigsten Kulturvölker des 18. Jahrhunderts, nicht zum mindesten in der unsrigen, ihre tiefen Spuren hinterlassen hat. Die religiöse Bewegung, welche im 16. und 17. Jahrh. der humanistischen so feindlich wurde, hatte sich ausgelebt, und die Antike gewann neue Kraft und erregte neue Begeisterung.

## VI.

## Die Ethik und die Bedürfnisse der Zeit[1].

Worin das Antik-heidnische in Shaftesburys Moralphilosophie besteht, bedarf nur einer kurzen Erörterung Es ist erstens die Auffassung des Menschen nicht als eines isolirten Individuums, sondern als eines Teiles der menschlichen Gesellschaft; zweitens die unbefangene Schätzung der menschlichen Triebe, die im gesunden, normalen Menschen alle gut sind, alle zur Erhaltung des Ganzen und des individuellen Teiles dienen: im schroffsten Gegensatz zu der christlichen Lehre, die alle Begehrungen und Strebungen der ungeheiligten Nachkommen Adams für böse erklärt; hiermit im engsten Zusammenhange drittens die Möglichkeit, aus den menschlichen Trieben das Sittliche herzuleiten, das also wie in der besten Zeit des griechischen Altertums für nichts Unnatürliches gilt; viertens die kraftvolle Einführung der Tugenden der Selbstliebe in das Moralsystem, die neben den socialen Tugenden, der Hinterlassenschaft des Christentums, Platz finden; endlich fünftens das unerschütterliche Zutrauen zur menschlichen Vernunft.

Es bedarf ja kaum der Erwähnung, dafs Shaftesbury nicht in allen jenen Stücken der Pfadfinder der modernen Ethik gewesen ist. Sobald man anfing, die Moralphilosophie der Alten

[1] Die geistvollste und klarste, weil auf einer eingehenden Vergleichung des heidnischen und christlichen Lebensideals beruhende Darstellung der antiken und christlichen Tugendlehre giebt Paulsen, System der Ethik I, p. 50ff.

zu reproduzieren oder auf antikem Fundamente neu aufzubauen, mufste man in Konflikt mit der christlichen Lehre kommen und den einen oder andern der erwähnten Punkte ausführen. Sogar der durch den Augustinismus verfälschte Epikureismus hat einige Züge der antiken Ethik behalten: die Selbsterhaltung als Zweck alles Sittlichen, die Vernunft als Mittel, um ihn zu erreichen. Das grotianische Naturrecht hatte die sociale Veranlagung der menschlichen Natur nachzuweisen gesucht und aus dem Triebe zur Gemeinschaft unter Mithilfe der Vernunft das Naturrecht abgeleitet. Hierzu kam ein origineller, feinsinniger Nachweis, dafs der Mensch ein geselliges Wesen sei, welchen Cumberland in einer Schrift führte, die in die früheste Jugend Shaftesburys fällt. Man erinnert sich weiter des allgemeinen Vertrauens, welches die menschliche Vernunft bei den Naturrechtslehrern genofs. Dafs der Egoismus zur irdischen Wohlfahrt der Gesellschaft und des Staates notwendig sei, war endlich von Mandeville überzeugend nachgewiesen worden. Endlich war von Bacon behauptet worden, dafs es zwei Haupttriebfedern menschlichen Handelns gebe, von denen die eine auf das Einzelwohl, die andere aufs Gesamtwohl ziele [1].

Aufserdem hatte die Reformation einige dieser Tendenzen verstärkt. Selbst Paulsen, welcher die Abwendung von der christlich-asketischen Lebensanschauung nicht für die Ursache der Reformation hält, meint, diese habe mitgewirkt, „dem Leben der Menschen die Richtung auf das Diesseits, auf die Erde, auf die Kultur zu geben und es von der Richtung auf das Jenseits und die Erlösung zu entwöhnen“ [2]. Und: „die Berufung auf die besser ausgelegte Schrift war also unter allen Umständen zuletzt Berufung auf die eigene Vernunft und das eigene Gewissen“ [3].

So haben also Renaissance und Reformation sich auch dazu vereinigt, die sittlichen Anschauungen der modernen Menschheit auszuprägen. Wenn aber unsere Ansicht von dem Zusammenhang der Theorieen und den Bedürfnissen der Zeit richtig ist, so wird man in jenen nur Spiegelungen der Gefühle gröfserer oder geringerer, jedenfalls mächtiger Bruchteile der Völker erblicken können. Um diesen eine theoretische Grundlage zu geben, knüpfen die führenden Geister an frühere Doktrinen an, stutzen sie für ihre Zeit zurecht, bilden sie weiter, erfüllen sie mit dem Lebensinhalte ihrer Periode. Und worin bestand dieser?

Analysieren wir die wesentlichen Charakterzüge der modernen Völker [4], so finden wir folgende: das Streben der Fürsten nach

---

[1] „Es ist ohne Zweifel Bacons Absicht, letztere als die Quelle des Sittlichen zu bezeichnen.“ Jodl, p. 95.

[2] System der Ethik a. a. O. I, p. 108.

[3] a. a. O., p. 109.

[4] Siehe die geistvolle Charakterisierung des Mercantilismus bei Schmoller: „Studien über die wirtschaftliche Politik Friedrichs des Grofsen“ S. 15 ff. Schmoller's Jahrbuch 1884.

Herstellung kraftvoller Territorial- oder Nationalstaaten, daraus hervorgehend die Beherrschung anderer Völker oder Volksteile, aber auch das Ringen um die staatliche Selbsterhaltung, welche einen kräftigen, staatlichen oder nationalen Egoismus, die Freude an Ehre und Auszeichnung, vorausetzen; zur erfolgreichen Herstellung der Territorial- und Nationalstaaten, wie der Beherrschung Fremder und der Selbsterhaltung gegen Fremde, die Vermehrung der Bevölkerung und die Steigerung aller wirtschaftlichen Kräfte: diese abhängig rechtlich von der Niederreifsung der Schranken der lokalen Wirtschaftsgebiete und der Ausdehnung einheitlicher grofser Wirtschaftsgebiete mit freier Zirkulation im Innern, ökonomisch von der Vermehrung der Strafsen, der Transportanstalten und des Geldes, sittlich von dem ungehinderten, auch illegitimen Walten eines kräftigen Erwerbstriebes und des Geschlechtstriebes, die nur an die eigene sinnliche Befriedigung denken, aber dem Ganzen im System der Arbeitsteilung und durch die Steuergesetzgebung der Staatsgewalt dienstbar gemacht werden; damit der wirtschaftliche Egoismus und der Geschlechtstrieb möglichst viele Güter und Menschen hervorbringen können: Beherrschung der Natur durch die Entfaltung der Technik, welche die Pflege der Naturwissenschaften voraussetzt. So unterhält der wirtschaftliche Egoismus Heere und Flecken; er produziert die Maschine, welche die Möglichkeit gewährt, gröfsere Mengen von Menschen zu unterhalten oder eine geringere Anzahl in erhöhtem Mafse an den Früchten der geistigen, sittlichen oder materiellen Kultur teilnehmen zu lassen. Ja, er wird dem ungehinderten Walten des Geschlechtstriebes selbst feindlich; denn der Produktionsprozefs beruht nun nicht mehr so sehr auf einer kunstvollen Arbeitsteilung, wie auf der Anwendung arbeitsparendender Maschinen. Und die Erhaltung einer kräftigen Heeresmacht verträgt sich ökonomisch besser mit der Aufziehung einer geringeren Anzahl lebenskräftiger Menschen, als der Ernährung einer gröfseren, von denen ein starker Bruchteil rasch wieder stirbt.

Die Erkenntnis, dafs die moderne Volkswirtschaft auf dem freien Walten des Selbstinteresses beruht, findet sich, soweit meine Kenntnis reicht, zuerst von holländischen Schriftstellern oder von Schriftstellern, die in Holland lebten, mit aller Deutlichkeit ausgesprochen. Dies erscheint natürlich, da in diesem Lande die moderne Volkswirtschaft zuerst zu einer gewaltigen Entfaltung gekommen ist, überhaupt alle Tendenzen des modernen Lebens dort zum energischsten Durchbruch gelangt sind. Welchen Anteil das kleine Land an der Entwicklung der Philologie, des Naturrechts, der modernen Philosophie gehabt hat, wurde kurz berührt. Ich will nur daran erinnern, dafs die Malerei, diese treue Schilderin der Volksseele, das Gebiet der religiösen Kunst, der edlen Formen, der architektonischen Gliederung, wenn auch nicht verläfst, so doch mit Vorliebe ihrer Freude an der Landschaft, am Meere, an den Blumen, an dem kräftigen, derben Volksleben, an der oft unedlen Wirklichkeit Ausdruck giebt und so den Bruch mit der mittelalterlichen Weltanschauung in Formen und Farben bekundet.

Pieter de la Court meint: „l'on doit croire que dans toutes les assemblées ou Sociétez l'intérêt particulier est préféré à toutes choses.“ Er plaidiert stets für die Freiheit, hauptsächlich, weil sich Holland und die Holländer materiell wohl dabei befinden. Er erwähnt wohl auch die natürliche Freiheit und die Verpflichtung Hollands, in allem die Freiheit zu ehren; aber der volkswirtschaftliche Nutzen liegt ihm doch am meisten im Sinne[1]. Man lasse dem Erwerbstriebe die Zügel schiefsen und die Erde wird ein Paradies werden: „en possédant la liberté de pouvoir employer les droits naturels sur sa conservation, autant qu'ils ne tendent pas à la destruction de cette assemblée politique, on trouvera un paradis dans le plus nécessiteux pays du monde, puisque la volonté d'une personne est sa vie et son paradis, principalement dans les choses, dont toute sa prospérité dépend“[2].

Dem Skeptiker Pierre Bayle, welcher in den Niederlanden ein Asyl gefunden hat, fällt der Widerspruch zwischen der christlichen, auf das Jenseits gerichteten Sittenlehre, welche die Schätze der Welt verachtet, Kränkungen zu ertragen befiehlt und in der Keuschheit ein Gott wohlgefälliges Verhalten erblickt — diesem Philosophen, sage ich, fällt der Widerspruch zwischen dem sittlichen Geiste des Christentums und den Bedürfnissen der Wirklichkeit besonders stark auf. Nur die Völker, welche wieder schlagen, wenn sie geschlagen werden, welche sich dem Erwerbe mit aller Energie widmen und die Fortpflanzung keinem Vernunftgebote unterwerfen, die vermögen ihre Existenz zu erhalten. Was aber in Bayles Ausführungen fast aufdringlich hervorspringt, das ist die Behauptung, dafs das Menschendasein seine höchste Förderung nicht dem Walten des Geistes verdankt, sondern dem Irrationalen, der Energie der Triebe, dem sittlich Häfslichen.

Ein anderer Franzose von Abstammung, aber geborener Niederländer, Bernard de Mandeville, nahm diese Gedanken später in origineller Weise wieder auf, gab ihnen einen inneren Zusammenhang, betonte noch stärker als Bayle, dafs nicht in der Vernunft und der sittlichen Lebensführung, sondern in dem Unvernünftigen, Sittlich-Häfslichen der Same aller Kultur enthalten sei, und verkündete sie den Engländern ein Vierteljahrhundert hindurch in Poesie und Prosa. Sie haben ihm so beifällig gelauscht, wie die

---

[1] Man sieht dies besonders klar, wo er für die religiöse und Niederlassungsfreiheit eintritt. Er verteidigt sie vornehmlich, weil sie Holland nützlich sei; aber er erwähnt beiläufig, dafs die Verfolgung Andersdenkender „serait très-rude, très-injuste et très-dommageable, particulièrement pour notre nation qui s'est toujours vantée de combattre pour la liberté“.

[2] Mémoires de Jean de Wit, Ratisbonne 1709, p. 33.

Franzosen dem Herzog von Larochefoucault. Die sechs Auflagen der „Bienenfabel“, welche verhältnismäßsig rasch hintereinander erschienen, beweisen es, und Adam Smith hat uns ein Zeugnis darüber hinterlassen, welche Verwirrung in den Geistern das Buch zu bewirken vermochte. Damals begann jener ungeheure Aufschwung der englischen Volkswirtschaft: die materielle Grundlage einer Ethik, welche den Egoismus als ein Princip oder Element des Sittlichen betrachtete, hatte sich gebildet. Die Zeit der Mandeville, Shaftesbury und Smith war gekommen.

Damit ist die Frage erledigt, welche Ursache in der englischen Ethik einen so grofsen Reichtum an Erörterungen über den menschlichen Egoismus hervorgerufen hat. Der Untergrund gesellschaftlicher Bedürfnisse erklärt es, dafs Shaftesbury in seinem System das christliche, heidnische und moderne Lebensideal miteinander zu verschmelzen wufste. Die Schätzung des Erwerbstriebes ist weder antik[1] noch christlich, sondern modern; in dem Lehrgebäude des englischen Philosophen bildet sie neben den socialen Tugenden und den Reflexionsaffekten den nicht antiken Bestandteil. Den Zusammenhang der Ideen mit den gesellschaftlichen Zuständen brauchen wir uns auch hier nicht als physikalische Spiegelung zu denken; es ist sehr wohl möglich, dafs Shaftesburys Aufenthalt in Holland und seine Freundschaft mit Bayle auf den Inhalt seiner Ethik von Einflufs gewesen ist.

Descartes und Bacon sind als Vorkämpfer für die moderne Lebensanschauung gewürdigt worden; sie sprechen es unumwunden aus, dafs die Naturwissenschaften die Beherrschung der Natur zum Zwecke haben müssen. Ihnen dürfen wir Hobbes und Locke anreihen, so entgegengesetzt ihre Theorieen sein mögen. Sie sind die Herolde des modernen Staates, dessen Macht in fast gleichem Grade zu wachsen scheint, wie die Tendenz nach voller Freiheit der Staatsbürger sich immer mehr ausbreitet. Der einen oder andern dieser Richtungen ist man auch schon gerecht geworden. Dagegen hat die Geistesarbeit der Gassendi, Hobbes, Larochefoucault, Bayle, Mandeville und selbst Shaftesburys als Förderer der ethischen Lebensanschauung der neueren Zeit nicht dieselbe Würdigung erfahren, obwohl sie das christlich-asketische Lebensideal des Mittelalters zertrümmert oder die kräftigsten Triebe des modernen Menschen: die Selbstliebe, den Trieb nach Genufs und Vergeltung, nach Ehre und Gewinn ein-

---

[1] Die Erwerbsthätigkeit stand in geringem Ansehen, sie galt für gemein . . . Paulsen, a. a. O. I, p. 44.

[2] „Später, am Ende seiner zwanziger Jahre begab er (Shaftesbury) sich nach Holland und hielt sich im Umgang mit Bayle, Leclerc und andern Gelehrten dieses Standes etwas über ein Jahr auf. Mit Bayle führte er in der Folge einen regelmäfsigen Briefwechsel und wufste, als dieser einmal aus Holland verbannt werden sollte, dies durch sein Ansehen zu hintertreiben.“ Lechler, Geschichte des englischen Deismus, p. 244.

fach aufzeichnend, lobend, tadelnd oder zur Höhe des Sittlichen erhebend, in die wissenschaftliche Betrachtung eingefügt haben.

## VII.

## Die politische Ökonomie und die Ethik.

Die Ausführungen dieses und des vorhergehenden Kapitels zeigen, dafs Smith eine ethisch-psychologische Richtung in der Politischen Ökonomie verfolgen musste. Von zwei Seiten, beobachteten wir, empfing er die Anregung hierzu: vom Naturrechte und der Ethik. So stellte es sich uns dar, da wir die Ethik nach dem Naturrechte betrachteten. Für Smith selbst war eine doppelte Anregung nicht vorhanden; denn seine Moralphilosophie war ein einheitliches System, welches auf den Grundlagen der Shaftesburyschen Ethik stand, das Wahre und Berechtigte der Lehren Mandeville's wie den Geist des Lockeschen Naturrechtes in sich aufgenommen hatte; sie umschloss Ethik und Naturrecht. Das Recht ist ein Teil des Sittlichen.

Vom Boden des Naturrechtes aus stellt er die Grundsätze der wirtschaftlichen Freiheit auf; es sind Forderungen der Gerechtigkeit an die Volkswirtschaftspolitik. Hierzu kommen die Grundsätze einer gerechten Steuerpolitik. Es schien uns, dafs er die freie Concurrenz durch gesetzliche Schranken der Gerechtigkeit einengen wollte. Hierüber wissen wir nur sehr wenig. Jedenfalls gehört der zweite der bekannten vier Fälle, in welchen er die Handelsfreiheit beschränkt wissen will, hierher. Der „Wealth of Nations" kann uns über diese Frage keinen genügenden Aufschluss geben, da die Beschränkungen der freien Concurrenz in dem Privat- und Strafrecht abgehandelt werden mussten.

Der Ausgang von Shaftesbury und Mandeville in der Ethik führte Smith auf die Bahn einer ethisch-psychologischen Betrachtung in der Volkswirtschaft, wobei von den methodischen Einflüssen Humes, von dem Charakter der Nationalökonomie Hutchesons abgesehen wird, die ich an anderer Stelle besprechen werde. Die englische Ethik hatte ja gezeigt, was die wirtschaftliche Welt im innersten zusammenhält, sie hatte über den sittlichen Wert der menschlichen Triebe aufgeklärt.

Die ethisch-socialen Grundlagen der Smithschen Nationalökonomie stellen sich so als eine Durchdringung der Lehren Shaftesburys und Mandevilles in der Umrahmung der Quesnayschen Theorie der Volkswirtschaft dar. Die heutige Volkswirtschaft ist eine grofse Tauschgesellschaft mit Privateigentum an den Produktionsmitteln, in welcher ein jeder der Dienste des andern bedarf und gewissermafsen ein Kaufmann wird. Zu dem ursprünglichen Motor aller Wirtschaft, den Bedürfnissen, kommt hier also noch ein neuer hinzu: der Trieb, im Verkehr zu gewinnen. Beide lösen die Arbeit aus, ohne die nichts erworben werden kann, und deren Last der träge Mensch doch so sehr verabscheut. Steht aber das menschliche Triebleben im Mittelpunkte aller Wirtschaft, so darf eine psychologische Analyse der Volkswirtschaft nicht fehlen. Wir haben im vierten Kapitel dieser Schrift gesehen, wie reich dieselbe bei Smith ausgefallen ist. Aufserdem finden wir eine ethische Wertung des wirtschaftlichen Egoismus. Smith billigt ebensowenig wie Shaftesbury die Selbstsucht, selfishness, weil sie die Wirksamkeit der socialen Triebe gefährdet. Aber er billigt ein solches Mafs von Selbstinteresse, welches sich innerhalb der Schranken der Gerechtigkeit hält, die Nebenmenschen also nicht schädigt. Das die Forderungen der Gerechtigkeit achtende Selbstinteresse ist nach ihm der psychologische Faktor des Wirtschaftslebens. Die wirtschaftliche Rührigkeit (industry), meint Shaftesbury, verschafft uns alle die Dinge, welche wir zum Leben brauchen. Smith übernimmt diese Ansicht, vertieft sie aber, indem er ihr den Spartrieb gegenüberstellt. Das gemäfsigte Selbstinteresse befördert weiter das Gedeihen des Ganzen; es besteht eine prästabilierte Harmonie zwischen diesem und jenem. Bedenkt man aufserdem, dafs Smith das wirtschafts-politische System der freien Konkurrenz nicht nur in der aufrichtigen Überzeugung empfahl, dafs es das einzig gerechte sei, sondern auch zu beweisen suchte, dafs der Nutzen, den es schaffe, darin bestehe, die wirtschaftliche Lage der Armen und Niedrigen zu sichern, den Gegensatz der Klasseninteressen zu mildern und das Interesse aller Klassen mit dem Interesse der Gesellschaft zu versöhnen, so geht man nicht zu weit, wenn man in ihm einen hervorragenden Vertreter der ethischen Richtung in der Nationalökonomie sieht. Einige dieser Punkte will ich noch etwas genauer ausführen.

Vor allem ist der schönen Weise zu gedenken, in welcher Smith überall für den Arbeiter eintritt. Um dies Verdienst ganz zu würdigen, möge man sich daran erinnern, dafs seit hundert Jahren der Gedanke immer wieder ausgesprochen worden war, es müsse dem Arbeiter schlecht gehen, damit er nicht faullenze. Er findet sich nicht zuerst, aber in seiner cynischsten Form bei Mandeville. Man mufs weiter bedenken, dafs die Physiokraten zwar nicht arbeiterfeindlich waren, aber doch durch ihre Wirtschaftspolitik daran verhindert wurden, sich der besonderen Interessen des Arbeiters kräftig anzunehmen[1]. Schon die unbedingte

[1] Man sehe z. B. Baudeaus „Introduction“. Il nous faut une race nombreuse de fermiers ou cultivateurs en chef ... La perfection ... de l'art productif sera donc d'autant plus infaillible ... que la classe des fermiers ... sera plus nombreuse ... plus opulente. — Si ... tout tend à diminuer la race des fermiers ... cette société tend à sa décadence u. s. w. Wohl ist B. über die Steuern und grundherrlichen Abgaben entrüstet, welche die Tagelöhner zu tragen haben, aber er hebt auch hervor, dafs diese zu zahlreich wären. Die wichtigste Aufgabe der Politik sei Vermehrung der Kapitalien, Ersparung auch der Menschen: Multiplication des récoltes, épargne de la terre et des hommes. Erst wenn mehr Kapitalien in den Boden gesteckt wären, würde ihre Lage

Vorliebe für den Großbetrieb in Ackerbau und Gewerbe zeigt, daß ihnen das Verständnis für eine nachdrückliche Hebung der unteren Klassen fernlag. Auch das Interesse; denn ihr Eintreten für die freie Konkurrenz hatte seinen politischen Grund in der Erwartung, daß dadurch der nach ihrer Meinung ungerechte Gewinn und damit die Lebenshaltung der sterilen Klasse herabgedrückt würde. Leiden aber die Unternehmer, so werden sich auch die Löhne verringern. Weiter wurden sie durch ihre Bevölkerungstheorie von der Arbeiterfreundlichkeit Smiths abgehalten, welcher eine große Bevölkerung für einen der größten Segen der menschlichen Gesellschaft betrachtete. Von welcher Seite ein freundlicheres Licht auf die physiokratischen Anschauungen fällt, werden wir schon bald sehen.

Dagegen hat Smith wirklich Sympathie mit den Arbeitern. In den Unternehmern erblickt er vielleicht häufiger, als sie es verdienten, eine Klasse von Menschen, die zur Ausbeutung der Arbeiter und der Konsumenten verbündet seien. Die Besserung der Lage der Arbeiter hält er für keinen Nachteil für die ganze Gesellschaft. Außerdem sei es nur billig, daß die unteren Klassen einen bescheidenen Anteil an den Dingen erhielten, welche sie selbst geschaffen hätten. Hohe Löhne erhöhten im allgemeinen den Fleiß der Arbeiter. Er sucht ausführlich die Behauptung zu widerlegen, daß sie in billigen Jahren träger, in teuren fleißiger wären. Auch er verficht die Gewerbefreiheit mit naturrechtlichen Wendungen; aber man sieht, daß er dabei auch an den Nutzen der Arbeiter denkt. Mit welcher Schärfe verdammt er die Niederlassungsgesetze als „an evident violation of natural liberty and justice"! Wo die Gesetzgebung sich mit den Arbeiterstreitigkeiten beschäftige, seien ihre Berater stets die Meister. In der Lehre vom Lohne kann das Verhältnis von Steuart zu Smith am besten erkannt werden. Der letztere hat in den theoretischen Ausführungen viel von dem ersteren entnommen; die ethische Haltung ist so verschieden, als ob Jahrhunderte zwischen ihnen lägen. Nun zu einem anderen Punkte.

---

sich bessern können. Bei den Gewerben erwartet er alles vom Großbetrieb und von der Gewerbefreiheit. C'est donc un bien réel quand il s'élève un chef qui sait, qui veut et qui peut opérer en g r a n d . . . Liberté, liberté totale, immunité parfaite . . . voilà le seul caractère naturel qui doit former la distinction entre les manufacturiers . . . et leurs simples manœuvres u. s. w. Daire II, p 700 ff. Sie bahnen den aufsteigenden G r o ß u n t e r n e h m e r n den Weg — im allgemeinen Interesse der Volkswirtschaft, wie sie glauben. — Daire meint, Baudeau habe schon „prouvé, par anticipation, contre les Socialistes, que la lutte du capital contre le travail n'est pas un mal, bien qu'il puisse résulter de ce fait, comme de beaucoup d'autres, des inconvénients passagers", a. a. O p. 714 (Note). Eine Volkswirtschaftslehre, deren höchstes Ziel die Steigerung des Reinertrags vermittelst schrankenloser Konkurrenz war, mußte gerade wegen ihres organischen Charakters einer humanen Lehre von der Verteilung der Güter feindlich sein. Quesnay fühlt dies und verteidigt sich dagegen. Daire I, p. 194.

Am Ende des dritten Kapitels des zweiten Buches, in dem er die ökonomische Bedeutung der Art der Ausgaben dargelegt hat, findet er sich veranlaſst, das sittliche und ökonomische Element scharf zu kontrastieren. Die ökonomisch vorteilhafteste Anwendung des Einkommens kann eine niedrige und selbstsüchtige Gemütsart anzeigen.

Wer erinnert sich nicht, daſs er es an dem Merkantilsystem tadelt, es begünstige das Wohl der Groſsen und Mächtigen und unterdrücke die Interessen der Kleinen und Armen[1]? Und doch wünscht er aus Humanitätsrücksichten[2], daſs man vorsichtig mit der Abschaffung dieses Systems vorgehe. Mit beispielloser Heftigkeit greift er die englischen Kaufleute als Urheber und Förderer der merkantilistischen Handels- und Kolonialpolitik an. Es ist, wie gesagt, eine Heftigkeit, die ein deutscher Schulmeister entschieden tadeln würde. The sneaking arts of underling tradesmen are thus erected into political maxims for the conduct of a great empire[3]. Und: To found a great empire for the sole purpose of raising up a people of customers, may at first sight appear a project fit only for a nation of shopkeepers. It is, however, a project altogether unfit for a nation of shopkeepers; but extremely fit for a nation whose government is influenced by shopkeepers[4]. Die Gesetze der merkantilistischen Politik seien alle in Blut geschrieben[5]. Der Handel, welcher ein Band der Freundschaft um die Nationen schlingen solle, sei die fruchtbarste Quelle der Feindschaft geworden. Der Ehrgeiz der Könige habe im 17. und 18. Jahrhundert den Frieden Europas nicht so gestört, wie „the impertinent jealousy of merchants and manufacturers“[6].

Was aber noch mehr in Erstaunen setzt, weil es den hergebrachten Anschauungen über Smith widerspricht, ist die Thatsache, daſs er die allgemeine Schulpflicht und die Stärkung des kriegerischen Geistes als notwendige Heilmittel gegen die geistige und sittliche Verkrüppelung empfiehlt, welche die wirtschaftliche Arbeit unter der Herrschaft der Arbeitsteilung über die groſsen Massen bringe[7]. Smith stellt also dem Staate noch andere Aufgaben, als die negative Sorge für die wirtschaftlichen Interessen.

---

[1] It is the industry which is carried on for the benefit of the rich and the powerful, that is principally encouraged by our mercantile system. That which is carried on for the benefit of the poor and the indigent, is too often either neglected or oppressed. III, p. 4.

[2] Humanity may, in this case, require that the freedom of trade should be restored only by slow gradations, and with a good deal of reserve and circumspection. II, p. 261.

[3] II, p. 261.

[4] a. a. O. p. 472.

[5] III, p. 9.

[6] II, p. 298.

[7] The man whose whole life is spent in performing a few simple operations . . . generally becomes . . . stupid and ignorant . . . The

Das psychologisch-ethische Element hat in den Schriften Quesnays und seiner Schüler bei weitem nicht die Entwicklung gefunden[1] wie in dem „Reichtum der Völker“ Adam Smiths; aber im wesentlichen wird man eine Übereinstimmung anerkennen müssen. Die Analyse der Natur des Menschen, welche Mercier de la Rivière giebt, zeigt jenen als ein durch seine Triebe und Neigungen für die Gesellschaft bestimmtes Wesen. Der psychologische Faktor des Wirtschaftslebens ist, allgemein gesprochen, der Egoismus, nicht der Erwerbstrieb oder Spartrieb Adam Smiths, sondern der Genufstrieb. Aber dieser Unterschied erweist sich schon bei oberflächlicher Betrachtung als nicht so grofs; denn um geniefsen zu können, mufs man erwerben, und die Physiokraten haben gewifs nicht gemeint, der Beweggrund alles wirtschaftlichen Strebens sei der vorgestellte Genufs aller Erwerber, sonst hätte die Lehre vom „Kapital“ in ihrem System keinen Platz zu finden brauchen. Allerdings hat Smith den Spartrieb, welcher psychologisch auf der Furcht vor Not und dem Wunsche, mehr zu haben, beruht, für viel stärker gehalten, als den Trieb, zu geniefsen, welcher eine starke Entwicklung der sinnlichen Instincte voraussetzt. Ob sich hierin der Gegensatz des schottischen und französischen Volkes offenbare, von welchem die beiden Denker ihre psychologischen Annahmen abstrahiert hätten, diese Frage vermag ich nicht zu entscheiden. Gewifs sind die Schotten sparsam, aber die Franzosen sind es auch.

---

torpor of his mind renders him . . . incapable . . . of conceiving any generous noble or tender sentiment... Of the great and extensive interests of his country he is altogether incapable of judging; and unless very particular pains have been taken to render him otherwise, he is equably incapable of defending his country in war u. s. w. — The education of the common people requires, perhaps, in a civilized and commercial society, the attention of the public. For a very small expence, the public can facilitate, can encourage and can even impose upon almost the whole body of the people, the necessity of acquiring those most essential parts of education. — The security of every society must always depend, more or less, upon the martial spirit of the great body of the people . . . A coward, a man incapable either of defending or of revenging himself, evidently wants one of the most essential parts of the character of a man. V, 1, III, 2.

[1] Mercier de la Rivière kommt fast allein in Betracht. Letrosne beginnt sein Werk mit der Darlegung, dafs der Mensch Bedürfnisse verschiedener Dringlichkeit habe; aber er läfst sich nicht weiter auf diesen Gedanken ein, sondern geht sofort dazu über, dafs er nur aus der Erde die Mittel zu ihrer Befriedigung erhalten könne. Mirabeau eröffnet seinen „Ami des Hommes“ mit einer Art psychologischer Erörterung. Der Mensch sei von Natur gesellig, aber auch habsüchtig; wegen dieser gegeneinander wirkenden Kräfte mufsten die Gesetze über die Teilung der Güter die ersten sein. — Die Ausführungen Turgots im „Eloge de Gournay“ kommen bei der selbständigen Stellung T. nicht in Betracht. — Das obige Urteil wird auch durch den psychologischen Bestandteil der „Economie animale“ nicht verändert, da er sehr unbedeutend ist.

Da der Genufstrieb eines jeden so grofs ist, so mufs er durch den Genufstrieb aller andern in Schranken gehalten werden. Indem aber nun die freie Konkurrenz das Einkommen eines jeden mit Ausnahme der Grundbesitzer auf eine mäfsige Gröfse beschränkt, wird der Genufstrieb angestachelt, mehr zu erwerben, um mehr geniefsen zu können. Wird dann dieser Trieb durch die eigene Erfahrung und das Beispiel anderer belehrt[1], dann entwickelt sich aus ihm die höchst materielle Wohlfahrt der Individuen und der Gesellschaft[2]. Mercier nimmt wie Smith eine Harmonie der Interessen der einzelnen und des Ganzen an, nur dafs seine Auffassung dieses Verhältnisses einen äufserlichen Charakter hat. Übrigens ist seine Ansicht, dafs das Gesamtinteresse gleich der Summe aller Individualinteressen sei, Adam Smith nicht fremd.

Man würde den Physiokraten Unrecht thun, wenn man behauptete, sie hätten das wirtschaftliche Leben nur als einen Kampf egoistischer Triebe aufgefasst. Man wird sich erinnern, dafs sie die wirtschaftliche Freiheit als ein Gebot Gottes betrachteten; die menschliche Natur ist von Gott so gewollt und die Ordnung, die ihr am besten entspricht, die natürliche; was sich dem einzelnen und dem Ganzen nützlich erweist, ist auch das Gerechte.

Baudeau hat uns darüber aufgeklärt, dafs ihr Ideal ein viel höheres war. Sie hofften, dafs die Gesellschaft sich immer mehr einem Zustande nähern würde, wo ein jeder sich den Staatsgesetzen freiwillig füge, wo eine allgemeine Achtung des Eigentums und der Freiheit anderer, ein Geist allgemeinen Wohlwollens verbreitet wäre. Dieser glückselige Zustand, über dessen vollständige Verwirklichungsmöglichkeit sie sich keiner Täuschung hingaben, sollte durch den allgemeinen wirtschaftlichen Unterricht herbeigeführt werden, der also nicht blofs nützliche Kenntnisse und Fertigkeiten, sondern auch eine wohlwollende und gerechte Gesinnung verbreiten sollte. Baudeau spricht deshalb auch vom „moralischen“ wirtschaftlichen Unterricht, von der „Wirtschaftsmoral“, von den „précieuses vérités morales économiques“, und er sagt: Le premier et le principal caractère d'une monarchie économique est donc l'etablissement, le maintien, la perfection progressive et continuelle de l'enseignement universel, le plus clair, le plus efficace possible, qui grave profondément dans tous les esprits l'ensemble des principes simples, sublimes et

[1] Le désir de jouir, irrité par la concurrence et éclairé par l'expérience et par l'exemple.

[2] Dafs das Selbstinteresse die Triebfeder des Wirtschaftslebens sei, behauptet sehr unumwunden der Comte d'Albon: . . . de là résulte que l'augmentation du produit net amène des augmentations naturelles de culture et par conséquent de subsistance et de population et cela nécessairement par le mouvement irrésistible de l'interêt. Von Quesnay meint er: il a réuni les hommes par le lien puissant de l'interêt. Oncken, Oeuvres de Quesnay, p. 56, 69.

sacrés de la loi de justice et de l'ordre de bienfaisance, principes évidemment éternels et immuables, qui sont de tous les temps, de tous les siècles et de tous les hommes[1].

In der That, wenn Etwas dem Studium der Physiokraten einen nie versiegenden Reiz verleiht, so ist es neben der Tiefe und der Feinheit der wirtschaftlichen Analyse ihre Begeisterung für die Gerechtigkeit, das Wohl und die Vervollkommnung der Menschheit. Schätzen wir es nicht zu gering, dafs die Physiokraten mit solcher Nachhaltigkeit den allgemeinen geistigen und moralischen Volksunterricht gefordert haben Diese Forderung war allerdings von den früheren Naturrechtslehrern schon erhoben worden; aber sie unterscheidet sich doch im wesentlichen von der physiokratischen. Wenn ich nun noch hinzufüge, dafs sie die ärmsten Klassen vor dem Steuerdruck zu schützen suchten, so sind wir bei jener Korrektur ihrer Wirtschaftspolitik angelangt, von der oben die Rede war. Ihr Auge ist im allgemeinen zu sehr auf das Ganze und die Entfesselung der Produktion gerichtet, als dafs sie dem Einzelnen und der Verteilung die nötige Aufmerksamkeit schenken könnten; aber als ein System des Egoismus wird man das physiokratische nicht bezeichnen können. Die Entfesselung der Produktion werde unter einer freien Rechtsordnung von selbst in allen Klassen Wohlstand verbreiten, so meinten sie.

So zeigen die vorhergehenden Darlegungen eine wesentliche Übereinstimmung zwischen den Physiokraten und Adam Smith, sie widerlegen zweitens die Meinung, dafs die Richtung der Einen und der Andern eine anti-ethische gewesen sei. Aber man wird auf die materielle Gesinnung hinweisen, welche die Schriften der Physiokraten atmen, das heifst die hohe Meinung von den irdischen Gütern, welche die Physiokraten überall an den Tag legen und den knickrig-philiströsen Charakter mancher Stellen des zweiten Buches des Smith'schen „Völkerreichtums".

Was die Physiokraten betrifft, so darf man nicht vergessen, dafs die Ethik der neuern Zeit dem Irdischen freundlich gesinnt war. Sie sahen in der Vermehrung der wirtschaftlichen Güter „le voeu de la nature, l'intérêt géneral de l'humanité, la bienfaisance essentielle". Denn von ihr hängt nach ihrer Überzeugung die Erhaltung des Einzelnen, die Vermehrung, die Vervollkommnung der Menschheit ab. Die thatsächliche Ursache hiervon lag jedenfalls in den Verhältnissen der Zeit. Niemand kann Taine's Schilderung der Lage der bäuerlichen Klassen ohne ein Gefühl des Entsetzens lesen, denn die Kontraste sind zu fürchterlich: natürlicher Reichtum und weite unbebaute Strecken, steigender Reichtum und kaum ein Nachlassen des Steuerdruckes, zerrüttende Arbeit und kümmerliche Lebenshaltung mit ihren natürlichen Folgen: frühzeitigem Alter, geistiger Stumpfheit, ge-

[1] Daire II, p. 776 ff.

heimer und offener Demoralisation. Napoleon I. sprach das mehr einer Erläuterung als einer Beschränknng bedürftige Wort aus: Die Revolutionen kommen aus dem Bauche. Es ist ein Gegenstück zu dem Epikureischen: Die Wurzel alles Guten ist die Lust des Bauches. Wem diese Lust fehlt, dem erscheint der Genufs des Essens und die Gröfse des zu Verzehrenden bedeutender, als sie sich später erweisen; der Geist der Verhungernden beschäftigt sich mit Bildern von reichlichen Mählern; das armseligste Tier ist bereit, einen ungleichen Kampf mit einem sichtbaren Feinde aufzunehmen, ehe es dem unsichtbtbaren erliegt. Gleichsam aus der Seele eines verhungernden, abgestumpften, demoralisierten Volkes heraus haben die Physiokraten geschrieben. Dem frischen, lebensfrohen, intelligenten Volke, welchem sie angehören, scheint nichts zu fehlen, als Nahrung, Kleidung, Wohnung für sich und seine Nachkommen. Hat eine Änderung der Gesetze ihm diese verschafft, dann wird die allgemeine Glückseligkeit auf Erden wohnen. Und wendet sich dann der Blick hinüber zu jener in frivoler Sorglosigkeit und hochmütiger Verschwendung lebenden vornehmen Gesellschaft, zu jener mit dem Bestehenden zerfallenen, Adel und Hof innerlich grollenden Bourgeoisie und Geldaristokratie, die schon Burke und St. Simon gezeichnet haben, dieser vom Schweifs der Armen fast noch mehr zehrenden Aristokratie zweiter Ordnung, in deren Gesellschaft die Philosophen Gelage feiern und Geist anbringen: dann wird die materielle Gesinnung noch verständlicher, aber auch der grimmige Zorn über kindische Verschwendung, der wilde Fanatismus, die Anrufung des heiligen Gesetzes der Natur und der ewigen Gerechtigkeit.

In England stand nicht Alles zum Besten; aber Adam Smith war nicht von denselben sozialen Zuständen umgeben. Jene hausbackene Gesinnung, von der vorher gesprochen wurde, hat daher bei ihm einen andern Grund. Zu den Verdiensten der Physiokraten gehörte auch die kräftige Einführung des Begriffs des Kapitals in die neue Wissenschaft. Adam Smith, welcher ihn von den Physiokraten übernahm, deckte zugleich die ethisch-psychologische Wurzel der Kapitalbildung auf, wie wir gesehen haben. Wenn aber das Kapital eine hohe Wichtigkeit in der Volkswirtschaft besitzt, dann steigt der Wert der Sparsamkeit in gleichem Grade und das unproduktive Verzehren erscheint als eine wirtschaftliche Todsünde. Von hier gelangt er dann zu jenen Ausführungen des zweiten Buches, die nach der Gemütsstimmung der Menschen Zorn oder Gelächter hervorgerufen haben. Von seinem einseitig-individualistischen politischen und wirtschaftlichen Standpunkte war auch keine wirtschaftliche Korrektur dieser Ansicht möglich; denn was für öffentliche Dienste des Staates, der Gemeinden, der Kirchen bezahlt wird, ist ein notwendiges Opfer, keine produktive Ausgabe. Dieser krämerhafte Standpunkt hat sich in der klassischen Nationalökonomie der Engländer erhalten und ist durch Ricardo in „Das Kapital" von Marx hinübergeleitet worden. Viel gröfser und reiner stehen in dieser Beziehung die Physiokraten da. In Folge ihrer organischen Auffassung des Wirtschaftslebens, in Folge ihrer Würdigung des pflichtbewufsten Staates vermochten sie den wirtschaftlichen and den wirtschaftlich produktiven Charakter der sogenanuten „unproduktiven" Ausgaben zu erkennen. Doch hierüber an einer andern Stelle.

Am Schlusse unserer Darstellung des Einflusses der modernen Ethik auf die Nationalökonomie drängen sich uns die Fragen wieder auf, welche wir am Ende des dritten Kapitels stellten. Vermögen wir sie jetzt zu beantworten? Gröfstenteils.

Darüber kann kein Zweifel bestehen, dafs die wichtigsten Züge der Quesnay'schen Lehre: die Herleitung der sittlich-rechtlichen Ordnung aus den Trieben der menschlichen Natur, die nicht nur in der Weise Shaftesbury's gezeichnet, sondern auch gewürdigt wird, der gläubige Optimismus, welcher das gesamte Weltsystem einschliefst, der Enthusiasmus für das Glück der Menschen, aber auch die durchaus dem Irdischen zugewandte Lebensanschauung, auf Shaftesbury hinweisen. Wenn man nun bedenkt, dafs die französische Litteratur des vorigen Jahrhunderts an den Werken Newton's, Locke's und Shaftesbury's herangewachsen ist, so hat die Thatsache auch nichts Erstaunliches.

Um so mehr verwundert es, dafs die Meinung ausgesprochen worden ist, die Psychologie und die Ethik des Helvetius bilde die Seele des physiokratischen Systems. Sie ist wohl dadurch entstanden, dafs Helvetius die Lehre vom Selbstinteresse konsequent ansbildete, dafs die Physiokraten dem Egoismus im Wirtschaftsleben eine centrale Stellung anwiesen und Helvetius ein Zeitgenosse der Physiokraten war. Diejenigen, welche sie hegten, übersahen aber, dafs Shaftesbury's System weit genug ist, um die physiokratische Lehre vom Selbstinteresse mit zu umfassen, dafs er dem wirtschaftlichen Egoismus alle Konzessionen gemacht hat, welche die Nationalökonomie bedurfte. Sie übersahen weiter, dafs alle jene obengenannten Züge der physiokratischen Lehre durchaus nicht mit der Lehre des Helvetius ühereinstimmen. Und welcher tiefe Abgrund klafft zwischen der natürlichen Ordnung Quesnay's, welche Gott gegeben hat und welche die Staatsmänner nur auszuführen brauchen, um Wohlstand und Harmonie zu schaffen, und jener Allmacht und Weisheit der Staatsmänner des Helvetius, welche ein solches System von Gesetzen ausklügeln müssen, dafs das Individuum sich gezwungen sieht, sein Selbstinteresse in Einklang mit dem allgemeinen Interesse zu setzen, deren Harmonie mit allen gesetzlichen Mitteln erzwungen werden mufs! In Quesnay und Helvetius prägt sich der Gegensatz von Stoizismus und Epikureismus mit aller Schärfe aus.

Hiermit soll nicht geleugnet werden, daſs sich Mercier durch Helvetius wie ja auch durch Wolff hat beirren lassen, an einigen Punkten vom geraden Wege abzuweichen. Und das mögen unbedeutendere Köpfe noch häufiger gethan haben.

Da nun auch Smith sich eng an die ethischen Lehren Shaftesbury's anschlieſst, was keines Beweises bedarf, so ergiebt sich also eine weitere geistige Verwandtschaft zwischen dem Schotten und François Quesnay. Diesseit und jenseit des Kanals ruht die Nationalökonomie auf den Grundlagen des Locke'schen Naturrechtes und der Shaftesbury'schen Ethik: hüben und drüben atmet sie in der Luft eines hochgesteigerten Individualismus.

Haben wir somit die Überzeugung gewonnen, daſs einige dunkle Seiten der physiokratischen wie der Smith'schen Lehre durch die Heranziehung der Philosophie Shaftesbury's aufgehellt werden, so bleiben doch noch Probleme, die sich hiermit nicht lösen lassen. In Beziehung auf die enge Verbindung zwischen Nützlichem und Sittlichem, welche sowohl Smith wie auch die Physiokraten, wenn auch in verschiedener Weise, annehmen, sind wir um keinen Schritt weiter gekommen. Denn die Lehre von der Harmonie von Sittlichkeit und Glückseligkeit, welche wir bei Shaftesbury fanden, kann diese Frage nicht beantworten. Die Glückseligkeit ist der Seelenzustand des sittlich Handelnden. Diese Stimmung ist die naturgemäſse Folge des sittlichen Verhaltens, weil Shaftesbury die Sittlichkeit als etwas Natürliches betrachtet.

Ebensowenig wissen wir, wie Quesnay auf den Gedanken geführt wurde, das physische und das ethische soziale Gesetz zu verbinden.

Noch ein dritter Punkt harrt der Aufklärung. Es kann wenig befriedigen, daſs wir wissen, der Optimismus Quesnays stamme von Shaftesbury. Wir müssen die neue Frage stellen: Wie kam Shaftesbury zu seinem Optimismus? Hierüber wird uns vielleicht das Folgende Aufschluſs geben.

## Zweiter Abschnitt.

## Der Deismus.

Es wurde dargestellt, wie sich neben dem positiven Rechte ein Vernunftrecht, neben der religiösen Ethik eine philosophische erhob. Zur selben Zeit stellte sich eine Vernunftreligion der positiven zur Seite. Jene beiden Wissenschaften wählen die menschliche Natur zu ihrem Ausgangspunkte, sodaſs man sie auch als Naturrecht, als Natursittlichkeit bezeichnen kann; wir werden sehr bald sehen, weshalb die Vernunftreligion „Naturreligion“ genannt werden darf. Zu der inneren Verwandtschaft gesellt sich dann die Ähnlichkeit des Ursprungs.

Innerlich geängstigt und abgestoſsen von dem, das sechszehnte und siebzehnte Jahrhundert durchtobenden Kampfe der Religionen, Konfessionen und Sekten, welche alle die Wahrheit zu besitzen vermeinen, forscht Herbert von Cherbury nach der wahren Religion, um der Sittlichkeit eine Stütze zu geben und einen Boden des Friedens zu bereiten, wo sich Alle freundlich begegnen können. Er findet, daſs fünf Wahrheiten den Kern aller Religionen bilden: Das Dasein eines höchsten Gottes, die Pflicht seiner Verehrung, Tugend und Frömmigkeit als das Wesentliche der Gottesverehrung, die Verpflichtung, die Sünden zu bereuen und von ihnen zu lassen, Vergeltung teils in diesem, teils in jenem Leben [1].

Herbert schrieb in der ersten Hälfte des siebzehnten Jahrhunderts; er ist ein Zeitgenosse von Hugo Grotius, Francis Bacon, Thomas Hobbes; Anklänge an seine Lehre vernehmen wir schon früher [2]. Unter seinen Vorgängern ragt Jean Bodin weit hervor. In einigen seiner Äuſserungen [3] ist der Zusammenhang zwischen dem Naturrechte und der Naturreligion angedeutet. Er hält die älteste Religion für die wahre und beste, „d. h. diejenige, welche das ewige Gesetz der Natur dem Menschen eingiebt und welche die Religion der Urzeit gewesen ist, die Religion der Natur". Die Beobachtung des Naturgesetzes genüge zur ewigen Glückseligkeit.

Bildet bei Bodin das Naturgesetz gewissermaſsen die Brücke, die vom Naturrechte zur Naturreligion führt, so offenbart sich bei Herbert jenes Vertrauen auf die der menschlichen Vernunft innewohnende Wahrheit, welches seine Zeit charakterisiert. „Der intellectus, das „reine Denken". . . bedarf des äuſsern Dienstes der Gegenstände nicht, sondern erfreut sich seiner eigenen Wahrheiten. Diese Wahrheiten sind nämlich gewisse Gemeinbegriffe, die dem Geiste ursprünglich mitgegeben sind . . . . Fort also mit denen, welche unsern Geist für eine tabula rasa oder abrasa erklären". Sonderbar webt sich in diesen Rationalismus der empirische, inductive Zug des englischen Geistes. Die angeborenen Gemeinbegriffe werden nämlich dadurch entdeckt, „daſs man in Beziehung auf einen bestimmten Kreis von Dingen diejenigen Gedanken aufsucht, über welche allgemeine Übereinstimmung herrscht; denn was in Allem sich auf eine und dieselbe

[1] Lechler, Geschichte des englischen Deismus, 1841, S. 42 ff. „Der Gesichtspunkt, unter welchem Herbert die Religion auffaſst, ist der sittliche: die Religion ist zu dem Behuf gegeben worden, damit die Menschen zu demjenigen, was sie von selbst thun sollten, verpflichtet würden und zugleich die gemeinsame Eintracht aller gewährt würde."

[2] a. a. O. p. 11—26.

[3] a. a. O. p. 31. Hier sind die bezeichnendsten Stellen wörtlich angegeben.

Weise verhält, das mufs vom natürlichen Instinkt hergeleitet werden". Da nun die Religion zu den Gemeinbegriffen gehört, so mufs man erforschen, was in Beziehung auf sie allgemein anerkannt ist; man vermag so die frivolen und verderblichen Dogmen von den guten und nützlichen zu unterscheiden. Auf diesem Wege gelangt Herbert „nicht ohne genaue und vielfache Analyse und Erforschung der Religionen" zu den fünf Wahrheiten, die wir vorher erwähnten [1].

Mit der Veröffentlichung seiner Gedanken leitete er eine grofse geistige Bewegung ein, die fast zwei Jahrhunderte die Gebildeten Europas beschäftigte und unter den verschiedenen Bezeichnungen „Deismus", „Aufklärung", „Naturalismus", „Freidenkertum" überall in der Wertschätzung des mit der natürlichen Religion verbundenen sittlichen Handelns und der Abneigung gegen die Priester und Dogmen der positiven Religion übereinstimmte. Die Wandlungen der deistischen Lehre zu verfolgen erfordert unsere Aufgabe nicht; aber wir müssen im folgenden Kapitel beobachten, wie sie einen wesentlichen Teil des Inhaltes der zeitgenössischen Philosophie in sich aufnahm. Wir werden dann imstande sein, die Aufgabe zu lösen, die am Ende des vorigen Teiles gestellt wurde. Der Deismus bildet das letzte Glied der Kette, mit welcher der Rationalismus den Geist des siebzehnten und achtzehnten Jahrhunderts in Fesseln schlägt. Nach allen Richtungen breitet er sich aus; von den Mächten der Wirklichkeit wendet er sich ab: von dem positiven Rechte, der religiösen Sittlichkeit, den überkommenen Religionen; sie erscheinen ihm alle gleich unnatürlich und schlecht. Alles historisch Gewordene mifst er an dem Mafsstab der Vernunft; Recht, Sittlichkeit und Religion sollen zu ihrer unverfälschten Quelle, der Natur zurückkehren.

Und nun zeigt sich eine eigentümliche Erscheinung: der auf die Spitze getriebene Rationalismus schlägt in Historismus um. Der Gedanke tritt nicht selten auf, dafs das wahre Gesetz und die wahre Religion in einer fabelhaften Urzeit gegolten hätten [3].

---

[1] Lechler S. 39--42.

[2] Herberts Methode hat eine grofse Ähnlichkeit mit der Gleichsetzung des „jus quo omnes gentes utuntur" und des „jus quod naturalis ratio constituit". Grotius nennt das ungeschriebene Recht, „das nur die Natur gebietet oder die Übereinstimmung aller Völker bestimmt", a. a. O. Einleitung 26.

[3] Einige Denker nehmen an, dafs das Urchristentum mit der natürlichen Religion identisch, bezüglich die Wiederherstellung derselben sei. Es giebt Naturrechtslehrer, welche der Ansicht sind, dafs der Inhalt des römischen Rechts gröfstenteils mit dem des Naturrechts übereinstimme (wahrscheinlich weil Pufendorf soviel römisches Recht in das Naturrecht herübergenommen hatte); allerdings fehlten ihm die Principien des natürlichen Rechtes. So glaubt man zur selben Zeit, dafs die griechische Kunst das Musterbild für alle Völker und Zeiten sei; in dieser Unklarheit sind auch noch Geister befangen, die im übrigen alle Konsequenz des historischen Standpunktes ziehen.

Diese Ansicht, die wir zuerst bei den Stoikern fanden, regt die Geister an, dem Ursprung der positiven Institutionen nachzuspüren. Ich nenne nur ein Beispiel. Cumberland hat nicht nur ein berühmtes Werk über die „Naturgesetze“ geschrieben, sondern auch über die phönizische Religion und die Anfänge der Menschen. Er glaubte Aufschlüsse über die Geschichte der Menschheit vor der Sintflut geben zu können. Es ist schwer, sich aus der Darstellung seines Biographen Payne eine Vorstellung von dem Inhalte jener Werke zu machen; aber er sagt uns sehr deutlich, wie Cumberland zu diesen Studien geführt wurde. Der Papismus machte so grofse Fortschritte in England, dafs Cumberland seine Gedanken darauf richtete „de quelle manière l'idolâtrie s'était introduite dans le monde“.

Die stoische Lehre von dem goldenen Zeitalter reizte aber auch wieder diejenigen zum Widerspruche, welche sich auf die Entwicklungstheorie des unverfälschten Epikureismus besannen. Und so bahnte der Rationalismus von beiden Seiten her historischer Forschung die Wege.

Wie aber hätte die rationalistische Zeitströmung eine solche Stärke erreichen können, wenn nicht in den positiven Institutionen so vieles unnatürlich und vernunftwidrig geworden wäre? Wie liefse es sich sonst erklären, dafs man sich an dem Widerspruch der Naturrechtslehrer, die doch alle das für alle Zeiten und Völker geltende Recht verkünden, so wenig stiefs, dafs Bielfeld in seinem bekannten Werke „Institutions Politiques“ einmal eine Anweisung für diesen Fall giebt?

## Sechstes Kapitel.

# Der innere Zusammenhang dieser Disciplinen mit der Philosophie und Naturwissenschaft des 17. Jahrhunderts und die Rückwirkung dieser auf jene.

Die drei idealen Mächte, mit welchen wir uns in den vorhergehenden Kapiteln beschäftigt haben, sind nicht etwa störende Einzelheiten in dem Kulturbilde des 17. Jahrhunderts. Betrachten wir sie im Zusammenhang mit der philosophischen Entwicklung der Zeit, so überrascht uns eine innere Uebereinstimmung, die auf den folgenden Seiten dargelegt werden soll. Jenem Nachweis geht passend eine Betrachtung derjenigen Züge voraus, welche Naturrecht, Natursittlichkeit und Naturreligion miteinander gemein haben.

### I.

### Gemeinsame Charakterzüge des Naturrechts, der Natursittlichkeit und der Naturreligion.

Sie nehmen erstens an, dass alles positive Recht, der Staat, die Sittlichkeit, Religion bewusste Schöpfungen der Vernunft sind. Sie kamen zu Stande entweder durch Vertrag oder durch Weise, Gesetzgeber, Priester u. s. w. [1]. Eine Konsequenz dieses Satzes ist es, daſs, wenn das positive Recht, die positiven Sitten-

[1] Die Ansicht, daſs auch die Sprache gemacht worden sei, am plattesten in dem Aufsatze Smiths: „Considerations concerning the first Formation of Languages."

gebote, die positiven Religionen dem idealen Urbild nicht ententsprechen oder gegen die Gebote der Gerechtigkeit verstofsen, dies bewufstem Übelthun zugeschrieben werden mufs, dafs z. B. der Vertrag nicht gehalten wurde oder dafs Fürsten und herrschende Klassen in ihrem Interesse die Gesetze änderten oder selbstsüchtige Priester die Völker betrogen u. s. w.[1].

Der erste Teil dieser Behauptung bedarf keines Beweises, der zweite wahrscheinlich noch weniger, da uns diese Anschauung selbst heutigen Tages recht geläufig ist. Aber ich darf vielleicht hinzufügen, dass Adam Smith, einer der Begründer der politischen Oekonomie, diese Meinungen bekannte. Er erörtert am Ende seiner Theorie der moralischen Gefühle, weshalb die positiven Gesetze mit dem Naturrechte nicht übereinstimmen. Daran ist seiner Meinung nach schuld zuweilen, was man die Verfassung nennt und in Wirklichkeit das Interesse der Regierung ist; zuweilen das Interesse herrschender Klassen, welche die Gesetze den Forderungen der Gerechtigkeit entgegen gestalten; zuweilen die Rohheit und Barbarei des Volkes, welche die natürlichen Gefühle der Gerechtigkeit nicht aufkommen lassen; zuweilen die unglückliche Verfassung der Gerichtshöfe.

Hierher stammen jene in dem nationalökonomischen Werke wiederkehrenden Zornausbrüche gegen die Selbstsucht der Kaufleute und Gewerbetreibenden, welche alle die schlechten volkswirtschaftspolitischen Gesetze veranlafst haben.

Ein zweiter Zug ist die Bedeutung, welche jene drei Disciplinen N a t u r und V e r n u n f t beilegen. Mit Hilfe der Vernunft vermag der Mensch aus seiner eigenen Natur, oder aus der Natur der Dinge, oder aus beiden das Recht, die Sittlichkeit und die Religion zu erkennen[2].

---

[1] Über diesen Zug des Deismus drückt sich überaus klar Lechler aus: „Er war weder für historische Wirklichkeit noch für spekulative Wahrheit rein empfänglich . . . der historische Pragmatismus, w e l c h e r d i e l e t z t e n G r ü n d e d e s W e r d e n s u n d G e s c h e h e n s i n d e n v e r s t e c k t e n A b s i c h t e n u n d U m t r i e b e n v o n I n d i v i d u e n f i n d e t, wird auch auf die geschichtlich gegebene Religion angewendet. Dieser gesetzlosen, beweglichen Willkür des Individuums gegenüber stellt sich dann eine um so steifere, beschränktere und einförmigere Idealität und Notwendigkeit, in der natürlichen Religion. Diese, im vollen Licht der Wahrheit glänzend, i s t v o n E w i g k e i t a n a b s o l u t v o l l k o m m e n d a, j e d e m M e n s c h e n g e g e n w ä r t i g u n d b e w u f s t, k e i n e r G e s c h i c h t e u n d E n t w i c k l u n g, k e i n e s F o r t s c h r i t t e s i n s i c h s e l b s t, s o n d e r n n u r d e r E n t a r t u n g u n d W i e d e r h e r s t e l l u n g f ä h i g, a. a. O. p. 460.

[2] Das Vertrauen auf die menschliche Vernunft zeigt sich besonders naiv bei Mercier de la Rivière. Er sagt: „Ce qui nous prouve bien que l'Auteur de la nature a voulu que nous fussions heureux, c'est que tous les hommes sont appelés à cette connaissance: rien de si simple (!) que l'ordre essentiel des sociétés; rien de si facile (!) à concevoir que les principes

So treten denn in den hierher gehörigen Schriften die Begriffe Natur und Vernunft gewöhnlich koordiniert auf. Was der Mensch mit Hilfe seiner Vernunft erkannt hat, ist dann weiter Gottesgesetz, welches nicht bloſs für ein Volk und eine Zeit, sondern für alle Zeiten und Völker gilt.

Diese Ansicht erklärt erstens den Hochmut, mit dem Naturrecht, Natursittlichkeit und Naturreligion den vermeintlich künstlichen Ordnungen der Wirklichkeit gegenübertreten. Unverfälschte Natur und verfälschte Wirklichkeit, das sind einige der Gegensätze, welche die Gedankenwelt des 18. Jahrhunderts bewegen. Jene Ansicht bedingt zweitens aber auch den Reformeifer des 18. Jahrhunderts, den Fanatismus der französischen Revolution, welche allen Völkern die Segnungen des Naturgesetzes bringen will. Das Naturrecht muſs positives Recht werden, die Naturreligion und der damit eng verbundene Codex natürlicher Sittlichkeit zur allgemeinen Einführung gelangen [1]. Auch Adam Smith hebt ja im Schlusse seiner „Theorie der moralischen Gefühle" hervor, daſs die Sätze des Naturrechts „ought to be enforced by the positive laws of every country" oder „ought to run through and be the foundation of the laws of all nations."

In dieser Auffassung muſs man sich auch nicht dadurch beirren lassen, dass z. B. die Physiokraten sich gegen das Gesetzemachen aussprechen. Denn im Grunde meinen sie dasselbe, wie die übrigen Naturrechtslehrer. Sie kämpfen gegen die schlechten, von der Selbstsucht und Unwissenheit diktierten positiven Gesetze, insbesondere gegen diejenigen, welche dem Individuum die natürliche Freiheit rauben, und wünschen, daſs die Naturgesetze erklärt werden. Diese Naturgesetze werden doch bewuſst durch die Vernunft gefunden und ebenso bewuſst wie die schlechten Gesetze durch die Organe der Gesetzgebung der Gesetzsammlung einverleibt. Den Physiokraten gehört also nur die zugespitzte Form, in welche sie die Gedanken kleiden; allen Naturrechtslehrern, welche sich an Locke anschlieſsen, ist die mehr oder weniger unumwunden ausgesprochene

immuables qui le constituent; ils sont tous renfermés dans les trois branches du droit de propriété: il est aisé de le démontrer", a. a. O. I p. 45. Es wäre auch wunderlich, daſs er anders gedacht hätte; sagt doch auch Grotius vom Naturrechte: „Denn die Grundsätze dieses Rechtes sind bei einiger Aufmerksamkeit ebenso offenbar und überzeugend, wie die sinnlichen Gegenstände, die ebenfalls nicht täuschen (!), wenn die Sinnesorgane gesund sind und das übrige Nötige (?) vorhanden ist." Einleitung 39.

[1] „Der Deismus ist also seinem Begriffe nach eine auf den Grund freier Prüfung durch das Denken gestützte Erhebung der natürlichen Religion zur Norm und Regel aller positiven Religion." Lechler a. a. O. p. 460.

Forderung gemein, daſs die Naturgesetze den Charakter von Staatsgesetzen erhalten[1].

Es wäre ein groſser Irrtum, in den Physiokraten Geistesverwandte oder Vorläufer Savignys zu erblicken; denn dieser lehrt den rein instinktiven, gefühlsmäſsigen, unreflektierten Ursprung des Rechtes, welcher sich in den Übungen und Gewohnheiten des Volkes offenbart; seine Theorie charakterisiert der organische Zusammenhang des Rechtes mit dem Charakter des Volkes: es ist national, wie die Sprache, wie die Sitte. Aus diesem Grunde kann nach Savigny die Aufgabe des Gesetzgebers nicht in der Ausführung dessen bestehen, was ein vernünftiger Mann durch Reflexion als ewiges, für alle Zeiten und Völker geltendes Naturrecht gefunden hat, sondern er muſs die Seele und Geschichte des bestimmten Volkes behorchen und erforschen und nach dieser Erkenntnis das der Entwicklungsstufe gemäſse Recht aussprechen. Die Quelle des Rechts ist nicht in der individuellen Vernunft, sondern im Volksgeiste. Savigny drückt sich an einigen Stellen seiner bekannten Schrift auch so deutlich über den Gegensatz der beiden Anschauungen aus, daſs man sich wundert, daſs jener Irrtum entstehen kann. Bei den Physiokraten Reflexion, Absolutismus der Lösung, bei Savigny Instinkt, Gefühl, Relativität nach Nation und Zeit; bei Jenen ein Drängen auf Ausführung des Ergebnisses der Reflexion, bei Savigny Zweifel an der Fähigkeit und dem Berufe, der Zeit Gesetze zu geben. Wenn also die Physiokraten mit anderen die Herrschaft der Natur fordern, so bedeutet das noch nicht den Untergang der Herrschaft der Reflexion, sondern den Sturz des Despotismus, der Willkür, der Selbstsucht und der Unwissenheit. Mit welchem Nachdrucke haben sie stets den Unterricht in den Gesetzen der natürlichen Ordnung gefordert! Natur und Vernunft treten, wie schon einmal erwähnt, als coordinierte Begriffe auf. Es war noch ein weiter Schritt bis zur Entgegensetzung von Natur und Reflexion.

Wohl ist dieser Schritt schon im 18., ja im 17. Jahrhundert geschehen. Wir haben gesehen, wie von verschiedenen Seiten, von Bayle, Mandeville, Shaftesbury, entweder die wirtschaftliche und politische Kraft des Triebs- und Gefühllebens oder seine sittliche Bedeutung, die sich in ihm offenbarende göttliche Vernunft entdeckt wurde. Die Natur wurde der Reflexion gegenübergestellt, sie war mehr als die Reflexion. Aber dieser fruchtbare Gedanke konnte nicht in alle seine Konsequenzen verfolgt werden. Dazu wäre es nötig gewesen, daſs die Idee der Entwicklung sich mit ihm verquickt hätte. Nicht als ob diese Idee dem 18. Jahrhundert fehlte. Seitdem Gassendi den Epikureismus in so groſsartiger und treuer Weise erneuert hatte, waren auch die Keime sociologischer Spekulation, der Geschichtsphilosophie, der Kulturgeschichte in

---

[1] Hutcheson nennt dies „to confirm the laws of nature".

alle Winde geflogen. Wer weifs nicht, was wir Voltaire, Turgot, Condorcet schulden, wer kennt nicht das vollendetste Werk dieser Richtung, Fergusons „Essay on Civil Society“? Wem ist Lamarck, der Vorläufer Darwins, nicht bekannt, welcher das Triebrad der Entwicklungslehre, den Kampf ums Dasein, von Malthus entlehnte, während Lamarck sich mit unbefriedigenden psychologischen Annahmen begnügte. Der Gedanke war da; aber er konnte sich mit dem anderen des Vernünftig-Unvernünftigen nicht vereinigen. Die Idee eines ewigen unveränderlichen starren Naturrechtes, einer unveränderlich starren Naturreligion mit einem ewigen starren sittlichen Naturgesetze schob sich dazwischen und erdrückte schier beide. So gehen im 18. Jahrhunderte, insbesondere in seiner zweiten Hälfte, zwei Strömungen nebeneinander her, die sich oft durchkreuzen und den Werken einzelner Männer ein so widerspruchsvolles Äufsere verleihen. Der historische Geist unseres Jahrhunderts kündigt sich schon in der zweiten Hälfte des vorigen an, so dafs nichts verfehlter ist, als diesem einen einheitlichen Charakter zu verleihen.

Aber erst als der Rationalismus zu seiner letzten befreiendzerstörenden That ausholt und mit der französischen Revolution die Gefahren des einen wahren Rechtes, der einen wahren Religion den Zeitgenossen in furchtbarer Gestalt nahetreten, da zerreifst der Nebel, der den Geist bisher umfangen hat. Man erkennt die Bedeutung des Instinktes, des Gefühls, der historischen Entwicklung, den Wert des Positiven, Besonderen, Nationalen, und die Welt spricht bewufst mit Burke: Nature is wisdom without reflection.

So scheint mir denn, dafs die Prinzipien der genannten Disciplinen Natur und Vernunft sind. Diese Prinzipien verbinden sie nun mit der Philosophie und der Naturwissenschaft des 17. Jahrhunderts, die im Anfang so innerlich verschwistert sind.

Doch ehe ich hierzu übergehe, mufs ein Punkt wenigstens eine flüchtige Ausführung erfahren. Die drei genannten Disciplinen sind unhistorisch. Weshalb sie dies wissenschaftlich sein mufsten, liegt an der mangelhaften Psychologie. Sie betrachten immer nur vereinzelte allgemeine Züge des menschlichen Triebslebens. Ein so grosser Fortschritt sich auch seit Hobbes und Pufendorf durch Cumberland, Shaftesbury, Mandeville, Butler, Hutcheson, Hume und Smith vollzogen haben mag, alle diese Männer richten ihre Aufmerksamkeit nicht auf den konkreten Menschen bestimmter Völker, bestimmter Zeiten, noch weniger bestimmter Volksklassen, sondern auf das, was sich ihnen in der Menschennatur als typisch allgemein offenbart. Es ist die Psychologie Shylocks im „Kaufmann von Venedig“. Nur dafs dieses Allgemeine immer mehr ausgeführt wird, es ist ein weiter Schritt von den roh-egoistischen Bestien der Hobbes und Pufendorf bis zu den fein construierten Menschen Adam

Smiths. Wenn aber der Mensch eine so gleichartige Constitution hàt, so mufs die soziale Ordnung, welche sich aus der Erkenntnis dieser Natur ergibt und auf ihr aufgebaut werden mufs, auch eine allgemeine, für alle Zeiten und Völker bestimmte sein.

Hiermit hängt nun auch das Dogma der Gleichheit aller Menschen im Naturrechte zusammen. Die Stoiker begründen die Gleichheit aller Menschen auf die Gleichheit der Vernunft; die Epikureer lehren die Gleichheit der Ungebundenheit aller von einer positiven Autorität im Naturzustande. Hobbes bricht die Sache übers Knie: die Menschen sind deshalb alle gleich, weil ein jeder, auch der Schwächste, den andern, auch den Starken, zu töten vermag; die bestehende Ungleichheit sei durch das Gesetz eingeführt worden[1]. Pufendorf versteht unter der Gleichheit des Naturzustandes die „entière indépendance de tout autre que de Dieu; a cause de quoi on donne à cet état le nom de Liberté Naturelle en tant que l'on conçoit chacun comme maître de soi-même, et ne relevant de l'empire d'aucun homme, tant qu'il n'y a pas été assujetti par quelque acte humain. De là vient aussi que chacun est regardé comme égal à tout autre dont il n'est ni Sujet ni Maître“[2]. Die Lehre Lockes über diesen Punkt wurde früher ausführlich dargelegt. Nach Hutcheson, dem Schüler Lockes, beruht die Gleichheit aller Menschen darauf, dafs sie gleiche angeborene Rechte haben. Bei ihm tritt auch schon das Bewufstsein hervor, dafs der Ausdruck „Gleichheit“ nicht ganz richtig gewählt sei. Folgendes sind seine Worte: „The natural equality of men consists chiefly in this, that these natural rights belong equally to all: this is the thing intended by the natural equality, let the term be proper or improper“[3]. Bei Quesnay und seinen Schülern tritt eine starke Neigung hervor, die Ungleichheit der Menschen zu betonen, die man als den Willen Gottes hinnehmen müsse[4]. Bei Mercier de la Rivière beschränkt sich die Gleich-

---

[1] De Cive I, § 3.

[2] Pufendorf, Devoirs de l'Homme Liv. II, chap. 1.

[3] Hutcheson a. a. O. Book II, chap. 5, p. 299.

[4] Quesnay, Droit Naturel, chap. III: „De l'inégalité du droit naturel des hommes“. Daire I, p. 45. In Quesnays „Essai physique sur l'économie animale“ findet sich der Satz: Tous les hommes, considérés dans l'ordre naturel, sont originairement égaux. Weshalb sie aber gleich sind, oder worin die Gleichheit besteht, sagt Quesnay nicht deutlich. Nach dem unmittelbar Folgenden mufs man annehmen, dafs er die Gleichheit auf der gleichen Pflicht der Selbsterhaltung aufbaut. Denn es heifst dort: chacun est obligé, sous peine de souffrance, de conserver sa vie et chacun est chargé seul envers soi-même de la rigueur du précepte. Vorher aber hören wir, dafs die Menschen gleiche Rechte haben. Il (l'homme) est en société avec d'autres hommes qui ont comme lui des droits qu'il doit respecter, et auxquels on ne peut guère préjudicier impunément; ces droits sont naturels ou légitimes. Oncken, Oeuvres Economiques et Philosophiques de Quesnay. 1888, p. 755, 754. Die Ungleichheit der Lebenslage, welche sich herausbildet, obgleich „le

heit thatsächlich auf den allgemeinen Trieb der Menschen, sich zu erhalten und zu geniefsen. Noch mehr schrumpft sie bei Adam Smith zusammen, wie wir früher ausführlich gezeigt haben.

So zeigt sich, dafs auch die Lehre von der Gleichheit aller Menschen sich mit der Psychologie mehr und mehr verändert, wenn sie auch die früher bezeichnete Schranke nicht zu überschreiten vermag. Geradezu falsch ist es aber, den Naturrechtslehrern die Meinung zuzuschreiben, sie betrachteten alle Menschen als schlechthin gleich. Sie abstrahieren, von Hobbes angefangen bis auf den letzten Vertreter des Naturrechtes, von einem grofsen Teile der menschlichen Anlagen und konzentrieren ihre Aufmerksamkeit auf den Rest. Auch hierin haben sie Ähnlichkeit mit den Philosophen und Naturforschern, von denen wir nun zu sprechen haben.

Welche Basis aber auch die Naturrechtslehrer der Lehre von der Gleichheit der Menschen gegeben haben, sicher ist es, dafs keine geistige Macht in der neueren Zeit den Menschen den Grundsatz so tief eingeprägt hat, sich als gleich zu betrachten und nach dieser Maxime den socialen Verkehr wie Recht und Gesetz zu gestalten[1].

## II.

## Zusammenhang dieser Wissenschaften mit der Philosophie und den Naturwissenschaften des 17. Jahrhunderts.

Der metaphysische Rationalismus, wie er von Descartes begründet und ausgebildet wird, leitet auf mathematischem Wege alle philosophischen Wahrheiten aus der Grundthatsache der seelischen Natur, dem Selbstbewufstsein, ab. Der Mensch braucht also mit seiner Vernunft nur in sich selbst zu schauen, um die Wahrheit zu entdecken. Eine äufsere Übereinstimmung zwischen Naturrecht und der Philosophie Descartes'[2] könnte man auch darin finden, dafs der Begriff Gott auch in seinem System als eine sehr wichtige Stütze der Beweisführung auftritt. Eng-

droit naturel des hommes est originairement égal", werde durch tausend Ursachen herbeigeführt, deren „action est réglée selon les vues et les dessins de l'intelligence suprême qui a construit l'univers"; daher denn auch die Mahnung: c'est aux hommes à se régler sur cet ordre même et non à le méconnaître, ou à chercher inutilement et injustement à s'en affranchir a. a. O. p. 757. Man begreift bei diesem Kultus der Ungleichheit und des Eigentums den Widerstand der Sozialisten von dem gleichen Standpunkt des Naturrechts aus.

[1] Vgl. Pufendorf. Les Droits etc., I, cap. 7 mit der Überschrift: „De l'obligation où sont tous les hommes de se regarder les uns les autres comme naturellement égaux."

[2] Windelband macht p. 170 auch hierauf aufmerksam; aber ich kann ihm nicht darin beistimmen, was er über das zeitliche Verhältnis der Philosophie und des Naturrechtes sagt.

verbunden mit der neuen Philosophie, in demselben siebzehnten Jahrhundert nehmen die Naturwissenschaften, die im sechzehnten die Kinderschuhe ausgetreten haben, einen fast noch gewaltigeren Aufschwung als die historischen in unserem Jahrhundert — nicht die beschreibenden Naturwissenschaften, nicht die historischen, wenn dieser Ausdruck erlaubt ist, sondern derjenige Zweig, welcher der Mathematik wie seiner Lebensluft bedarf, nämlich die Mechanik. Die Mathematik steht so im geistigen Centrum dieser Zeit, und sie wird mit staunenswerter Genialität ausgebildet. Man versteht die Philosophen jener Zeit nicht, wenn man sie nur als luftige Spekulanten auffafst, sie wollen auch Mathematiker und Naturforscher sein. Und Descartes' dauernde Bedeutung liegt jedenfalls mehr in seinen mathematischen Errungenschaften, als in seiner Philosophie.

Vergegenwärtigt man sich alles, was das siebzehnte Jahrhundert auf dem Gebiete der Mathematik und der Naturwissenschaften geleistet hat, so kann man sich des Staunens nicht erwehren. Es scheint in Krieg und Aufruhr, in politischen und religiösen Kämpfen aufzugehen, und doch verdient es auf dem Gebiete der Wissenschaft mehr als das achtzehnte das Jahrhundert der grofsen Männer genannt zu werden. Ich sehe von seiner Bedeutung auf dem Gebiete der Geisteswissenschaften natürlich ab und erinnere nur daran, dafs es das Jahrhundert der Galilei, Kepler und Newton ist, dafs die Logarithmenlehre und die analytische Geometrie dem Schatze der Mathematik hinzugefügt werden, dafs der Blutumlauf entdeckt und Mechanik und Optik eifrig gefördert wurden, dafs Boyle die neuere Chemie ins Leben ruft, dafs Bacon und Descartes ihre Methoden ausbilden und durch Gassendi die Atomenlehre wieder Bürgerrecht in der Wissenschaft gewinnt. Und im Centrum dieser wissenschaftlich gährenden Zeit steht die Mathematik.

Der scholastischen Wortweisheit und ihres dürren Syllogismus müde, erwartete Descartes das Heil für alle Wissenschaft von der Anwendung der mathematischen Methode, die also eine Universalmethode werden sollte. Sie charakterisiert sich durch eine eigentümliche Verbindung von Analyse und Synthese. Die Analyse sucht zunächst auf induktivem Wege die selbstgewisse Wahrheit zu gewinnen, von der aus deduziert werden kann. Doch trägt diese Deduktion keinen syllogistischen Charakter; denn durch fortschreitende Aufnahmen neuer selbstgewisser Anschauungen, durch Synthese gelangt sie zu neuen Ergebnissen.

Die mathematische Methode wird vielleicht deutlicher in ihrer Eigentümlichkeit erkannt werden, wenn wir die Methode Bacons, der gleichfalls einen erbitterten Kampf gegen die Scholastik führte, dagegen halten. Bei Descartes war die Induktion zu einem verhältnismäfsig unbedeutenden Bestandteil seiner Methode herabgedrückt; anders bei Lord Verulam. Er forderte systematische Beobachtung, vorsichtigen Fortschritt von den richtig beobachteten Thatsachen zu allgemeinen Sätzen, Bereicherung und Reinigung der Erfahrung durch das Experiment; das mathematische Element verstand er nicht zu würdigen.

Wie Descartes die universalmathematische Methode in der Philosophie anwandte, haben wir beobachtet. Ein methodischer Überblick über das Gebiet der Lebensäufserungen läfst ihn in dem Selbstbewufstsein die tragfähige Grundlage einer Deduktion erkennen; in dem Selbstbewufstsein entdeckt er die Idee Gottes in uns, die wir selbst nicht hervorgebracht haben können, und die nun seine Erkenntnis wiederum einen Schritt weiter führt.

In den Naturwissenschaften liefs sich die Methode des Cartesius zur Anwendung bringen, wenn man in den Körpern von allen Eigenschaften abstrahiert, welche sich vor dem Urteil der Vernunft nicht zu behaupten vermögen. Denn nur soviel von unsern Vorstellungen der Welt hat nach Descartes Anspruch auf Gewifsheit und Richtigkeit, als sich vor dem menschlichen Denken klar und deutlich zu erweisen vermag. So verbleibt den Körpern nur die Eigenschaft, Raumgebilde zu sein. Da nun die Ausdehnung ins Endlose teilbar ist, die Teile sich verbinden und trennen lassen, so fafst er alle Veränderungen in der Körperwelt als Bewegungserscheinungen auf. Die Bewegungen der Teilchen wie der Körper erklärt Descartes aus der Übertragung der Bewegung nach dem Gesetze des mechanischen Stosses. Die Raumgröfsen haben keine selbständige Bewegungskraft; folglich mufs diese von aufsen an sie herantreten. Gott ist die erste Ursache aller Bewegung. „Aus der Unwandelbarkeit Gottes folgt, dafs alle Veränderungen in der Körperwelt nach konstanten Regeln geschehen. Diese Regeln nennt Descartes Naturgesetze. Da alle Veränderungen der Materie Bewegungen sind, so sind sämtliche Naturgesetze Bewegungsgesetze“ [1]. „Jetzt ist der Standpunkt der Cartesianischen Naturphilosophie vollkommen klar“, sagt Kuno Fischer, „das Wesen der Körper besteht in der Raumgröfse, die Veränderung derselben in der Bewegung; jenes wird mathematisch, dieses mechanisch begriffen: die Naturerklärung Descartes' beruht daher völlig auf mathematisch-mechanischen Grundsätzen“.

Es bildete sich also in der modernen Naturphilosophie die Methode aus, von den kleinsten Teilchen eines Körpers auszugehen und die konstanten Regeln ihrer Bewegungserscheinungen zu erkennen. Natürlich mufste dabei eine Kraft vorausgesetzt werden, als deren Wirkformen diese erscheinen, eine Kraft, die entweder von aufsen an das kleinste Teilchen herantrat oder mit ihm verbunden war. Wie sich die Atomtheorie Gassendis, welche Descartes selbst verwarf, in diese mathematisch-mecha-

---

[1] Kuno Fischer, Geschichte der neueren Philosophie. 3. A. I, 1 p. 340 fg.

nische Naturerklärung einschob, welche Theorie über Atom und Kraft und über ihr Verhältnifs aufgestellt wurde, ist nicht unsere Aufgabe darzulegen[1]. Das Naturgesetz war folglich der Ausdruck „für die konstante, in allen einzelnen Fällen als Grundform erkennbare Wirkungsweise von Kräften"; „das Gesetz ist die Definition von Kräften"[2]. So stellte sich das „Naturgesetz" im physikalischen Sinne neben das „Naturgesetz" der Ethik.

Es ist bekannt, dafs England schon im 17. Jahrhundert den Empirismus Bacons pflegte und der systematischen Beobachtung, dem Experimente der einseitig mathematisch-mechanischen Richtung gegenüber zum Siege verhalf. Bei den gröfsten naturwissenschaftlichen Forschern Englands, Boyle und Newton, erscheinen sie im völligen Gleichgewichte. Sie haben ja auch die Atomtheorie Gassendis als ein neues Element in die Naturphilosophie eingeführt.

Im Geiste der Cartesianischen Philosophie mufste es als ein geradezu notwendiger Schritt erscheinen, dafs man die mathematische Methode auf alle Geisteswissenschaften übertrug, wie ja auch Bacon die Anwendung seiner induktiven Methode in allen Wissenschaften wünschte. Die Aufgabe bestand also darin, den Ideenkomplex der Wissenschaft in seine Teile zu zerlegen, einfache Grundkräfte aufzufinden und aus dem Einfachen, welches die Analyse herbeigeschafft hatte, durch Synthes edas Zusammengesetzte entstehen zu lassen: gewissermafsen Naturgesetze der Geisteswissenschaften zu entdecken. Descartes selbst hat dieses Gebiet nur mit seiner „Abhandlung über die Leidenschaften" berührt. Dagegen ging die Übertragung der mathematischen Methode auf Ethik und Politik, oder wie Hobbes sagt, die „civil philosophy" von diesem aus. Ob seine mathematische Methode die Cartesianische ist, will ich an einer andern Stelle erörtern; denn die Aufgabe dieser Schrift ist allein die Darlegung des Zusammenhangs der englisch-französischen Nationalökonomie mit der allgemeinen philosophischen Bewegung, womit sich das Eingehen in die Einzelheiten der Entwicklung nicht verträgt.

Bei Hobbes bleiben das naturphilosophische und das ethische Naturgesetz noch geschieden. Den Gedanken, „Naturgesetze der Gesellschaft" aufzustellen und auf ihrer Grundlage ethische Naturgesetze zu errichten, fafste erst der Arzt Quesnay[3].

---

[1] Siehe hierüber Lange, Geschichte des Materialismus. 3. A. II, zweiter Abschnitt, zweites Kap.: „Kraft und Stoff".

[2] Rümelin, Über den Begriff eines sozialen Gesetzes, Reden und Aufsätze 1875. S. 5.

[3] Dupont de Nemours drückt sich hierüber so klar aus, dafs ich mich nicht enthalten kann, die ganze Stelle hierher zu setzen. Er sagt: „Il y a environ treize ans qu'un homme du génie le plus vigoureux (Quesnay), exercé aux méditations profondes, déjà connu par d'excellents ouvrages et par ses succès dans un art où la grande habilité consiste à observer

Wir haben also einen dreifachen Einflufs der Naturphilosophie auf die Geisteswissenschaften zu beobachten: 1. auf die Methode (Hobbes), 2. auf die Psychologie (Descartes), 3. auf die Entdeckung von physikalischen Naturgesetzen der Gesellschaft (Quesnay).

## III.

## Die Einwirkung der Naturphilosophie auf die Methode des Naturrechts und der Nationalökonomie.

Mit naturwissenschaftlichen Begriffen und einer mathematischen Denkweise ausgerüstet, betritt Hobbes den Boden der Geisteswissenschaften. Hierdurch hat er die folgenden Jahrhunderte so stark beeinflufst, dafs wir selbst am Ende des 19. Jahrhunderts den Bann seines Geistes nicht ganz gebrochen haben. Den physischen und psychischen Organismus sucht er rein mechanisch aus Atombewegungen zu erklären; er ist darum ein Vorläufer der späteren, materialistischen Psychologie. Seine Lehre von Recht, Sittlichkeit, Staat kann als eine soziale Atomistik gelten.

Zwei Überzeugungen spricht Hobbes an mehreren Stellen seiner Werke aus, erstens dafs er der Begründer der Geisteswissenschaften „civil philosophy“ sei und dafs er auf sie die mathematische Methode angewendet habe oder anwenden wolle.

Hobbes sagt uns ganz klar, was er unter der Anwendung der mathematischen Methode auf dem Gebiete der Geisteswissenschaft versteht: es ist die Deduktion aus einem wahren Erfahrungssatze über die menschliche Natur. Ein derartiger Erfahrungssatz ist der folgende: Alle Menschen sind von Natur selbstsüchtig; sie wünschen von den andern Menschen nur Ehre und Vorteil. Sie sind also von Natur auch nicht gesellig, sondern ungesellig. Sie sind auch gleich; denn ein jeder vermag das Gröfste, nämlich den Mitmenschen zu töten: daher die gegenseitige Furcht. Aus der gegenseitigen Furcht leitet nun Hobbes zuerst die Maximen der klugen Lebensführung, dann Staat und Recht her. So führt uns die Hobbesche Analyse auf freie und gleiche Menschenatome, Träger der Kraft Selbstsucht. Er läfst dann durch Synthese aus ihnen die öffentlichen

---

et à respecter la nature, devina qu'elle ne borne pas ses lois physiques à celles qu'on à jusques à présent étudiées dans nos académies; et lorsqu'elle donne aux fourmis, aux abeilles, aux castors la faculté de se soumettre d'un commun accord et par leur propre intérêt, à un gouvernement bon, stable et uniforme, elle ne refuse pas à l'homme le pouvoir de s'élever à la jouissance du même avantage. Animé par l'importance de cette vue et par l'aspect des grandes conséquences qu'on en pouvait tirer, il appliqua toute la pénétration de son esprit à la recherche des lois physiques relatives à la société“. Dupont de Nemours, Origine et Progrès d'une Science Nouvelle, Daire I, p. 338.

Körper entstehen. Seine Darstellung zeigt in ihrer Klarheit, Schärfe, strengster logischer Verkettung den an der Mathematik geschulten Geist.

Pufendorf wandte dann, wie wir gesehen, die mathematische Methode auf das Naturrecht an. Auch er geht von den selbstsüchtigen Menschenatomen aus, was ihn in einen merkwürdigen Konflikt mit seiner Socialitätstheorie brachte. Da nun die nationalökonomische Theorie in dem Naturrecht heranwuchs, so atmete sie nicht nur, wie schon erwähnt wurde, von Anfang an die Luft einer atomistisch-egoistisch-mechanistischen Ansicht von Individuum, Gesellschaft, Staat, welche Mandeville nationalökonomisch ausgestaltete, wie erinnerlich sein wird, sondern es wurde auch der jungen Wissenschaft die mathematische Methode in die Wiege gelegt, d. h. die Deduktion aus dem universellen menschlischen Egoismus. Nachdem der wirtschaftliche Egoismus von Mandeville in die Betrachtung eingeführt und dessen Triebkraft gründlich gewürdigt worden war, Shaftesbury die ethische Berechtigung des Selbstinteresses behauptet hatte, lag die Deduktion aus dem wirtschaftlichen Egoismus gewifs sehr nahe.

Doch täuscht man sich, wie ich glaube, wenn man annimmt, dafs diese Methode nun als die allein giltige in unserer Wissenschaft betrachtet worden wäre. Mir scheint, dafs man die mathematische Methode selten bewufst angewendet hat. Sie lag in der Luft, die man atmete. Sonst wäre es kaum verständlich, dafs Dupont de Nemours, ein hervorragender Vertreter der physiokratischen Schule, in der doch gewifs aus dem Egoismus deduziert worden ist, z. B. in der Lehre von der Steuerüberwälzung[1], mit solcher Zuversicht die Nationalökonomie für eine Beobachtungswissenschaft gehalten hat. Er hebt hervor, wie man sich erinnern wird, dafs derjenige, welcher die neue Wissenschaft ins Leben gerufen, ein Mann gewesen sei, der gelernt habe, die Natur zu beobachten und zu achten[2]. Beobachtung und Experiment, behauptete Quesnay, seien die beiden Er-

---

[1] Siehe insbesondere die Darstellung Duponts in „Origine et Progrès etc.“, §. XV. Die Erhebung einer indirekten Steuer wäre kostspielig „et augmenterait nécessairement les frais de commerce et de culture“. Da diese die Waaren notwendigerweise verteuern würden „elles forceraient donc les acheteurs à mésoffrir sur les denrées et les matières premières en raison de la taxe et de la perception coûteuse de la taxe et de l'accroissement de frais intermédiaires. . . . Elles feraient donc baisser nécessairement d'autant le prix de toutes les ventes de la première main. Les cultivateurs . . . se trouveraient donc en déficit . . . Ils seraient donc forcés d'abandonner la culture des terrains mauvais ou médiocres . . . De là naîtrait une première et notable diminution dans la masse totale des subsistances. Les cultivateurs seraient forcés en outre de retrancher sur le revenu des propriétaires . . .

[2] Daire I, p. 338.

kenntnisquellen der Medizin [1]. Um dieses Urteil richtig zu würdigen, müssen wir beachten, daſs dieser methodische Grundsatz zur Zeit Quesnays noch nicht völlig zur Anerkennung gelangt war. Damals rangen die Cartesianischen und die Baconischen Prinzipien in der Medizin noch miteinander. Auf Seiten jener standen die Iatromathematiker oder Iatromechaniker, welche sich von der Mitte des 17. bis weit in das 18. Jahrhundert hinein behaupteten, auf Seite der letzteren vor allem der englische Arzt Sydenham und der Holländer Boerhave [2]. Quesnay verfolgte also entschieden die neuere methodische Richtung in der Medizin. In seiner Jugend hatte er die mathematischen Studien vernachlässigt; am Abend seines Lebens wünschte er das Versäumte nachzuholen, weil seine nationalökonomischen Arbeiten viele Berechnungen erforderten; aber „il oubliait son âge“ [3]. Von der Einführung einer mathematischen Methode in die Nationalökonomie kann aber nicht die Rede sein, Grand-Jean de Fouchy hätte sich in diesem Falle ganz anders ausdrücken müssen.

Dupont de Nemours betrübt es, daſs man die Lehre von der inneren Politik noch nicht für eine „exakte“ Wissenschaft ansehe. Er ist wohl der erste, welcher dies neuerdings viel gebrauchte Beiwort in diesem Zusammenhange verwendet; er versteht unter einer exakten politischen Wissenschaft, wie der Sinn der Stelle ergiebt, eine solche, die, auf genaue Beobachtung, Messen, Wägen gestützt, gestattet, die Zukunft vorherzusagen [4].

Es läſst sich ja auch nicht leugnen, daſs gerade das Beste an der physiokratischen Theorie: die Darstellung des wirtschaftlichen Kreislaufs, die Lehre von der Reproduktion der Urstoffe, ihrer Formung, Cirkulation und Verteilung, die Berechnung des Kapitalzinses, welchen der Pächter haben muſs, und anderes auf einer Beobachtung des wirtschaftlichen Lebens beruhte, kurz sich als eine Beschreibung der französischen Wirtschaft des achtzehnten Jahrhunderts darstellte. Es stehen sich also schon während der Jugend unserer Wissenschaft in Frankreich zwei Methoden gegenüber: eine abstrakt-deduktive und eine konkret-deskriptive.

Etwas Ähnliches gilt von Adam Smith. Er hat unzweifelhaft

---

[1] Oncken, Oeuvres de Quesnay, p. 45. So Le comte d'Albon.

[2] Wunderlich, Geschichte der Medizin 1859, p. 132 ff., passim. Boerhave „wies die Lehrsätze der Chemiatriker und Cartesianer zurück und verlangt die Verfolgung der einfachen Gesetze der Natur“ auf dem Wege der Beobachtung, p. 167.

[3] Oncken, a. a. O. p. 35. So Grand-Jean de Fouchy.

[4] Nous mesurons les cieux et la terre, nous observons leurs révolutions, nous calculons leurs mouvements, nous prédisons les éclipses . . . Si vous demandiez comment il faut s'y prendre pour qu' une société politique soit florissante . . . et qu'il vous répondît que ce n'est pas là l'objet d'une science exacte . . . il ne faudrait pas trouver cette réponse ridicule, car elle paraît naturelle et raisonnable à ceux qui la font de bonne foi u. s. w., a. a. O. p. 337.

die abstrakt-deduktive Methode sehr beträchtlich angewandt, z. B. in der Lehre vom Preise und Lohn, vom Zins, von der Steuerüberwälzung; aber er hat sie nicht ausschliefslich angewandt, und er hat sie nicht konsequent angewandt. Wie ich schon an einer früheren Stelle hervorgehoben habe, finden sich neben Stellen, in welchen er den Egoismus mit der gleichbleibenden Intensität und Präzision einer Naturkraft wirken läfst, andere, in denen das Selbstinteresse nur die Tendenz hat, bestimmte Wirkungen hervorzubringen.

Er hat die mathematische Methode auch nicht ausschliefslich angewandt. Das ganze vierte Buch, das wichtigste von allen, ist ein induktiver Beweis für die Schädlichkeit des Merkantilsystems. Aus den Thatsachen, welche er in gröfster Fülle gesammelt hat, zieht er am Schlufs des Buches die Folgerung, dafs sich der Staat der wirtschaftlichen Intervention enthalten solle.

Hierzu kommt noch ein anderes. Smith steht in methodischer Hinsicht unter dem Einflusse Humes und Montesquieus; der erstere sucht, an Bacon anknüpfend, den Geisteswissenschaften eine empirisch-psychologische Basis zu geben; der letztere lenkt den Blick vorzugsweise auf das Studium der äufseren Faktoren, welche das wirtschaftliche und politische Leben der Menschen bestimmen. Die Bestrebungen beider vereinigend hat Smith Grofsartiges geleistet, wie z. B. die früher besprochene psychologische Analyse des Wirtschaftslebens beweist. Ich erinnere weiter an die Darlegung der Wirkungen der Arbeitsteilung, der Maschinen, der verschiedenen Gesellschaftszustände, des Ansammelns von Kapital u. s. w., insbesondere aber der Gesetzgebung auf die Volkswirtschaft.

Eine genauere Ausführung dieser Skizze ist an dieser Stelle unmöglich; ich werde sie anderswo versuchen. Das Wenige genügt aber zum Beweise, dafs Smith weit davon entfernt war, die abstrakt-deduktive Methode ausschliefslich zu handhaben. Ja, nach meiner Meinung ist sogar ein Übergewicht nach der Seite der empirisch-induktiven Richtung nicht zu verkennen.

Diejenigen täuschen sich also, welche glauben, dafs Smith im „Reichtum der Völker" ausschliefslich die abstrakt-deduktive Methode angewandt habe, und diejenigen sind ebenfalls im Irrtum, welche in dem Buche ein Meisterwerk der induktiven Richtung erkennen. Ich freue mich, dafs zwei hervorragende Nationalökonomen Grofsbritanniens, Cliffe Leslie und Ingram, ebenfalls der Ansicht sind, dafs Smith zwei Methoden angewandt habe[1].

Das Ergebnis lautet also: in unserer Wissenschaft sind schon seit Quesnay und Adam Smith zwei Methoden zur Anwendung

[1] Cliffe Leslie, Essays in Political Economy, 2. ed. 1888, p. 21 ff. und John K. Jngram, History of Political Economy 1888, p. 90 ff.

gekommen, wenn auch damals daraus noch kein Methodenstreit entstanden ist.

Damit haben wir eine der Aufgaben erledigt, welche wir uns am Ende des vorigen Paragraphen stellten. Die Beobachtung des Kampfes der mathematischen und der induktiven Methode in der englischen Ethik würde unsere Untersuchung in keiner Weise fördern, obwohl er nicht ohne Einfluſs auf unsere Wissenschaft gewesen ist. Hutcheson macht der mathematischen Methode bewuſst Opposition und kehrt zu den Baconischen Prinzipien zurück.

Wir wenden uns nun zu dem zweiten Punkt, zur Einwirkung der Naturphilosophie auf die Geisteswissenschaften.

## IV.

## Die mechanische Psychologie und die Statistik.

Die Philosophen des siebzehnten und achtzehnten Jahrhunderts schaffen die moderne Psychologie und gestalten sie zu einer Mechanik der Triebe und Vorstellungen. Für Descartes, den Führer auf diesem Gebiete, ist das Seelenleben ein Kampf der Leidenschaften untereinander und mit der Vernunft. Er betrachtet es als seine Aufgabe, gewisse einfache und notwendige Grundformen aufzufinden und daraus die Passionen abzuleiten. Diese psychologische Betrachtungsweise wird dann in groſsartiger Weise von Spinoza aufgenommen und auf ihren Höhepunkt geführt. Auf dem Gebiete des Erkenntnisvermögens erscheint sie bei Locke. Er sucht zu zeigen, wie sich aus den einfachen Daten unserer Sinne nach bestimmten Gesetzen unsere Vorstellungen bilden [1]. Durch Hume und David Hartley wird diese Betrachtungsweise in der psychologischen Forschung weiter ausgebildet: nämlich das Seelenleben zu ana-

[1] Daſs Lockes Bedeutung nicht darin liegt, wie gewöhnlich angenommen wird, zuerst in der neuern Zeit behauptet zu haben, daſs alle unsere Ideen aus Sinneseindrücken stammen, geht schon daraus hervor, daſs Gassendi vor ihm dasselbe lehrte. „Toutes les idées qu'on a dans l'entendement tirent leur origine des sens . . . Il n'y a rien dans l'Entendement qui premièrement n'ait esté dans le sens. L'on y doit aussi rapporter ce qui se dit d'ordinaire (!) que l'Entendement est une Table rase . . . Ceux qui disent qu'il y a des Idées impresses, ou imprimées par la nature et nullement acquises par les sens, ne sauraient ancunement prouver ce qu'ils disent.“ Bernier, Tome I, p. 10 (Logique). Auch Descartes sagt in seinem Discours s. l. Méth. (IV): „que même les philosophes tiennent pour maxime dans les écoles qu'il n'y a rien dans l'entendement qui n'ait premièrement été dans les sens,“ p. 62 der Ausg. der Bibl. Nat. Epikureismus und Stoicismus waren Systeme des Empirismus, bei den Stoikern die Lehre, daſs die Seele ursprünglich eine tabula rasa sei. — Damit soll keineswegs geleugnet werden, daſs Lockes Kritik der Lehre von den angeborenen Ideen etwas Neues war.

lysieren, die einfachsten Elemente desselben aufzusuchen und zu zeigen, nach welchen Gesetzen sich aus ihnen neue Gebilde entwickeln. Die weitere Entwicklung der modernen französisch-englischen Philologie brauchen wir nicht zu verfolgen: wie Condillac von den zwei Quellen der Lockeschen Erkenntnistheorie den inneren Sinn versiegen liefs und das ganze Seelenleben aus den sinnlichen Empfindungen ableitete, wie die schon bei Hartley vorhandene physiologische Betrachtungsweise der psychologischen Probleme zu ihrem Rechte kam, wie endlich jene schon von Hobbes begonnene Erklärung der psychischen Erscheinungen aus Atombewegungen Nachfolger fand.

Aber, wird man fragen, zu welchem Zwecke ist diese flüchtige Skizze der Entwicklung der Psychologie gegeben worden? Um es zu erklären, weshalb das Selbstinteresse in dem nationalökonomischen Werke Adam Smiths und auch in den Schriften der Physiokraten nicht selten rein mechanisch mit der Regelmäfsigkeit und Präzision einer Naturkraft wirkt, was die Anwendung des deduktiven Verfahrens aus der Prämisse des universellen wirtschaftlichen Egoismus erleichterte[1]. Die Methode des Hobbes erhielt durch die Cartesianische Psychologie ihre notwendige Ergänzung: jetzt erst war sie vollendet. Ricardo handhabte sie später in einer so virtuosen Weise, dafs sein Werk zu einer Mechanik des Wirtschaftslebens wurde und nun Versuche zu einer ganz und gar mathematischen Behandlung unserer Wissenschaft gemacht werden konnten. Es war das Ziel, welchem diese Richtung notwendigerweise zustrebt. Die Mathematiker Descartes und Hobbes hatten eine der Mathematik verwandte Methode in die Geisteswissenschaften eingeführt, und die latent vorhandene Mathematik wurde durch den Genius von Männern wie Canard, Cournot, Gossen, Walras, Jevons wieder frei.

Da in der Folge Nationalökonomie und Statistik vielfach in so enge äufsere Beziehungen zu einander traten, so war es fast selbstverständlich, dafs der Geist, welcher in der Statistik herrschte, auch der Nationalökonomie gefährlich werden mufste.

---

[1] Zur Illustration folgender Satz von Adam Smith: Whatever part of it was paid below the natural rate, the persons whose interest it affected would immediately feel the loss, and would immediately withdraw either so much land, or so much labour, or so much stock etc., a. a. O. Diese Handlungsweise setzt egoistische Automaten voraus. Auch diese finden sich hie und da bei Adam Smith z. B. in folgendem Satze: Every individual is continually exerting himself to find out the most advantageous employment for whatever capital he can command, a. a. O. Ähnlich Quesnay. Er nennt den „marchand . . . toujours excité par le désir du gain“. Oncken, Oeuvres de Quesnay, p. 748. Dafs die Kraft des Selbstinteresses in gleichem Grade wie der Gewinn wächst, sagt Albon: Le mouvement irrésistible de l'intérêt . . . porte à rechercher, à créer, à améliorer des propriétés foncières en raison du plus grand profit qu'elles présentent à leurs possesseurs. Oncken, a. a. O. p. 56.

Dem englischen Zweige jener Disciplin lag aber von Anfang an die Meinung zu Grunde, dafs sich auch im Menschenleben Naturgesetze durchsetzten. Hiernach mufste das Reich der menschlichen Freiheit als ein engbegrenztes erscheinen. Dies wurde recht deutlich, als Quetelet die Moralstatistik begründete.

Für Nationalökonomen ist es kaum notwendig, daran zu erinnern, dafs in demselben siebzehnten mathematisch-naturwissenschaftlichen Jahrhundert, welches die Mechanik der Triebe und Vorstellungen in die Psychologie einführte, sich in England die Betrachtung dem Gesetze der Sterblichkeit zuwandte, dafs in der Retorte der statistischen Berechnung der abstrakte Durchschnittsmensch fabriziert wurde, welcher eine so hervorragende Ähnlichkeit mit den andern Durchschnittsmenschen der Wissenschaft und der Kunst[1] jener Zeit besitzt, in derselben Periode, wo in Deutschland die Begründer der modernen deutschen Staatswissenschaft den andern Zweig der Statistik auszubilden bestrebt waren.

Die neue Disciplin konnte ebensowenig wie die Politische Ökonomie dem Schicksal entgehen, im 18. Jahrhundert mit der Idee einer göttlichen Ordnung durchsetzt zu werden. Den Spuren des Theologen Süfsmilch folgte im 19. Jahrhundert der Theologe Alexander von Öttingen. Er führte die Moralstatistik in die Vorstellungswelt des positiven Christentums zurück.

Mit diesen Bemerkungen sind wir jedoch der Darstellung der Entwicklung der Politischen Ökonomie vorausgeeilt; wir kehren zu dieser zurück.

## V.

## Der Einflufs der Naturphilosophie auf den Deismus und die Gesellschaftswissenschaften.

Auch die Naturreligion sollte durch naturwissenschaftliche und philosophische Erkenntnisse befruchtet werden.

Newton, dem erfolgreichen Vereiniger der Baconischen und Descartesschen Methode, die allerdings schon früher kombiniert worden waren[2], war es gelungen, in der Gravitation ein allgemeinstes Prinzip für die Erklärung aller Bewegungen innerhalb unseres Sonnensystemes aufzustellen. Nun erschien die Welt wie eine grofse Maschine, die auf mechanischem Wege zweckmäfsige Bewegungen vollführt. Damit trat die teleologische Betrachtung der Welt, welche Descartes und Bacon zunächst hatten zurückdrängen müssen, um das naturgesetzliche Geschehen zu verstehen, mit umso stärkerer Gewalt wieder auf, als gerade

---

[1] Geistvolle Bemerkungen hierüber bei Taine, L'ancien régime. Liv. III, chap. 2.

[2] Vgl. Dühring, Geschichte der allgemeinen Prinzipien der Mechanik. 1873. Anfang passim.

jener Vollender der mechanischen Weltanschauung ihr am eifrigsten huldigte. Maschinen weisen auf einen intelligenten Urheber hin. „Wenn alle Vorgänge in der Natur nur die gesetzmäfsigen Auslösungen mechanischer Kräfte sind, und wenn man daneben bedenkt, wie vollkommen und zweckmäfsig, wie gut und schön, wie weise und grofsartig die Wirkungen dieser gröfsten aller Maschinen sind, so mufs es, wie Newton meint, wie Wahnsinn erscheinen, wenn jemand den Ursprung dieser Welt aus einer höchsten Intelligenz verkennen oder ableugnen wollte. So ergiebt die mechanische Auffassung der Natur in Verbindung mit der Bewunderung für die Zweckmäfsigkeit ihrer Leistungen einen neuen und eigentümlichen Beweis für das Dasein Gottes, welcher nach einem schon von Samuel Parker angewandten und um das Jahr 1700 immer häufiger auftretenden Ausdrucke der physikotheologische genannt wird[1]."

Der Deismus hatte ursprünglich, wie wir sahen, einen rein verstandesmäfsigen Charakter getragen. Denselben bewahrte er auch bis zur Aufnahme der Anschauungen Newtons. Aber nun „wurde die Vernunftreligion eine Gefühlsreligion; sie tränkte sich mit der Bewunderung des Weltalls. . . . . Die Deisten konnten nun . . . die Gemüter ergreifen durch den Nachweis der Schönheit, der Güte, Weisheit, Allmacht, die dies Universum geschaffen habe . . . . Es war wirklich die Religion des Zeitalters der Aufklärung, an die Unfehlbarkeit der Natur zu glauben und von der vollendeten Güte ihrer Schöpfungen von vornherein durchdrungen zu sein. Alles, was aus der Hand der Natur hervorgeht, galt dieser Zeit als vollkommen und zweckmäfsig, und früh gewöhnte sie sich daran, in dem Natürlichen das Ideal des Vernünftigen zu erblicken. Der Naturalismus dieser Zeit war identisch mit ihrem Rationalismus, und eben diese Identität sprach sich in dem Optimismus aus, mit welchem sie das Universum als die Manifestation der göttlichen Vernunft betrachtete und die Züge derselben in jedem kleinsten Gebilde des Weltalls wiederzuerkennen bestrebt war. Das war das gemeinsame Bette, in welchem die naturtrunkene Gottesbegeisterung der Renaissance und der methodische Ernst der abgeklärten Naturforschung sich vereinigten . . . . Bruno hatte gesagt: Die Welt in ihrer harmonischen Schönheit und in dem Einklang ihrer Gegensätze ist ein Kunstwerk Gottes. Auf das Jahrhundert der Kunst folgte dasjenige der Technik, und Newton sprach: die Welt in der vollendeten Zweckmäfsigkeit ihrer Gebilde ist eine vollkommene Maschine aus der Hand des göttlichen Meisters"[2].

---

[1] Windelband, a. a. O. p. 290. Boyle begründet die Teleologie ebenfalls auf den Mechanismus; er vergleicht das Weltall mit der künstlichen Uhr im Münster zu Strafsburg. Ob Boyle diese Lehre von Newton entlehnte, oder das Umgekehrte der Fall war, wissen wir nicht. Lange, I, p. 257. Sie findet sich schon bei Herbert. Lechler p. 46.

[2] Windelband, a. a. O. p. 292. Lechler sagt a. a. O. p. 458:

Diese Weltanschauung hatte zwei Wirkungen. Erstens mufste sie die Überzeugung von der innigen Harmonie des Sittlichen, Gerechten und des Nützlichen erzeugen. Denn wenn die Glückseligkeit, die materielle Wohlfahrt ein Zweck des Schöpfers und die Existenz des Sittlichen, Gerechten auf ihn zurückzuführen ist, so kann das eine dem andern nicht widersprechen. Auf diesen Punkt komme ich noch zurück.

Zweitens mufste sie dazu führen, auch auf andern Gebieten nach physischen Naturgesetzen zu forschen, z. B. auf dem Gebiete der Ethik, des Naturrechtes, der Geschichte. Weshalb sollte Gott nur dem Unbelebten feste Ordnungen gegeben haben, mufste nicht vermutet werden, dafs sie sich auch im Sittlichen, im Recht, in der Geschichte nachweisen liefsen?

Dafs das bisherige ethische Gesetz einen andern Charakter gewinnen mufste, ist einleuchtend. Bisher war die Vernunft als die Gesetzgeberin der ethischen Welt betrachtet worden. Jetzt aber hiefs es, in der menschlichen Natur oder in der allgemeinen Naturordnung vorhandene Gesetze nachzuweisen, sodafs die Vernunft zu einem dienenden Vermögen herabgesetzt wurde. Sie blieb noch immer das Organ der Erkenntnis; aber sie war nicht mehr die Quelle der Erkenntnis.

Die Lösung der bezeichneten Aufgabe ist vorzugsweise das Werk des 18. Jahrhunderts. Ihre Durchführung hat, soviel mir bekannt ist, nirgendwo eine genügende Darstellung gefunden. Selbst in dem Werke Taines[1] werden nicht alle Gesichtspunkte eröffnet, und es kommen die wirkenden Faktoren nicht alle zur Sprache; er sieht zu sehr nur die naturwissenschaftliche Seite. So hat Montesquieu jedenfalls den Einflufs des Naturrechtes ebenso stark verspürt wie denjenigen der Naturwissenschaften. Dafs es Grundgedanken der epikureischen Kulturgeschichte sind, welche sich bei Voltaire, Turgot, Condorcet immer wieder durchsetzen, wird nicht erwähnt. Beiläufig ist einmal die Rede von dem Gegensatz des Neuen zum unverfälschten Cartesianismus Fontenelles. Um so stärkeres Licht fällt aber gerade deshalb auf die Thatsache,

---

„Neuerdings ist in dem deutschen wissenschaftlichen Sprachgebrauch der Unterschied angenommen, dafs diejenige Ansicht von dem Verhältnis Gottes zur Welt deistisch genannt wird, welche Gott von der Welt nicht blofs verschieden, sondern auch geschieden, in einem äufserlichen Verhältnis zu derselben denkt, diejenige dagegen theistisch, welche Gott von der Welt zwar verschieden, aber nicht geschieden, in einem innerlichen, immanenten Verhältnis zu derselben denkt. Dieser Gegensatz findet sich im Zeitalter des Deismus noch nicht so, wie man sich gewöhnlich denkt: einmal stand diese ganze metaphysische Frage über das Verhältnis Gottes zu der Welt bei den deistischen Kontroversen keineswegs im Vordergrund: sondern . . . (es kreuzen sich) beide Gegensätze . . . und es tritt wohl auch der Fall ein, dafs ein Deist das immanente Verhältnis Gottes zur Welt verteidigt.“

[1] Taine, L'ancien régime, L. III, p. 221 ff., 2. Aufl.

dafs diese ganze wissenschaftliche Sturm- und Drangperiode nach Naturgesetzen auf dem Gebiete der Geisteswissenschaften forscht.

So sind noch viele Aufgaben zu lösen; die meinige aber ist eine sehr bescheidene, ich möchte nachweisen, wie die von Boyle und Newton begründete teleologisch-mechanistische Weltbetrachtung auf die Philosophie eines Vorläufers der Voltaire und anderer, nämlich Shaftesburys, eingewirkt hat.

Shaftesbury trug bekanntlich nicht wenig dazu bei, den Deismus auf die Bahn des Gefühls und einer teleologischen Betrachtung der Welt zu lenken. Von gröfserer Bedeutung aber war es, dafs er in konsequenter Anwendung der Newtonschen Lehre die Schäden der menschlichen Gesellschaft aus der Verkehrung der gottgewollten Ordnung erklärte. Um aber die natürliche Harmonie zu erkennen, stellt er sich die menschliche Seele als eine Maschine vor, in welcher vom Schöpfer das Räderwerk der Triebe und Leidenschaften auf die Auswirkung der menschlichen Glückseligkeit eingerichtet ist. Diese Maschine ist nach seiner Meinung durch menschliche Schuld in Unordnung geraten. Wenn man das natürliche Uhrwerk genau erkannt hat, wird es möglich sein, die Gesetze des menschlichen Handelns, der menschlichen Gesellschaft aufzustellen. Hiermit wird eine rein psychologische Methode der Ethik und das Einlenken in die Bahnen Bacons begründet.

Von diesem Punkte gewinnt man erst, wie mir scheint, ein vollständiges, das metaphysische Verständnis der Ethik Shaftesburys. Nun erscheinen sein psychologischer und ethischer Optimismus völlig gerechtfertigt. Nun begreift man es, weshalb er alle Triebe für gottgewollt und gut annehmen mufste, weshalb er in ihnen Andeutungen des Schöpfers darüber erkannte, was er mit dem Menschen vorhabe. Es wird nun auch klar, weshalb Shaftesbury nicht die Gesellschaft zum Princip seiner Ethik macht, wie man wohl anzunehmen geneigt sein möchte, sondern das Individuum, denn das Individuum ist das gottgewollte Instrument zur Auswirkung der göttlichen Ordnung.

Mufs aber die menschliche Seele für einen sich selbst regulierenden Mechanismus gehalten werden, dann drängen sich eine Menge von Fragen auf, die sonst nicht entstehen würden: weshalb das Gute in so wenigen Menschen anzutreffen sei, weshalb das Sittliche so viel Kampf koste und oft so unglücklich mache, weshalb die Erziehung so viel zur Entwicklung des Sittlichen beitragen müsse, weshalb Strafrecht und Gefängnis notwendig seien, vor allem, weshalb die Selbstsucht die Menschen so stark beherrsche. Shaftesbury hat diese Fragen nicht gelöst. Der seelische Mechanismus war wohl eine wertvolle Analogie für ihn, aber er ist nicht zu einer Seelenmechanik fortgeschritten. Er hat aber hierdurch seinen Jüngern einen kräftigen Antrieb zur psychologischen Forschung gegeben.

Und weiter. Jene Lehren ermöglichten es erst Shaftesbury, die organische, optimistische Weltanschauung antiker Philosophen der idealistischen Richtung in sein Lehrgebäude aufzunehmen. Dies widerspricht nicht der Annahme, daſs sich Shaftesbury zeitlich zuerst mit dem antiken Optimismus erfüllte und später in dem modernen Optimismus ein wahlverwandtes Element und eine theoretische Stütze seiner Weltanschauung entdeckte. Jedenfalls hat der moderne Optimismus seiner Weltanschauung eine mechanische Struktur verliehen.

Nachdem hiermit diese Seite der Shaftesburyschen Philosophie gekennzeichnet worden ist, soll die folgende Darstellung zeigen, ob die vorhergehenden Behauptungen begründet sind.

In einer seiner Schriften, nämlich in „The Moralists, a Rhapsody" findet sich der Einfluſs angedeutet, welchen die Lehre von der Vollkommenheit und Harmonie der Welt auf seine politischen Anschauungen hatte. Nach einer begeisterten Schilderung der Ordnung und Schönheit der Welt, die ein vollkommenes Wesen zum Urheber haben müsse, entdeckt er nur in einem Gebiete Unordnung, Übel und Unglück und das ist die menschliche Gesellschaft. Weshalb fehlt denn hier die Ordnung, die überall anders so fest begründet ist? Er antwortet: wegen der menschlichen Selbstsucht. Einige Seiten weiter folgt nun eine Stelle, die wegen ihrer Bedeutung ganz treu hierher gesetzt worden ist: „We inquire what is according to *Interest*, *Policy*, *Fashion*, *Vogue*; but it seems wholly strange, and out of the way, to inquire what is *according to* NATURE. The Ballance of EUROPE, of Trade, of Power, is strictly sought after; while few have heard of *the Ballance of their* Passions, or thought of holding these Scales even[1]."

Rührt also das Unglück der Menschen von der Unordnung des psychischen Lebens her, so liegt es einem Anhänger der teleologisch-mechanischen Weltanschauung nahe, sich auch die Seele mechanisch, als eine Maschine vorzustellen, welche von Gott so eingerichtet worden ist, daſs alle Räder zusammen, jedes an seinem Platze, zur Erhaltung der menschlichen Gesellschaft zusammenwirken. In dem Aufsatze: „An Essay on the Freedom of Wit and Humour" heiſst es: „You have heard it (my Friend!) as a common Saying, that Interest governs the World. But, I believe, whoever looks narrowly into the Affuirs of it, will find, that Passion, Humour, Caprice, Zeal, Faction, and a thousand other Springs, which are counter to Self-Interest, have as considerable a part in the Movements of this Machine (sic). There are more Wheels (sic) and Counter-Poises in this Engine (sic) than are easily

---

[1] a. a. O. II, p. 291 u. 294.

imagin'd. 'Tis of too complex a kind, to fall under one simple View, or be explain'd thus briefly in a word or two. The Studiers of this Mechanism (sic) must have a very partial Eye, to overlook all other Motions besides those of the lowest and narrowest compass. 'Tis hard, that in the Plan or Description of this Clock-work (sic), no Wheel or Ballance sho'ud be allow'd on the side of the better and more enlarg'd Affections[1]."

Im Verlaufe dieser Stelle, welche an die Polemik deutscher Nationalökonomen der historisch-ethischen Richtung gegen die Dogmatik des Egoismus erinnert, bekämpft nun auch Shaftesbury die „modern projectors, who wou'd willingly rid their hands of these natural Materials; and wou'd fain build after a more uniform way". Es ist eine Wendung, die wir später bei Smith wiederfinden werden. Auch er zieht gegen die Pläneschmieder und ihre künstliche politische Mechanik zu Felde und zieht den Naturmechanismus vor.

Im Zusammenhange mit den zuerst angeführten Ausführungen in „The Moralists" vernehmen wir, wenn auch durchaus nicht so deutlich ausgesprochen, dieselbe teleologisch-mechanische Ansicht des Seelenlebens.

Er sagt dort: „You who are skill'd in other Fabricks and Compositions, both of Art and Nature, have you considered of the Fabrick of the Mind, the Constitution of the Soul, the Connexion and Frame of all its Passions and Affections; to know accordingly the Order and Symmetry of the Part, and how it either improves or suffers; what its Force is, when naturally preserv'd in its sound state; and what becomes of it, when corrupted and abus'd[2]?"

## VI.

## Das Naturgestez und die natürliche Ordnung der Volkswirtschaft.

### 1.

### Quesnay.

Wir wissen nun, worauf sich der gläubige Optimismus Shaftesburys stützt. Unser Philosoph ist wahrscheinlich der erste, welcher die teleologisch-mechanistische Weltanschauung in

---

[1] Part III, Sect. 3, I, p. 115. Ich benutze diese Gelegenheit, um zu erklären, daſs ich im allgemeinen die wörtliche Anführung eines fremden Schriftstellers in einer wissenschaftlichen Darstellung für die einzig zulässige halte. Selbst Schopenhauer, welcher doch gewiſs groſse Stücke auf eine künstlerisch vollendete Darstellung hielt, hat nach diesem Grundsatz gehandelt und nur für griechische Texte eine Ausnahme gemacht. Er übersetzte sie ins Lateinische.

[2] a. a. O. II, p. 292.

der Lehre von der menschlichen Gesellschaft heimisch zu machen suchte. Auch in ihr ist nach seiner Meinung alles auf Ordnung und Glückseligkeit vom Schöpfer angelegt, aber man fragt nicht nach ihren Gesetzen, sondern nach der Handels- und Machtbilanz und ähnlichen thörichten Dingen.

Man wird nun geneigt sein zu glauben, dafs dieser Gedanke einen Keim in den Geist Quesnays gelegt habe, und dafs aus ihm die physischen Gesetze der Gesellschaft herausgewachsen seien. Aber es spricht alles dagegen.

Shaftesbury hat das Problem als Psycholog und Moralphilosoph behandelt. Die Gesellschaft leidet nach ihm an moralischen Übeln, die Selbstsucht hat die göttliche Maschine der menschlichen Natur in Verwirrung gebracht. Ja, es ist bei ihm eine Abneigung gegen diejenigen nicht zu verkennen, welche das politische und soziale Heil von aufsen durch Gesetz und Recht an die Menschen bringen wollen. Dagegen ist die Herausarbeitung der naturwissenschaftlich-rechtlichen Seite der charakteristische Zug des Quesnayschen Systems; er sucht mit Zähigkeit die rechtliche Ordnung aus der physischen herzuleiten.

Es ist mehrmals behauptet worden, dafs Quesnays charakteristische Theorie nur im Zusammenhang mit seinen medizinischen Anschauungen zu verstehen sei. Bekanntlich hat schon Adam Smith in seiner Kritik des physiokratischen Systems eine diesbezügliche Meinung ausgesprochen. Quesnay scheine geglaubt zu haben, dafs der politische Körper ebenso wie der physische „would thrive and prosper only under a certain precise regimen, the exact regimen of perfect liberty and justice“. Derselbe Gedanke findet sich in Albons „Eloge historique de Mr. Quesnay“. „En réfléchissant aux influences des affections de l'âme sur le corps, on ne tarde guère à se convaincre que les hommes ne sauraient avoir une véritable santé s'ils ne sont heureux, et ne peuvent être heureux s'ils ne vivent sous un bon gouvernement. Quesnay est peut-être le seul médecin qui ait pensé à cette espèce d'hygiène“. In einer Note ist hinzugefügt „l'art de guérir par un bon régime“ [1]. Ein anderer Schüler, der Marquis de Mesmon, behauptet ebenfalls: „la médecine devint le pont de communication“, und fügt hinzu, Quesnay habe die Ansicht gehabt: „la nature est l'hygiène universelle . . . Sa marche est uniforme est ses lois sont générales: c'est à la sagacité du médecin de prévoir les cas particuliers et de ménager les exceptions.“ Es sei die That Quesnays gewesen, die ewigen Naturgesetze der politischen Körper zu finden [2]. Von jener wohl zuerst von Sydenham in die Wissenschaft eingeführten vis medicatrix behauptet Oncken, sie sei die „idée-mère“ seiner medizinischen Arbeiten [3].

---

[1] Oncken, Œuvres de Quesnay, p. 53.
[2] a. a. O. p. 85 ff.
[3] a. a. O. S. 739.

Auch Neurath hat in seinem Vortrage über Quesnay mit gröfster Klarheit den Gedanken verfochten, dafs Quesnay die medizinische Lehre von der Heilkraft der Natur auf die Nationalökonomie übertragen habe.

Um diese Ansichten auf ihren wahren Wert zu prüfen, wäre es nötig, das medizinische Werk Quesnays, welches die Grundlage seiner naturrechtlichen und politischen Lehren enthalten soll, gelesen zu haben. Aber ich kenne es nicht. Alle diejenigen aber, welche den Konnex zwischen Medizin und Naturrecht behaupten, geben leider keinen Beweis für ihre Behauptungen. Onckens Auszüge und Abdrücke verschiedener Stellen genügen zum Beweise nicht. Es ist aber beachtenswert, dafs Albrecht von Haller, welcher gewifs kompetent war, in seiner bei Oncken abgedruckten Rezension des Quesnayschen Werkes von Abschweifungen auf das Gebiet des Naturrechtes spricht, also eine so innige Verbindung keineswegs entdeckt haben kann. Was aber noch wichtiger ist, Oncken gesteht selbst zu: „Nous ne trouvons pas, il est vrai, dans l'Economie animale, d'indication spéciale sur le développement nécessaire des idées du côté de l'économie politique[2]."

Wenn aber zwei Gelehrte, ein deutscher Physiolog des 18. Jahrhunderts und ein deutscher Nationalökonom des 19. Jahrhunderts jenen Zusammenhang nicht deutlich sehen, dann bleiben nur noch die Behauptungen ihrer Schüler, welche in ihren Abhandlungen eine ebenso grofse Unwissenheit wie kindische Vergötterung ihres Meisters an den Tag legen und darum keinen unbedingten Glauben verdienen. Sollte Quesnay viele derartige Anhänger gehabt haben, dann würde die Lächerlichkeit, in welche der Physiokratismus verfallen ist, verständlich. Aber auch Quesnay mufs die Quellen, aus denen er schöpfte, vorsichtig verschwiegen haben[1], sonst wären Verhimmlungen, wie sie in den bezeichneten Schriften vorkommen, unmöglich gewesen. Es bleibt weiter das Zeugnis Adam Smiths, welcher sich aber sehr vorsichtig ausdrückt und jene Meinung von dem Comte Albon übernommen haben kann, da dessen „Eloge" 1775 erschien. Es bleiben schliefslich die Ausführungen Neuraths, denen alle Beweisstellen fehlen.

Da also die eben oben besprochene Meinung keineswegs bewiesen ist, so halte ich es für nicht unangebracht, auf einen der hervorragendsten und originellsten Philosophen der neueren Zeit hinzuweisen, bei dem sich eine geradezu überraschende Ähnlichkeit mit der Grundlage der Quesnayschen Theorie zeigt. Es

---

[1] a. a. O. p. 747 Anm.

[2] Haller rügt es mit Recht, dafs Q. nie seinen Gewährsmann nennt. Quesnays Theorie vom Fieber, vom Aderlafs, von der Naturheilkraft sind übrigens nicht originell, sie finden sich bei viel bedeutenderen Ärzten, die vor seiner Zeit oder gleichzeitig mit ihm lebten; z. B. bei Sydenham, Boerhave, Stahl, wie Wunderlichs Geschichte der Medizin zeigt.

ist Cumberland, dessen berühmte „Disquisitio de legibus naturae philosophica“ im Jahre 1744 in französischer Sprache unter dem Titel „Traité philosophique des Loix Naturelles“ erschien. Der Name des Übersetzers, es war Barbeyrac, hätte dem Werke eine günstige Aufnahme gesichert, auch wenn Cumberland, dessen Werk nach Barbeyrac im Jahre 1672 veröffentlicht wurde, nicht schon über ganz Europa bekannt gewesen wäre.

Cumberland kämpft gegen Hobbes. Gegen dessen ethischen Nominalismus sucht er zu beweisen, daſs Sittlichkeit und Recht ein festes Fundament in der Naturordnung haben. Es zeigt sich, daſs bestimmte Handlungen günstige Folgen nach sich ziehen, andere ungünstige. Es zeigt sich weiter, daſs günstige Folgen an solche Handlungen geknüpft sind, welche das allgemeine Beste befördern, ungünstige an solche, die es schädigen. Da nun der Mensch einen Teil des Systems bildet, so ist sein eigenes Wohl untrennbar mit demjenigen des Ganzen verbunden; er schädigt sich selbst, wenn er die Gesamtheit schädigt und fördert sich selbst, wenn er der Gesamtheit nützt. Gott als der Urheber der Naturordnung muſs also als höchstes sittliches Gebot die Beförderung des Wohles der Gesamtheit aufgestellt haben. In jenen guten und üblen Folgen sieht Cumberland die „Sanction“ des göttlichen Gesetzes. Die Glückseligkeit und Unglückseligkeit, welche sie umschlieſsen, machen sich dem Individuum als egoistischer Antrieb zum sittlichen Handeln bemerklich, aber der Mensch ist auch, wie Cumberland ausführlich nachzuweisen unternimmt, durch seine Natur für ein altruistisches Verhalten bestimmt.

Bei einer aufmerksamen Vergleichung der Lehren Cumberlands und Quesnays wird man nicht umhin können, eine groſse Ähnlichkeit in dem Gedankengange anzuerkennen. Hier wie dort das ganze Universum der Untergrund der Betrachtung, die menschliche Ordnung auf die Natur der Dinge begründet. Dupont rühmt es an Quesnay, daſs dieser zuerst nach der „sanction physique“ des (ethischen) Naturgesetzes geforscht habe, diese habe ihn zur Erkenntnis der Gerechtigkeit geführt[1]. Mit ähnlichen Worten meint Cumberland, daſs „les deux choses absolument nécessaires pour donner de la force à une loi . . . (sont) . . . un auteur compétent et une sanction suffisante, qui renferme des peines et des récompenses convenables“[2]. Aus dem Nützlichen leitet Quesnay das Gerechte her. Was als nützlich erkannt ist, muſs als Gebot Gottes gelten. Und mit fast ähnlichen Worten sagt Cumberland: „En effet, dès-la que le Con-

---

[1] S. p. 69 dieser Schrift.

[2] Barbeyracs Übersetzung, p. 14. § XIII der Einleitung (Discours préliminaire de l'Auteur). Siehe auch im § IV der Einleitung, wo er ausführt, daſs zur Erhebung der Maximen zu „Gesetzen“ eine „Sanction“ nötig sei, die in Strafen und Belohnungen bestehe. Diese seien „la source et le fondement de toute leur Autorité“.

ducteur Suprême de l'Univers a suffisamment fait connaître qu'il veut le Bien Public et indiqué ce qui tend à l'avancer, il commande assez de faire de telles Actions[1]. Endlich hier wie dort die Ansicht, dafs Gott die Wohlfahrt der Menschen will, dafs die Interessen der einzelnen und der Gesamtheit untrennbar mit einander verbunden sind.

Da die beiden Philosophen in so vielen wichtigen Stücken übereinstimmen und, wie gesagt, das Werk Quesnay sehr wohl bekannt sein konnte, so bin ich überzeugt, dafs Quesnay von Cumberland zwei wichtige Elemente seines Systems übernommen hat: die Identification des der Gesamtheit Nützlichen und des Gerechten und die Unterschiebung der Natur der Dinge mit ihren Belohnungen und Strafen unter das ethische Naturgesetz. Den Komplex jener „Sanctionen" fafste er denn mit dem neuen Begriffe der „loi physique" zusammen. Hierzu lag die Anregung in der geistigen Atmosphäre jener Zeit, welche nach Naturgesetzen forschte.

Die fremden Anregungen hat dann aber Quesnay durchaus selbständig benutzt, wie sehr auch die Elemente seiner Wirtschaftstheorie bereit liegen mochten. Und darum wird man ihn für einen kraftvollen Denker halten müssen. Denn in seiner Lehre ist alles Fremde völlig von seinem eigenen Geiste durchdrungen und das Verschiedenartige zu einem einheitlichen Ganzen verschmolzen. Dabei denke ich sowohl an das Lockesche Naturrecht wie an die psychologisch-ethische Basis, welche Shaftesburys Philosophie der jungen Wissenschaft gegeben hatten. Es ist im übrigen nicht zu verkennen, dafs die Stellung Cumberlands zu Locke und Shaftesbury diesen Procefs erleichterte. Cumberlands Theorie, sagt Jodl, „nimmt durchaus eine Doppelstellung ein: sie ist zugleich abschliefsend und neue Bahnen eröffnend, was man mit gleichem Rechte von keinem der übrigen gegen Hobbes gerichteten Systeme behaupten kann". Derselbe Gelehrte sieht in Cumberlands Doktrin „in unklarer Vermischung die beiden Hauptrichtungen vereinigt, welche später in scharfe Gegensätze gesondert auseinandertreten": den ethischen Nominalismus und Utilitarismus Lockes bis auf Paley herab und den ethischen Realismus und die Gefühlsmoral Shaftesburys und der schottischen Denker.

„Die Begründung des Pflichtbegriffs auf die guten und schlimmen Folgen, welche nach der Einrichtung der Natur das Thun des Menschen begleiten, indirekt auf den Willen Gottes ... das sind Ideen, welche ... später in der Ethik der Lockeschen Schule zu fester Geltung ... gelangt sind ... Dafs aber andererseits die guten und bösen Folgen unserer Handlungen nicht allein die Sittlichkeit ausmachen, sondern diese eine reale Grundlage in der auf Sociabilität und thätiges Wohlwollen gegen alle seines-

---

[1] a. a. O. p. 213. Chap. V, § III.

gleichen angelegten Natur des Menschen besitzt, welche denselben zum sittlichen Handeln treibt, ganz abgesehen davon, was dabei für ihn oder andere an Glück herauskommen mag – dieser Gedanke Shaftesburys . . . ist ebenfalls nicht im höchsten Maſse original, sondern bildet einen wesentlichen Bestandteil von Cumberlands Theorie"[1].

## 2.

## Smith.

Während an diesem Punkte der Weg Quesnays von der Bahn Shaftesburys abführt und auch Hume mehr zu Cumberland neigt, bleiben Hutcheson und Adam Smith um so treuere Schüler des Meisters. Beide zeigen sich von seinem Grundgedanken tief durchdrungen: erstens daſs Tugend auch äuſsere Glückseligkeit bewirkt, daſs mithin das Sittliche und Gerechte mit dem Nützlichen in einer noch näher zu erörternden Beziehung stehen; zweitens, daſs alles gesellschaftliche Elend die Folge einer Unordnung der menschlichen Seele ist, die also eines genauen Studiums aller ihrer Teile bedarf.

Ich gehe an Hutcheson rasch vorüber und bemerke nur folgendes. Er hat der Ethik eine umfangreiche, wertvolle, psychologische Basis gegeben, aus der sowohl Hume wie Smith sehr viel gelernt haben. In seiner psychologischen Analyse kommt auch der Erwerbstrieb, wie bei Smith, zu seinem vollen Rechte. Hutcheson läſst uns einen tiefen Blick in die göttliche Maschine unserer Natur thun und zeigt uns, wie alle Triebe dazu bestimmt sind, falls der moralische Sinn als kräftiger Regulator des Räderwerkes wirkt, uns und anderen innere Glückseligkeit und äuſsere Glücksgüter zu verschaffen. Am Ende seines Systems der Moralphilosophie heiſst es: „Since it is by following the very principles of our nature, the affections and feelings of our hearts, in that regular subordination of the more limited to the more extensive, which our inward moral sentiments recommend, and by the delightful exercise of the powers of reason which we are naturally prone to, that we obtain and secure to ourselves and others both the noblest internal enjoyments, and the greatest external advantages and pleasures, which the instable Condition of terrestrial affairs will admit."

Die nämlichen Gedanken spricht dann der Schüler Hutchesons aus: zuerst in dem Bruchstück eines bald nach dem Tode Hutchesons geschriebenen Aufsatzes, welchen Dugald Stewart aufbewahrt hat[2], später in der „Theorie der moralischen Gefühle", zuletzt in der „Untersuchung über den Reichtum der Völker".

---

[1] a. a. O. p. 143.
[2] a. a. O. p. LXXXI.

In dem Aufsatze tritt eine Verschmelzung Shaftesburyscher und Lockescher Gedanken deutlich zu Tage. Der Begriff der Natur, deren Wirken die politischen Plänemacher nicht stören sollten, erscheint in viel dürrerer Weise als bei Shaftesbury. Zur Erreichung des höchsten Grades materieller Kultur sei nichts weiter nötig, als Friede, leichte Steuern und eine erträgliche Rechtspflege, worauf sich die Staatsmänner also wohl beschränken sollen (Locke). Alles übrige wird durch den natürlichen Lauf der Dinge hervorgebracht.

In der „Theorie der moralischen Gefühle" giebt er uns einen tieferen Aufschlufs. Tugend und Glückseligkeit sind innig miteinander verbunden, das Sittliche und das Nützliche sind keine Gegensätze, aber die Beziehung, welche Hume zwischen ihnen hergestellt hat, ist nicht die richtige. Das Sittliche und Nützliche sind ihrem Wesen nach grundverschieden, Gott hat aber unsere Natur und die Welt so eingerichtet, dafs das Sittliche und Gerechte auch die Quelle innerer und äufserer Glückseligkeit wird. Kein Akt der Vernunft, keine tiefe Weisheit ist nötig, um diese Wirkungen hervorzubringen. Wir brauchen nur unsern Trieben zu folgen in dem Grade, in welchem sie von dem inneren Richter gebilligt werden, um uns selbst und anderen inneres und äufseres Wohlergehen zu bereiten. Zum Verständnis des göttlichen Werkes müssen wir das menschliche Triebleben zergliedern. Wir sehen dann, dafs ein mächtiger Drang in unserer Brust lebt, welcher uns nach Ehre und Reichtum streben läfst. In den Schranken der Gerechtigkeit ist er das von Gott der Menschennatur eingesetzte Triebrad, welches alle Kräfte des Einzelnen in Bewegung setzt. Der Mensch schafft und spart, um für sich selbst Reichtum zu erwerben, aber ohne sein Wissen und Wollen befördert er indirekt den materiellen Zustand der ganzen Gesellschaft. Er ist ein Werkzeug in der Hand Gottes.

Soll ich die Meinung Smiths verdeutlichen, so erinnere ich an die Absicht der Natur, an die List der Vernunft, welche in der deutschen Geschichtsphilosophie seit Kant, am grofsartigsten bei Hegel, eine so hervorragende Rolle spielt; ich erinnere an die Tücke des Genius der Gattung, welchen Schopenhauer in pessimistischer Beleuchtung in seiner Metaphysik der Geschlechtsliebe auftreten läfst.

Die Auffassung Smiths vertrug sich sehr wohl mit der Lehre Mandevilles, dafs der einzelne für sich zu arbeiten vermeint und doch den Interessen des Ganzen dient.

Verfolgen wir die Smithsche Lehre weiter, so gelangen wir zu der Konsequenz, dafs die Interessen des Einzelnen einander durchaus nicht entgegengesetzt sind, wenn sie sich in den von Gott gezeichneten Grenzlinien bewegen, aber sie werden einander feindlich, wenn die Grundsätze der natürlichen Gerechtigkeit nicht beobachtet werden; die Selbstsucht zerstört die natürliche Harmonie, hatte Shaftesbury gelehrt. Ähnlich dachten die Physiokraten. Wo die natürliche Ordnung eingeführt ist, sagt Mercier: „chaque homme se trouve être l'instrument du bonheur des autres hommes; et le bonheur d'un seul semble se communiquer comme le mouvement . . . Personne ne pourra jouir, ne pourra s'enrichir aux dépens des autres; alors plus de ces fortunes démesurées dans lesquelles on voit une multitude d'autres fortunes venir s'engloutir . . . chacun ainsi, dans la somme totale du bonheur commun, prendra la somme particulière qui doit lui appartenir"[1].

Welche politische Forderungen ergeben sich daraus? Bringt der von den Geboten der Gerechtigkeit beherrschte Erwerbstrieb alles hervor, was zur Befriedigung der materiellen Bedürfnisse nötig ist, so erscheint es als eine naheliegende Konsequenz, die Wirksamkeit des Staates in engste Beziehung zum Erwerbstriebe zu setzen. Wären alle Menschen sittlich, so wäre der Staat überflüssig, da aber der Erwerbstrieb leicht in Egoismus umschlägt[2], so mufs der Staat existieren und die Gebote der Gerechtigkeit verwirklichen. Aber er hat nichts weiter zu thun, als den Rennplatz für den wirtschaftlichen Egoismus abzustecken, die Gesetze zu geben, welche den Mitbewerb regeln und diejenigen zu strafen, welche sich nicht enthalten können, den Konkurrenten ein Bein zu stellen. Dazu kommt die Kriegführung, gleichsam die Zurückdrängung der Aufsenstehenden, welche das wirtschaftliche Spiel auf dem Rennplatz stören möchten. Es ist natürlich eine Verletzung der natürlichen Gerechtigkeit, wenn der Staat sich übermäfsig für seine Thätigkeit bezahlen läfst. So verlangt denn der jugendliche Smith nichts weiter vom Staate als „peace and a tolerable administration of justice", wofür denn auch nur „easy taxes" erhoben werden sollen. Die alleingelassene Natur wird dann den höchsten Wohlstand schon hervorzaubern.

So war der Lockesche Rechtsstaat in den Smithschen Wirtschaftsstaat umgewandelt.

Unser Altmeister hat sich bekanntlich am Ende des vierten Buches seines grofsen Werkes noch einmal über die Ziele der Staatsthätigkeit ausgesprochen. Er nennt dort neben der Verteidigung nach aufsen und der Aufrechthaltung der Gerechtigkeit im Innern noch die Errichtung und Erhaltung öffentlicher Werke, die dem Privatinteresse nicht gewinnreich genug erscheinen. Ob das nicht eine Versündigung am Geist seiner Philosophie war, wird gleich erörtert werden; sicher ist es, dafs die Physiokratie diese Art Staatsthätigkeit besonders hervorhob.

---

[1] Daire, II, p. 627.

[2] Es ist nun möglich, einen leicht entstehenden Zweifel zu beseitigen, ob die Überzeugung Smiths von der Selbstsucht der menschlichen Natur nicht der Lehre Shaftesburys von der Güte der menschlichen Natur widerspreche. Wir müssen Zweierlei unterscheiden: die Natur des individuellen Menschen und die Menschennatur. Smith meint mit Sh., dafs die letztere gut sei, weil Gott sie so geschaffen habe; mit andern Worten: die Triebe sind nicht an und für sich schlecht, etwa deshalb, weil die Erbsünde sie

Wenn die hier vorgetragene Ansicht richtig ist, so kann Adam Smith die Einmischung des Staates in das wirtschaftliche Leben nicht deshalb zurückgewiesen haben, weil er die Einsicht der Staatsleiter für beschränkt gehalten habe, sondern deshalb, weil sie überflüssig und unnatürlich sei. Jene ist, nach seiner Meinung, ein Eingriff in die göttliche Ordnung.

Auf diesen metaphysischen, psychologischen, ethisch-rechtlichen Anschauungen ruht der „Reichtum der Völker". Welche besonderen Aufgaben waren dem Verfasser dort gestellt? Erstens der Nachweis, daſs eine Politik, welche sich nicht nach den von ihm aufgestellten Normen richte, dem Gemeinwesen schädlich sei. Als die Lehre vom Nützlichen haben ja die Politiker ihre Wissenschaft stets betrachtet. Dieser Nachweis war aber nur aus der Erfahrung und der Geschichte zu erbringen. Zweitens die Darlegung der natürlichen, gottgewollten Ordnung in der Volkswirtschaft, welche früher erörtert wurde.

Nun läſst sich auch der enge Zusammenhang zwischen den einzelnen Teilen des Systems der Moralphilosophie, welches Adam Smith in Glasgow vortrug, deutlich verfolgen.

Die natürliche Theologie enthielt die Principien der folgenden Vorlesungen; hier sprach er von dem groſsen Geiste, welcher die Welt und die menschliche Seele so kunstvoll eingerichtet hat, daſs sie die Kenntnis Gottes und seiner Gebote, der Normen des Sittlichen, aus sich entwickeln kann. Die zweite handelte vom Sittlichen und umschloſs die Lehre vom Gerechten, dessen genaue Regeln die dritte Vorlesung, das Naturrecht Smiths, aufstellte. Die vierte, der Lehre vom Staatsnützlichen gewidmete Vorlesung war mit den Principien aller vorhergehenden Teile verknüpft; die Quellen ihrer besondern Lehren heiſsen Erfahrung und Geschichte.

---

in eine den göttlichen Geboten entgegengesetzte Richtung verkehrt hat. Aber er meint nicht, daſs in jedem individuellen Menschen die Triebe so harmonisch geordnet seien, daſs sie von selbst das Gute auswirkten. In der Menschennatur nimmt er ein höheres Maſs von Selbstsucht als Sh. an, welches durch die wirtschaftliche Lage der Individuen noch vergröſsert wird; aber auch Shaftesbury hatte die „selfishness" angeklagt. Smith lehrt, daſs durch das Zusammenleben der Menschen in Jedem ein die Triebe in stärkerem oder geringerem Grade regulierendes Organ entwickelt wird. Auſserdem steht jedes Individuum, so ist die Organisation der menschlichen Seele, unter der fortwährenden Kontrolle seiner Mitmenschen, welche seine Handlungen billigen oder miſsbilligen. Das Sittliche ist ein gesellschaftliches Produkt. Der Mechanismus des Seelenlebens wirkt nun auch die Forderung der Gerechtigkeit aus, die jedoch weder durch das Gewissen des Einzelnen, noch die öffentliche Meinung genügend durchgeführt werden kann. Vielleicht hat Smith in seinem Naturrechte die Notwendigkeit des Staates psychologisch aus dieser Unmöglichkeit erklärt, wie Aristoteles am Ende der nikomachischen Ethik. Mit dem Staate entsteht das positive Gesetz und die Rechtspflege. Also steht der Mensch in der Gesellschaft unter drei Gesetzen: dem Gesetze in der eigenen Brust, dem Gesetze der öffentlichen Meinung und dem positiven Gesetze, die alle aus dem Mechanismus des Seelenlebens hervorgehen.

## 3.

## Vergleichung Quesnays und Smiths.

So war also die von Cumberland und Shaftesbury eingeleitete Bewegung nach zwei Seiten hin verlaufen und hatte ihren Abschlufs in den Schriften der Physiokraten und Adam Smiths gefunden. Jene stellen den Begriff einer natürlichen physischen Ordnung auf und bringen ihn einerseits in Verbindung mit der Ordnung des Weltalls, andererseits mit der natürlichen socialen Ordnung, diese aber fassen sie zu äufserlich als eine rechtliche Ordnung auf. Dagegen dringen die Schotten als treue Schüler Shaftesburys in die natürliche, göttliche Ordnung des menschlichen Seelenlebens ein, sie forschen nach der sittlichen Ordnung, welche den Zustand höchsten, materiellen Wohlbefindens verbürgt. Ihre Richtung ist eine psychologisch-ethische, die der Physiokraten eine naturwissenschaftlich-rechtliche.

Nun thut sich auf einmal der Blick in eine fundamentale Verschiedenheit der Systeme Adam Smiths und Quesnays auf. Jedem Leser des „Wealth of Nations“ wird die Polemik des Schotten gegen die physiokratische Meinung erinnerlich sein, dafs das Wohl der Staaten vornehmlich von guten Gesetzen abhänge. Das Wichtigste sei die Thätigkeit des Individuums, dessen robuste Kraft die Rezepte des thörichtesten Arztes verwinde. Hier wird die Verachtung wieder lebendig, welche Shaftesbury einst gegen die Lehre von der Handelsbilanz, von der Machtbilanz und vom europäischen Gleichgewicht an den Tag gelegt hatte und welche die Physiokraten gewifs vollständig geteilt haben würden. Aber Shaftesburys Worte hatten einen tieferen Sinn, als den, welchen sie darin hätten finden können. Es ist überhaupt nicht das äufsere Rechtsgesetz, welches wirklich helfen kann, sondern das innere Sittengesetz, von dem nur ein Teil durch das Staatsgesetz erzwungen wird. Auf diesem Wege ist Shaftesbury unser Altmeister gefolgt, und aus diesem Grunde finden wir in seiner Jugendschrift den ethisch-politischen Radikalismus am ausgeprägtesten. Vom Staate verlangt er nichts als Schutz nach aufsen und innen, so wenig als möglich; dafür denn auch nur mäfsige Steuern. Dies sind ja die Versicherungsprämien des Lockeschen Rechtsstaates, vom Standpunkte der Volkswirtschaft unwiderbringliche Verluste, notwendige Opfer, um Eigentum und Freiheit zu schützen; wer die Versicherung bei gleichbleibender Leistung am billigsten besorgt, ist der beste Staat.

Ganz anders die Physiokraten. Wagner und Schäffle könnten nicht schärfer den volkswirtschaftlich-produktiven Charakter der Steuer betonen, als es von Baudeau geschehen ist. Er kämpft nicht ohne Heftigkeit gegen diejenigen, welche die Steuer für ein Opfer erklären, das man bringen müsse, um den Rest seines Eigentums zu sichern. Diesen Charakter hätte die Steuer nur in schlecht verwalteten Staaten, in guten sei sie nichts als der Anteil am jährlichen Reinertrag, welchen der Staat für seine Dienste (travaux d'instruction, de protection, d'administration) gerechterweise verdient habe. Baudeau tritt deshalb auch konsequent wie Quesnay für starke Staatsausgaben ein[1]. Denn je mehr ein guter Staat arbeitet, um so gröſser ist das Volkseinkommen.

Wie ist das zu erklären, da es doch als sicher angenommen wurde, daſs Physiokratismus und Smithianismus dasselbe seien? Einfach deshalb, weil die Physiokraten nicht, wie man wohl gemeint hat, eine starke Staatsgewalt wünschten, die mit einem Federzuge die wirtschaftliche Freiheit einführe und dann abdanke, sondern dauernd eine starke Staatsgewalt, eine umfassende, tief eingreifende Verwaltung ersehnten. Sie sind Franzosen wie die übrigen Franzosen des Jahrhunderts und erwarten alles von Gesetz und Recht. Die Verwaltungsmaschinerie, welche der Absolutismus in Frankreich seit dem 17. Jahrhundert eingeführt hat, wünschen sie nicht beseitigt, sondern weiter ausgebildet, verbessert, für ihre Zwecke funktionierend. Ihr Staat soll zwar die wirtschaftliche Freiheit einführen, aber damit ist seine Thätigkeit nicht beendet. Er hat Beamte anzustellen, welche unterrichten, schützen und verwalten, er muſs für die Unterhaltung des groſsen öffentlichen Eigentums sorgen, welches das Eigentum der Privatpersonen erst zur Geltung bringt: die Wege, die Kanäle, die schiffbaren Flüsse, die Brücken und Häfen u. s. w.

Alles dies war Adam Smith in seinem Jugendaufsatze entgangen; er hatte damals wahrscheinlich von Volkswirtschaft und von Staatsverwaltung nur die dürftigen Begriffe, welche man von einem jungen Philosophen erwarten kann, der aus einem luftigen philosophischen Systeme die Fäden einer luftigen politischen Theorie herausspinnt. Er hätte am liebsten den Staat aus der Gesellschaft herausgedrängt und nichts übrig gelassen als die wirtschaftenden Individuen. Dafür war aber seine unreife Theorie konsequent, sie schloſs sich aufs engste seiner Ansicht vom menschlichen Eigennutz an, während man dies von seinem groſsen national-ökonomischen Werke nicht sagen kann, in dem er dasjenige, was er von den Physiokraten gelernt hat, ganz äuſserlich anflickt und nun als die dritte Staatsaufgabe bezeichnet „the duty of erecting and maintaining certain public works and public institutions which it can never be for the interest of any individual or small number of individuals to erect and maintain". Aber weshalb sollte es nicht ebensowohl im Interesse der Individuen sein, Wege und Kanäle für andere zu bauen und hieraus einen Gewinn zu ziehen, als für andere baumwollene Strümpfe oder schwarze Seife zu fabrizieren? Hat denn Gott die Welt so wunderlich eingerichtet, daſs das Selbstinteresse wohl für die

[1] Daire, Physiocrates, II, p. 763 und 683.

Herstellung von baumwollenen Strümpfen und schwarzer Seife richtig funktioniert, nicht aber für diejenige von Wegen und Kanälen?

Der Begriff der natürlichen Ordnung hat also bei Quesnay und Smith nicht denselben Inhalt; auch spricht Letzterer nicht von Naturgesetzen der Volkswirtschaft.

So verschieden aber auch die Lehren Quesnays und Adam Smiths gewesen sein mögen, so gewifs dieser das echt englische starke Vertrauen zu den Menschen, jener das echt-französische stärkere zu Staat und Gesetz hat: gemeinsam ist beiden die Verehrung der Natur, welche die Keime alles Guten auch für das Erwerbsleben in sich birgt, gemeinsam ist ihnen die Überzeugung, dafs die Gesellschaft von allen Übel befreit werden wird, wenn die Menschen die von der Selbstsucht und Willkür diktierten Staatsgesetze ändern oder ihre Selbstsucht auf eine tugendhafte Selbstliebe herabstimmen und das Naturgesetz oder die natürliche Ordnung zur Herrschaft bringen, beiden gemeinsam ist die religiöse Gemütsstimmung, die in den natürlichen Rechts- und Sittengesetzen die Gebote eines höchst weisen, wohlwollenden, auch das materielle Gedeihen seiner Geschöpfe wünschenden Wesens sieht.

## 4.

## Die wirtschaftliche Harmonie der Länder.

Nachdem so das Wirtschaftsleben in die religiöse Sphäre eines Optimismus hinaufgetragen worden war, welcher überall die Spuren einer gottgewollten Harmonie erblickt, die der Mensch nur zu Heerstrafsen zu erbreiten brauche, um auf ihnen dem Ziele materieller Wohlfahrt entgegenzuschreiten, mufste auch die Lehre von der wirtschaftlichen Harmonie der verschiedenen Länder willkommen sein und rasche Aufnahme finden, denn sie erschien als eine neue Entdeckung im Reiche der göttlichen Güte und Ordnung und eine wertvolle Stütze der Forderung der Handelsfreiheit.

Die Lehre war nicht neu. Gustav Cohn hat in seinem Aufsatze über Colbert nachgewiesen, welche Verbreitung sie schon im siebzehnten Jahrhundert gefunden hatte. Ich vermutete, dafs auch sie dem Naturrechte entstamme, und zwar dem Naturrechte des Hugo Grotius, welcher als Niederländer dem Zwischenhandel seines Volkes theoretisch Vorschub zu leisten suchte. In diesem Werke findet sie sich auch thatsächlich, aber nicht von ihm selbst ausgesprochen, sondern als die Meinung klassischer Schriftsteller erwähnt. Hugo Grotius tritt dort für die Freiheit des Handels ein. Die gewaltige Verbreitung dieses 1624 erschienenen Buches über ganz Europa erklärt es, dafs sie in der 2. Hälfte des 17. Jahrhunderts schon an verschiedenen Stellen wie etwas Selbstverständliches auftauchen konnte.

Grotius führt von Philo den Satz an: „Das ganze Meer wird von den Handelsschiffen ohne Gefährde durchfahren, zum Behuf des Handels, der um der Gemeinschaft willen unter den Völkern stattfindet, indem der Überfluſs des einen dem Mangel des andern zu Hilfe kommt." Fast mit den Worten der Nationalökonomen des 17. und 18. Jahrhunderts spricht Libanius: „Gott hat nicht allen Ländern alles zugeteilt, sondern hat seine Geschenke nach den Ländern verteilt, damit die Menschen einander bedürften und gesellig würden. Deshalb hat er den Handel erweckt, damit wir alle das genieſsen können, was irgendwo gewachsen ist." Und die Wirkung des Handels beschreibt Plutarch mit den Worten: „Unser sonst wildes und verkehrloses Leben hat das Element verbunden und vervollkommnet, indem es dem Mangel hier durch den Überfluss anderwärts abhilft und durch den Austausch der Güter zur Gemeinschaft und Freundschaft führt[1]." Die übrigen Citate übergehe ich. Diese drei dürften die Annahme rechtfertigen, daſs die Lehre von der gottgewollten Harmonie der Interessen aller einzelnen Länder der neueren Zeit ebenfalls vom klassischen Altertum überliefert worden ist. Sie braucht nicht als der Folgesatz eines modernen philosophischen Systems, wie etwa desjenigen von Shaftesbury oder Leibnitz angesehen zu werden, wir wissen eben nicht, wieviel wir in unserer intellektuellen, sittlichen und materiellen Kultur von den Alten entlehnt haben. Sondern sie bestätigt unsere Ansicht, daſs der Gedankeninhalt einer Periode durchaus nicht von ihr zuerst produziert zu sein braucht, daſs aber die führenden Geister dasjenige aus der Stille der Bibliotheken an die Öffentlichkeit ziehen, was die Zeit gerade braucht. So streut auch die Natur stets dieselben Menschenkeime aus, welche Saat aber wachsen und reifen soll, bestimmt die Nachfrage der Zeit nach Trieben und Talenten[2].

---

[1] a. a. O. I, p. 255. B. II, K. 2. XIII, 5.

[2] Ich halte es nicht für meine Aufgabe, nachzuweisen, daſs die Lehre von der wirtschaftlichen Harmonie der verschiedenen Länder in der nationalökonomischen Litteratur des 18. Jahrhunderts weite Verbreitung gefunden habe, es gehört nicht in eine Darstellung der allgemeinen philosophischen Grundlagen unserer Wissenschaft im 18. Jahrhundert. Um aber die Behauptung zu illustrieren, verweise ich auf den Franzosen Baudeau (Daire, Physiocrates, II, p. 725): „La nature a voulu que toute espèce de sol, toute exposition, tout climat eût ses productions différentes, depuis un pôle jusqu'à l'autre." Nach Auseinandersetzung der hieraus hervorgehenden Annehmlichkeiten folgt die Forderung der Verkehrsfreiheit. „Mais pour rassembler autour de nous les objets qui naissent ou qui sont façonnés au bout du monde, sous l'un et sous l'autre hémisphère, il faut l'art et les moyens de les voiturer de la manière la plus sûre, la plus facile et la moins dispendieuse." Ähnlich der Engländer Hume. In seinen Aufsätzen wird einer ökonomischen prästabilierten Harmonie, welche auf der Verteilung verschiedener Güter und Talente an verschiedene Länder beruht, zweimal gedacht. Von den Hemmungen des freien Handels behauptet er, sie vernichteten „that free communication

Nachdem die Ansicht von der Harmonie zwischen den einzelnen Ländern Eingang gefunden hatte, war das Lehrgebäude der wirtschaftlichen Freiheit in allen Teilen vollendet. Nicht nur das Uhrwerk des menschlichen Trieblebens sondern auch die über verschiedene Länder ausgestreuten Naturgaben verkünden es: das höchste Wesen will keine künstlichen Hemmungen des Verkehrs; sein Gebot heifst: lafst dem wirtschaftenden Individuum seine Freiheit innerhalb der Grenzen des Rechts und der Sittlichkeit.

## VII.

## Rückblick.

So atmen Natur- und Geisteswissenschaften im 17. Jahrhundert denselben Geist. Hüben und drüben sucht man Naturgesetze aufzustellen, hüben und drüben ist man von der Macht des Verstandes, alle Tiefen der Welt auszumessen, durchdrungen, hüben und drüben gilt die mathematische Methode entweder als Hauptschlüssel oder doch als ein wichtiger Schlüssel zu allen Erkenntnissen. Atom und Mensch, Schwerkraft und Selbstliebe bilden ausschliefslich oder vorzugsweise die Körper- und Menschenwelt; das Denken erkennt in allen Wirkungsweisen nur die eine mechanische Causalität. Aus diesen Lehren weht uns gleichsam die eine Seele der modernen Weltanschauung entgegen. Im Kampfe mit der mittelalterlichen hat sich diese herausgestaltet, gestützt auf antike Erkenntnisse, nicht auf die antike Weltanschauung, noch die antike Philosophie der besten Zeit. Denn gerade gegen die platonischen Ideen, gegen die aristotelische Lehre von Stoff und Form, gegen den antiken Zweckbegriff richtete sich der Angriff. Dagegen sind die Philosophie der sinkenden Zeit, der Stoizismus und Epikureismus treibende Mächte

---

which the Author of the world has intended, by giving them soils, climates and geniuses so different from each other" (I, p. 343). Und: „Nature by giving a diversity of geniuses, climates and soils to different nations, has secured their mutual intercourse and concourse as long as they all remain industrious and civilized (I, p. 346). Essays Moral, Political and Literary. Ausgabe von Green & Grose. London 1882. Also auch hier wieder der Gegensatz, dafs der Physiokrat vorzüglich die rechtlichen Hemmungen betont, der englische Moralphilosoph auch der sittlichen gedenkt. — Übrigens findet sich die Lehre auch schon bei Davenant. Roscher, Geschichte der englischen Volkswirtschaftsl., p. 114. Vgl. die an stoische Anschauungen erinnernde Verteidigung der Handelsfreiheit bei North, a. a. O. p. 89.

Eine ganz andere Frage ist es, ob die Naturthatsache der Verteilung der Naturgaben über verschiedene Länder ein wirtschaftlicher Vorteil für ein bestimmtes Land ist. Quesnay hat ihn für alle Völker, die nicht vorzugsweise Handelsvölker sind, verneint. Am besten wäre es, wenn jedes Land alle Güter selbst produzieren könnte; da dies aber nicht der Fall ist, so mufs die vollste Handelsfreiheit den Lohn für diese Art von Diensten auf das kleinste Mafs beschränken.

in der Entwicklung der Philosophie der neueren Zeit. Die Stoiker, deren System der Ausprägung des Gesetzesbegriffes überhaupt günstig war, verkündeten mit aller Stärke den ethischen Begriff des Naturgesetzes. Das Naturrecht bewahrt ihn und entfaltet ihn immer reicher. Durch die epikureische Erklärung der Welt aus kleinsten Teilchen, den Atomen, empfängt die moderne Naturphilosophie ihren inneren Halt. „Gassendi," sagt Lange, „dem eine gründliche philologisch-historische Bildung einen Überblick über die sämtlichen Systeme des Altertums gab, griff mit sicherem Blicke dasjenige heraus, was gerade der neuern Zeit, und zwar der empirischen Richtung in dieser neuen Zeit am meisten entsprach[1]." Die moderne Forschung, soweit sie sich an Descartes anschlofs, ging, wie früher ausgeführt, von dem Gedanken aus, man habe danach zu streben, „die mannigfachen Erscheinungen auf einfache in der Wirklichkeit nachweisbare Grundkräfte zurückzuführen und sie wieder von diesen gesetzmäfsig abzuleiten[2]". Hieraus „erwuchs die Forderung, die ursprünglichen und durchgehenden Formen jener Kräfte zu ermitteln, sorgfältigst festzustellen und dann zum Verständnis der Mannigfaltigkeit zu verwenden. Da diese ursprünglichen Wirkformen aber nichts anderes als die Gesetze sind, so ist ihre Erforschung eine hervorragende, ja die entscheidende Aufgabe des Erkennens"[3]. Die Atomistik, welche alle Vorteile für eine anschauliche, mechanisehe Erklärung der Naturvorgänge bietet, hat auch bald Bürgerrecht in der Naturphilosophie überhaupt gewonnen.

Man darf also nicht allgemein sagen, dafs der Begriff des Naturgesetzes von den Naturwissenschaften auf die Geisteswissenschaften übertragen wurde, dies ist nur für die Psychologie der Fall. Die Geisteswissenschaften besafsen einen Begriff des Naturgesetzes, der älter war als der physikalische[4]. Dagegen ist es richtig, dafs Hobbes durch die Anwendung der mathematischen Methode auf das Naturrecht dieses mechanisierte. Dabei ist aber immerhin im Auge zu behalten, dafs die individualistischen Grundlagen seiner Theorie im epikureischen System schon vorhanden waren und daher auch keine neuen Gesichtspunkte durch die Überführung der mathematischen Methode gewonnen wurden, sondern das Alte nur eine neue, logisch zusammenhängenden Darstellung erfuhr. Mit andern Worten: die Psychologie und Sociologie der Epikureer kam der Methode entgegen. Als die von Cartesius eingeleitete Mechanisierung des Trieblebens Anklang gefunden hatte, erhielten die aus der Prämisse des Egoismus gefundenen

---

[1] Lange, Geschichte des Materialismus, 2. A. I, p. 224.

[2] Eucken, Geschichte und Kritik der Grundbegriffe der Gegenwart, Leipzig 1878, p. 32.

[3] Eucken, a. a. O. p. 119.

[4] Siehe hierüber Eucken, a. a. O. „Gesetz", p. 115 ff.

Sätze mehr und mehr den Charakter von Naturgesetzen. Sie wurden Definitionen der Kraft Eigennutz.

So bildet sich die herrschende Anschauung des 17. Jahrhunderts, das Einzelne vor das Allgemeine zu stellen, nicht von Zwecken, sondern von Kräften zu reden, nicht von Ideen, sondern von Gesetzen, nicht von einem Organismus, sondern von einem Mechanismus.

Suchen wir nun die Nationalität dieser einen Seele der modernen Weltanschauung zu erkennen, so zeigt sich, dafs sie französisch ist. Nachdem die französischen Juristen des 16. Jahrhunderts das Naturrecht des römischen Rechtes wiedererweckt haben, von Montaigne die skeptisch-epikureische Geistesrichtung des 17. Jahrhunderts mit den „Essais" eingeleitet ist, belebt Gassendi das epikureische Naturrecht, die Ethik des wohlverstandenen Selbstinteresses und die antike Atomenlehre. Aufserdem streut er den Samen der den Entwicklungsgedanken vertretenden Kulturgeschichte und Geschichtsphilosophie aus. Descartes ist der Begründer der mathematischen Methode, der mathematisch-mechanischen Naturphilosophie[1] und der mechanistischen Psychologie. Larochefoucaults Aphorismen sind moderne Weiterbildungen der epikureischen Psychologie. Noch im folgenden Jahrhundert, wo die französische Geistesarbeit nicht mehr so im Vordergrund steht, begründet Montesquieu die geschichtliche und sociologische Betrachtung von Recht und Staat, Voltaire die Kulturgeschichte, Buffon die Zoologie, Linné die Botanik und Quesnay die politische Ökonomie. Doch ich kehre zum 17. Jahrhundert zurück. Sollte es zufällig sein, dafs die mathematisch-mechanische Seele der modernen Weltanschauung französisch ist? Denn diejenigen Geister, welche man die leitenden nennt, produzieren und reproduzieren, was dem Genius eines gröfseren oder geringeren, jedenfalls mächtigen Bruchteils eines Volks congenial ist. Sie befriedigen seine politischen, socialen, intellektuellen, ästhetischen Bedürfnisse. Ein anderer Beweis liegt in dem Charakter der schönen Litteratur Frankreichs im 17. Jahrhundert. In ihrer Abwendung vom Besondern und Concreten zum Allgemeinen und Typischen, in ihrer verstandesmäfsigen Regelmäfsigkeit, ihrer kalten Eleganz ist sie ein Seitenstück der zeitgenössischen Wissenschaft, geboren aus demselben Geist, welcher die Mathematiker, Naturforscher, Philosophen hervorgebracht hat[2].

In diese öde mechanistische Weltanschauung, in dieses Nebeneinander von Atomen und rechnenden Menschen dringt nun mit dem

[1] Lange, der die früheren Stadien in der Geschichte der mechanistischen Naturphilosophie nicht übersieht, sagt es war „Descartes, welcher dieser ganzen Betrachtungsweise der Dinge schliefslich jenen Stempel des Mechanismus aufdrückt", a. a. O. II, p. 199.

[2] Über den Charakter der Litteratur siehe Taine, „L'ancien Régime" und Lotheifsen in der „Deutschen Rundschau", Bd. LVI. Mit beiden kann ich nicht vollständig übereinstimmen.

Anfang des 18. Jahrhunderts ein Strom von Gemütswärme von England her. Newton verkündet, daſs die Welt die Schöpfung eines überaus weisen, liebevollen Geistes ist. Shaftesbury predigt die Vernunft des Trieblebens, Gefühlsethik, den Adel der menschlichen Natur. Mit der englischen Naturphilosophie beginnt nun auch die Annäherung der beiden Arten von Naturgesetzen. Das Naturgesetz der Naturphilosophie gewinnt eine mehr als mechanische Würde; das Naturgesetz der sittlichen Welt wird seines bloſs vernünftigen Charakters entkleidet. Shaftesbury verlegt es in die für die Gesellschaft veranlagte Natur des ganzen Menschen, welche ebenfalls als eine Art Maschine oder Uhrwerk erscheint. Dem Genius Quesnays gelingt es dann, die Naturgesetze des Seins und Sollens der wirtschaftlichen Welt harmonisch miteinander zu verbinden. Nachdem die Versöhnung von Teleologie und Mechanismus stattgehabt hatte, findet auch die organische optimistische Weltanschauung griechischer Denker kraft des Gesetzes der Wahlverwandtschaft wieder Eingang, so fundamental verschieden auch diese und jene sein mögen[1].

Natur und Mensch erhalten nun eine höhere Weihe, die schöne Welt und die schöne Seele offenbaren sich einem gefühlsseligen, edlen, schwärmerischen Jahrhundert. Die mechanische Weltanschauung, die von zwei Franzosen deutscher Abstammung, Helvetius und Holbach, um die Mitte des 18. Jahrhunderts in aller Reinheit und Vollständigkeit dargestellt wird, befremdet viele der besten Geister, obwohl sie sich noch gröſstenteils in ihrem Vorstellungskreise bewegen. Goethe bekennt den Abscheu, den ihm Holbachs Werk eingeflöſst, und will in allen Verhältnissen des Lebens uneigennützig sein, Schiller, dessen philosophische Gedichte und Werke den Geist jener Zeit so klar und schön verkörpern, ist in dem Motto, welches wir dieser Schrift vorgesetzt haben, davon überzeugt, daſs die Vernunft die Wahrheit erkennt. Jedes Naturgesetz erfüllt ihn mit Bewunderung; er hört in ihm die Sprache eines denkenden Wesens, er sieht überall um sich Ordnung, Harmonie und Schönheit, er möchte die Welt umarmen wie seine Geliebte, und er eifert gegen die Philosophen, welche sich mit dem Eigennutze abgefunden haben. Je mehr aber das Jahrhundert vorrückt, um so stärker bannt jenes, durch die Vernunft erkennbare, für alle Zeiten und Völker gültige, die Freiheit und Gleichheit der Menschen anerkennende Naturrecht den Verstand und die Gemüter der Menschen, stets beschäftigt die Naturreligion in immer neuen

[1] Obgleich die Griechen eine Gesetzmäſsigkeit im Universum annehmen, so konnte „von einer gesetzlichen Begreifung der Natur im Sinne der neueren Wissenschaft nicht die Rede sein. Zwei allgemeine Gründe treten dem entgegen: die synthetische Auffassung der Natur, die zu kleinsten Kräften und ursprünglichen Wirkformen nicht durchdrang, sowie die organische Auffassung vom Kosmos, welche jedem Punkte eine spezifische Bedeutung beizulegen geneigt war“. Eucken, a. a. O. p. 117.

Wandlungen die Köpfe und Herzen der besten Männer; nach Freiheit, Gleichheit, Humanität, Brüderlichkeit[1] dürstet die Menschheit. Wie entbrennt da die revolutionäre Stimmung gegen die Fürsten, die mit Gewalt und List, von kalter Selbstsucht gelenkt, den Völkern ihr Joch und ihre ungerechten Gesetze aufgebürdet haben, gegen jene betrügerischen Pfaffen, welche die Naturreligion geschändet, gegen jene Feinde der Gesittung, die unnatürliche Tugenden von der Menschheit fordern. So entspringt aus jenem Wohlwollen, aus jener Menschenliebe auf Grund der rationalistischen Anschauung von der bewufsten Entstehung aller politischen und socialen Gebote die mifstrauische Stimmung, die in den positiven Institutionen ihrer Zeit nur Egoismus und Machwerk erblickt. Wenn wir die socialen und politischen Zustände jener Periode ohne Vorurteil ins Auge fassen, verstehen wir diese Anschauungsweise zu würdigen. Vieles war verlebt und wurde mit bewufster Selbstsucht aufrechterhalten.

Wer kann die civilisatorische, nach aufsen humanisierende, nach innen nivellierende Mission des Naturrechtes leugnen? Wenn das römische Reich und das römische Recht den Gegensatz der civilisierten und uncivilisierten Welt nicht zu vertilgen vermochten, wenn das Mittelalter nur den Unterschied von christlich und unchristlich kannte, wenn es alle Völker zu einem Gottesreiche zu vereinigen suchte, wenn das kanonische Recht alle menschlichen Verhältnisse dem christlichen Gedanken zu unterwerfen bestrebt war: so wird nun die Grenze des Rechts bis zu den Grenzen der Menschheit hinausgeschoben, und wiederum steht am geistigen Horizonte jenes stoische Ideal eines politischen Zustandes, wo die Menschheit ohne Unterschied besonderer Staaten, Völker und Gesetze ein einträchtiges Gesamtleben führt und Weltreich bildet, vom gemeinschaftlichen Gesetze wie eine zusammenweidende Herde von einer Trift zehrend[2].

Aus den naturrechtlichen, sittlichen, religiösen Ideen erhält jene Zeit die Kraft zu reformieren. Und wie vieles damals besser geworden ist, lehrt die Geschichte des achtzehnten Jahrhunderts, nicht zum mindesten die deutsche. Aus dem Bewufst-

---

[1] Die „fraternité" hebt besonders Mercier im Schlufskapitel seines Werkes hervor.

[2] Chaque nation n'est ainsi qu'une province du grand royaume de la nature; aussi seraient-elles toutes gouvernées par les mêmes lois . . . si toutes ces nations s'étaient élevées . . . à la connaissance de cet ordre immuable, par lequel l'auteur de la nature s'est proposé que les hommes fussent gouvernés dans tous les lieux et dans tous les temps. Mercier de la Rivière, Daire, II, p. 526. Dieser Gedankengang hat mit dem stoischen eine merkwürdige Ähnlichkeit. Mercier weifs zudem auch, dafs dies Ideal schon vor dem Christentum aufgestellt wurde. Er fährt fort: L'idée de cette société générale toujours existante est antérieure à l'établissement du christianisme: ce rayon de lumière brillait dans les ténèbres du paganisme, et plusieurs philosophes de l'antiquité paienne en ont parlé avec force et dignité.

sein aber, überall das Edle angestrebt, oft das Bessere erreicht zu haben, erhebt sich die frohe, selbstgewisse Stimmung, welcher Schiller in der ersten Strophe seines Gedichtes „Die Künstler" Worte geliehen hat:

Wie schön, o Mensch, mit deinem Palmenzweige
Stehst du an des Jahrhunderts Neige
In edler, stolzer Männlichkeit,
Mit aufgeschlossnem Sinn, mit Geistesfülle,
Voll milden Ernsts, in thatenreicher Stille,
Der reifste Sohn der Zeit,
Frei durch Vernunft, stark durch Gesetze,
Durch Sanftmut groſs und reich durch Schätze,
Die lange Zeit dein Busen dir verschwieg,
Herr der Natur, die deine Fesseln liebet,
Die deine Kraft in tausend Kämpfen übet
Und prangend unter dir aus der Verwildrung stieg[1].

---

[1] Über das kräftige Selbstgefühl der letzten Zeit des 18. Jahrhunderts siehe Hettner in seiner Geschichte der deutschen Litteratur, 3. A. 1879, III, 2 p. 170 für Deutschland und Taine: L'ancien régime für Frankreich, 2. A., p. 391 (L. IV, ch. 2, VI).

## Siebentes Kapitel.

# Die Politische Ökonomie des 18. Jahrhunderts und der Rückschlag gegen die herrschenden Ideen der Zeit.

In den vorhergehenden Kapiteln haben wir die Gestaltung der modernen Lebensanschauung verfolgt, insofern dadurch ein Licht auf die Entwicklung der politischen Ökonomie geworfen wird.

Es schien uns, dafs die Theorien und Doktrinen, die zur Durchsetzung der Ansprüche aufgestellt werden, welche Bedürfnisse und Gefühle mächtiger Bruchteile eines Volkes erheben, nicht in dem Geiste hervorragender Zeitgenossen ihren Ursprung zu haben brauchen. Ideen, welche schon vor Jahrtausenden ihre Kraft erprobten, müssen neuen Veränderungen die Wege ebnen. Der Vorteil, welcher hierdurch dem Streben gesichert wird, zieht aber auch bedeutende Nachteile nach sich. Überlebte Vorstellungen und Begriffe, welche die Voraussetzung der Ideale bilden, erheben sich aus dem Grabe und verwirren die Geister auf Jahrhunderte. Der Kampf der modernen Völker für die Freiheit auf allen Gebieten wurde mit Hilfe des Naturrechtes ausgekämpft, das die Stoiker und Epikureer von durchgebildeten Weltanschauungen ausgeprägt haben. So sind wir mit allen Irrtümern des antiken Individualismus gestraft worden, welcher einen grofsen Teil der Wohltaten wieder wett macht. Wie nachteilig die Ideen des Altertums auf unsere sociale und politische Entwicklung eingewirkt, ist hier nur zu einem geringen Teile zur Darstellung gekommen, aber auch das wenige genügt, um jeden Unbefangenen davon zu überzeugen, dafs der antike Individualismus a u c h ein Element der Auflösung für die modernen Völker gewesen ist.

Diejenigen, welche dem modernen Individualismus am meisten zum Siege verholfen haben, sind Locke und Shaftesbury. Der eine proklamierte das unbegrenzte Recht des Individuums, der andere seine unbegrenzte Güte und sittliche Befähigung, beide suchten die Kraft aller das Ganze zusammenhaltenden Gewalten zu lähmen, und der letztere bahnte aufserdem der Anschauung den Weg, dafs der Individualismus im Plane Gottes liege.

So erhielt der moderne Individualismus seinen fest umrissenen Charakter. Er verlangt die Freiheit nicht blofs, wo sie zweckmäfsig ist, er verlangt sie schlechthin als ein Recht, und dieses Recht soll überall dasselbe sein, und ein gleiches Recht und ein gleiches Gesetz soll es sein für alle. Da er für das Gerechte zu kämpfen glaubt, wird er fanatisch, sobald er Widerstand findet. Den Widerstand kann er sich nicht aus loyalen Beweggründen erklären, er sieht nur schmutzige Ränke, niedrige Interessen, boshafte Tyrannei, er verleumdet, er verdächtigt, er beschmutzt, denn nur ein entartetes Gemüt kann sich der Erkenntnis des Rechtes verschliefsen. Und umgekehrt erblickt er in seinen theoretischen Betrachtungen nur immer gute Menschen, die mit aller schuldigen Rücksicht vor ihrer erhabenen Menschlichkeit behandelt werden müssen. Wo sich aber die Wirkungen nicht einstellen, welche man von ihnen unter der Einwirkung bestimmter Gesetze hätte erwarten dürfen, da beschönigt er, verhüllt er und verzweifelt nicht. Denn er hat ein unbegrenztes Vertrauen zur menschlichen Natur, sie wird sich allmählich in die neuen Zustände hineinfinden; die guten Folgen werden nicht ausbleiben. Ein höchstes Wesen voller Güte lenkt die Welt und hat alles zum Besten geordnet. Doch gegen einen Vorwurf möchte ich den modernen Individualismus in Schutz nehmen. Es heifst, er spreche immer nur von den Rechten des Individuums, aber er vergesse es, die entsprechenden Pflichten zu erwähnen. Dies trifft auf die hervorragendsten Vertreter des 18. Jahrhunderts nicht zu: ich meine die Hutcheson, Quesnay, Smith und Wolff, wenn es gestattet ist, diesen hier zu erwähnen.

Von solchen Anschauungen waren diejenigen erfüllt, welche die französisch-englische politische Ökonomie des 18. Jahrhunderts begründet haben. Ich hätte mein Ziel erreicht, wenn mir der Nachweis gelungen wäre, dafs diese politische Ökonomie wie wahrscheinlich keine andere Wissenschaft in dem innigsten Zusammenhange mit der modernen Philosophie herangewachsen ist. Von wenigen ihrer Zweige, wie der Ästhetik und der formalen Logik, ist nicht zum Aufbau der politischen Ökonomie beigetragen worden. Alle anderen haben, wenn auch in ungleichem Grade, mitgewirkt: das Naturrecht, die Ethik, die natürliche Theologie, die Naturphilosophie, die Psychologie, die Methodenlehre. Aus dem Naturrechte ist die politische Ökonomie als systematische Wissenschaft hervorgegangen. Er verlieh ihr den Charakter des Individualismus; in ihm reifte die Idee der wirtschaftlichen Freiheit, sein Rahmen war weit genug, um theoretische Erkenntnisse aufzunehmen. An zweiter Stelle ist die Ethik zu nennen. Ihre Lehren klärten die Nationalökonomen über die Macht und den sittlichen Wert der menschlichen Triebe, insbesondere des Erwerbstriebes für die menschliche Wirtschaft auf. Das sittliche Walten des Privatinteresses erschien gewissermafsen als der psychologisch-ethische Inhalt, der die rechtliche Form der wirtschaftlichen Freiheit erfüllen sollte. Ihre Lehren stellten die Nationalökonomie auf den Boden der modernen Lebensanschauung, zugewandt wirtschaftlich-technischer Kultur, abgewandt dem christlichen Lebensideale. Von den psychologisch-sociologischen Voraussetzungen aus, welche im wesentlichen die des epikureischen Naturrechtes sind, wurden die ethisch-socialen Grundlagen der englischen Nationalökonomie geschaffen. Die naturrechtlichen Fundamente wurden verstärkt und für den Aufbau eines Systems der politischen Ökonomie hergerichtet. Drittens müssen wir die Naturphilosophie erwähnen. Der Geist Newtons, welcher in den Schriften Shaftesburys und der Deisten eine gröfsere Wirkungsfähigkeit erhielt, liefs die späteren die Harmonie einer individualistischen Wirtschaftsordnung in den Schranken von Sitte und Recht erkennen. Der sich den Geboten der Gerechtigkeit unterwerfende Erwerbstrieb erschien nun nicht nur als sittlich zulässig, sondern auch als ein Mittel zur Auswirkung des göttlichen Weltenplanes. Aber noch andere Beziehungen bestehen zwischen der politischen Ökonomie und der Naturphilosophie. Die innerhalb der letzteren ausgebildete Methode wurde auf die Nationalökonomie übertragen und die mechanistische Psychologie erleichterte die Anwendung des deduktiven Verfahrens aus der Prämisse des universellen Eigennutzes, aber schon im 18. Jahrhundert wird die wissenschaftliche Beobachtung als die eigentliche Methode der politischen Ökonomie bezeichnet.

Die eingehendere Verfolgung dieser Ergebnisse der Untersuchung würde den Lehrer ermüden. Aber auch dieser flüchtige Überblick über die allgemeinen philosophischen Grundlagen unserer Wissenschaft zeigt, dafs Philosophen die Bildner der politischen Ökonomie gewesen sind. Wir müssen zu Hobbes und Locke, Pufendorf und Hutcheson, Shaftesbury und Mandeville, Bacon und Descartes mit eben derselben Verehrung aufblicken, wie die Jünger der Philosophie. Wahrscheinlich hat Cumberland den gröfsten Einflufs auf Quesnay gehabt. Mandeville bildete die von Hobbes entworfenen ethisch-socialen Grundlagen des Naturrechtes zu denjenigen der englischen politischen Ökonomie um, Locke entwarf die rechtlichen Grundlagen einer freiheitlichen Wirtschaftsordnung, Shaftesbury richtete die Blicke auf die sittlichen Bedingungen der modernen Kultur und schuf das Fundament einer optimistischen Betrachtung einer rein individualistischen Wirtschaftsordnung, Descartes und Bacon sind die Väter der auch in der Nationalökonomie angewendeten Methode, wobei allerdings zu bemerken ist, dafs es Hobbes war, welcher die mathematische Methode zum deduktiven Verfahren aus der Prämisse des universellen Egoismus gestaltete. Descartes entwarf die Mechanik der Leidenschaften, Pufendorf ist der Schöpfer des systematischen Naturrechtes und bis zu einem gewissen Grade auch der systematischen Nationalökonomie, nach dieser Seite hin hat Hutcheson das Werk unseres grofsen Landsmannes wertvoll ergänzt und damit seinem Schüler Adam Smith vorgearbeitet. Da aber die Entwicklung dieses Teils unserer Wissenschaft in keinem inneren Verhältnis zu ihren allgemeinen philosophischen Grundlagen steht, so mufs ich diesen Punkt hier übergehen.

Einige dieser Denker sind die Vorgänger Smiths, andere Quesnays, einige, wie Shaftesbury und Locke, beider. Sowohl der Franzose wie der Schotte offenbaren bei näherer Betrachtung diejenige Originalität, welche Fremdes mit dem eigenen Geiste so völlig zu durchdringen vermag, dafs es als ein Neues und Selbständiges erscheint. Dieser Assimilierungsprozefs geht, soviel ich das zu beurteilen vermag, bei Quesnay kräftiger und reinlicher vor sich, als bei Adam Smith. Ist so zwischen dem philosophischen Fundamente ihrer Lehren und auch zwischen ihrer Geistesrichtung soviel Übereinstimmung vorhanden, dafs man sie als die Begründer der englisch-französischen Nationalökonomie bezeichnen darf, so zeigen ihre Werke doch andererseits die gröfsten Verschiedenheiten. Der Franzose wird mehr von den naturwissenschaftlichen und naturrechtlichen Ideen der Zeit erfafst, der Schotte mehr von der Moralphilosophie und der Psychologie seines Vaterlandes. In einer andern Form ausgesprochen: die Ethik und die Psychologie ist nicht die starke Seite der französischen Schule, Mercier de la Rivière, der treueste Interpret des Meisters, zeigt nach dieser Richtung ein unklares Schwanken. Dagegen offenbart Adam Smith, eine wie starke Gewalt die naturrechtlichen Ideen auch über ihn gewinnen, eine viel ausgeprägtere Fähigkeit die Ethik weiterzubilden und die ethische Seite des Wirtschaftslebens zu sehen. Auf dem Gebiete der Moralphilosophie ist seine Theorie geschlossen, hier ist er zur vollsten Klarheit über seine eigentümliche Stellung gelangt. Er ist ein gröfserer Philosoph als Quesnay, aber auch ein Nationalökonom von geringerer selbständiger Kraft als dieser. Das wird noch deutlicher werden, wenn man die national-ökonomischen Vorgänger beider Männer einmal völlig zu überblicken vermag. Adam Smith ist auch viel stärker in dem politischen und wirtschaftlichen Individualismus stecken geblieben, während Quesnay die Kulturaufgabe des modernen Staates wohl erkannte. Das wahrhaft Originelle Quesnays dagegen liegt in seiner organischen Theorie des Wirtschaftslebens und der daraus fliefsenden Ansicht von der wirtschaftlich nützlichen Arbeit.

Doch liegt es mir fern, beide Männer miteinander vergleichen oder etwa Stoff zu ihrer Beurteilung zusammentragen zu wollen, sie interessieren uns hier nur so weit, als sie die von andern gebrochenen Bausteine behauen, zusammengetragen und zur Legung der allgemeinen philosophischen Fundamente unserer Wissenschaft verwendet haben. Dabei mufste der besonderen Verdienste eines jeden gedacht werden, aber eine eingehende Betrachtung der Schriften und der Bedeutung Quesnays und Smiths wird noch manches aus den wissenschaftlichen Bestrebungen der Zeit heranziehen müssen, was hier keine Erwähnung gefunden hat.

Viel näher als die Erörterung der Verschiedenheit der Lehren Quesnays und Smiths liegt uns die Beantwortung der Frage, welches auf Grund der gemeinsamen philosophischen Grundlagen der gemeinsame Charakter der französischen und der englischen politischen Ökonomie des 18. Jahrhunderts sein mufste.

Erstens konnte sie nicht anders als individualistisch sein. Nachdem Locke den Individualismus entfesselt hatte, welcher im modernen Naturrecht durch Grotius, Hobbes, Pufendorf gebunden worden war; nachdem man nun im Staate nichts sah als den Schützer der Freiheit und des Eigentums freier und rechtlich gleicher (nur der Subordination der natürlichen Gesellschaft unterworfener) Individuen: da war es den Begründern unserer Wissenschaft, welche sich aus dem Naturrechte entwickelte, fast unmöglich, die Volkswirtschaft anders aufzufassen, denn als die Summe von nebeneinander bestehenden, voneinander unabhängigen und nur durch das gesellschaftliche System der Arbeitsteilung miteinander verbundenen Privatwirtschaften[1]. Diese auf dem Boden des Naturrechtes emporgewachsene Ansicht erhielt dann eine Reihe von Stützen in der Psychologie, Ethik, Naturphilosophie.

Mandeville, welcher das Wirken für andere für eine Tugend hielt, welche nur von wenigen Menschen geübt würde, wies die ungeheure wirtschaftliche Wirkungsfähigkeit des psychologischen Faktors der Privatwirtschaft nach. Der menschliche Eigennutz schaffe nicht nur für sich, sondern auch für andere. Mandeville war weit davon entfernt zu glauben, dafs dem menschlichen Eigennutz alle Interessen der Gesamtheit überlassen werden könnten, die Ideen des Merkantilismus sind in ihm noch mächtig, der Staatsmann und die Handelsbilanz spielen in seinem Werke eine grofse Rolle. Immerhin hatte er überzeugt, dafs die privatwirtschaftliche Organisation der Volkswirtschaft die einzelnen und den Staat mit dem gröfsten Teile der bedurften wirtschaftlichen Güter versehen könne. Aber noch konnten Zweifel darüber entstehen, ob denn dies Walten des Eigennutzes auch sittlich erlaubt sei; Mandeville hatte es verneint.

---

[1] Diese Auffassung hatte u. a. die Folge, dafs A. Smith das Nationalkapital für die Summe aller Privatkapitale hält: „Capital of a society, which is the same with that of all the individuals who compose it.“ B. II, chap. 3, p. 94.

Da erscheint neben ihm Shaftesbury als der Verkündiger der modernen sittlichen Lebensanschauung. Organisch ist seine Auffassung des Weltalls und der menschlichen Gesellschaft, aber er macht wie Locke vor ihm und seine Schüler nach ihm doch das Individuum zum Ausgangspunkt seiner Ethik. Und er lehrte, daſs der Erwerbstrieb, wenn er die socialen Triebe nicht unterjoche, keineswegs zu tadeln sei und sich mit der Tugend sehr wohl vertrage. Er stellt schon die Behauptung allgemein auf, daſs die öffentliche wie die private Wohlfahrt durch die wirtschaftliche Emsigkeit befördert werden. Es entspricht also die privatwirtschaftliche Organisation auch den Geboten der natürlichen Sittlichkeit. Wie sich seine Philosophie über Schottland, Frankreich, Deutschland verbreitet, erwacht überall der Haſs gegen die Selbstsucht, aber auch die freundliche Stellung zu einem gemäſsigten Triebe nach irdischen Gütern [1]. Dieser vertrug sich auch gut mit dem Princip der Wolffschen Ethik; denn zielte der Erwerbstrieb nicht auf die Vervollkommnung des Einzelnen und der Gesellschaft hin? Was aber noch wichtiger ist, die aus dem Ganzen des Systemes gelöste Ansicht von dem Wert eines gemäſsigten wirtschaftlichen Eigennutzes berührte sich freundschaftlich mit der Theorie des wohlverstandenen Selbstinteresses, wie sie von Helvetius ausgebildet worden war. Auch er lehrte, daſs das Selbstinteresse nicht notwendigerweise dem allgemeinen Interesse feindlich gegenüberstehe. Sei dies der Fall, so trage der Gesetzgeber die Schuld, denn er könne die Menschen durch Belohnungen und Strafen auf eine Bahn zwingen, auf der sie das öffentliche Wohl zugleich mit ihrem privaten befördern müſsten.

Aber nun stoſsen wir auf einen Punkt, wo sich die Gefühlsethik Shaftesburys von der Lehre des Helvetius scharf scheidet, aber einer privatwirtschaftlichen Auffassung der Volkswirtschaft noch freundlicher wird. Shaftesbury hatte unter dem Einfluſs der

---

[1] Veredelt, vergeistigt tritt der Grundgedanke Shaftesburys mit derselben Wendung gegen politische Theorien, z. B. bei Goethe auf. „Im politischen Felde schien er nicht viel auf die so beliebten Konstitutionstheorien zu geben . . . . . . Er kam hier auf seine Lieblingsidee, die er mehrmals wiederholte, nämlich daſs jeder nur darum bekümmert sein solle, in seiner speziellen Sphäre, groſs oder klein, recht treu und mit Liebe fortzuwirken, so werde der allgemeine Nutzen auch unter keiner Regierungsform ausbleiben.“ Als ihm der Fürst Pückler-Muskau das Beispiel Englands vorhält, um die Notwendigkeit einer Konstitution zu beweisen, antwortete der Dichter-Staatsmann: „Das Beispiel sei nicht zum besten gewählt, denn in keinem Lande herrsche eben Egoismus mehr vor, kein Volk sei wesentlich inhumaner in politischen und Privatverhältnissen. Nicht von auſsen herein durch Regierungsform käme das Heil, sondern von innen heraus durch weise Beschränkung und bescheidene Thätigkeit eines jeden in seinem Kreise. Dies bleibe immer die Hauptsache zum menschlichen Glück und sei am leichtesten und einfachsten zu erreichen.“ Briefe eines Verstorbenen, III. Teil, 2. Aufl. Stuttgart 1836. p. 16.

englischen Naturphilosophie die Seele für eine von Gott konstruierte Maschine zur Auswirkung der allgemeinen Glückseligkeit erklärt und Smith entdeckt in dem sittlich beherrschten Selbstinteresse das Rad, welches die Uhr der Gesellschaft auf wirtschaftliche Harmonie und Glückseligkeit stelle.

Damit war die privatwirtschaftliche Auffassung der Volkswirtschaft allseitig begründet: rechtlich, psychologisch, ethisch, metaphysisch.

Bald sollte der Individualismus in Atomismus umschlagen. Von den Physiokraten und Adam Smith war die mathematische Methode, wenn auch durchaus nicht immer streng und auch nicht ausschliefslich angewendet worden. Ihre konsequente Anwendung setzte die Annahme eines universellen, beständig wirksamen, erleuchteten Selbstinteresses voraus. Ricardo schritt hierzu fort, und nun war die Volkswirtschaft ein Mechanismus von Wirtschaftsatomen, den Trägern der Kraft Eigennutz, geworden. Nun konnte man die Volkswirtschaft beschreiben als ein Aggregat von an wirtschaftlicher Seelenkraft gleichen Individuen, die überall und fortwährend ihr Privatinteresse verfolgen. Jedermann versteht sein Privatinteresse besser als ein Fremder, und niemand versteht irgend etwas besser als sein Privatinteresse.

Die Volkswirtschaftslehre der Quesnay und Adam Smith ist aber auf diesem Standpunkte noch nicht angelangt. Den Begriff der Gleichheit kann man, wie mir scheint, nicht in ihre Systeme aufnehmen. Dafs sie die Privatwirtschaft rechtlich nicht für gleich hielten, geht wohl daraus hervor, dafs sie für gleiches Recht kämpften; dafs sie ihnen ökonomisch nicht dieselbe Kauf- oder Erwerbskraft zuschrieben, ist selbstverständlich. Auch glaubten sie gewifs nicht, dafs, wenn einmal die rechtliche Gleichheit hergestellt sein würde, nun die völlige ökonomische Gleichheit eintreten, oder der Erwerbstrieb bei allen Menschen dieselbe Kraft erlangen würde. Mercier de la Rivière meint, die „inégalité des conditions“ sei „dans l'ordre de la justice par essence“. Die Ungleichheit entspringt nach ihm dem „tourbillon des hasards“, aber vorzugsweise den „nuances prodigieuses qui se trouvent entre les facultés nécessaires pour acquérir“ [1]. Und in dem glänzenden Gemälde, welches er in dem Schlufskapitel seines Werkes über die Glückseligkeit im Reiche der natürlichen Ordnung entwirft, sagt er nur, dafs die krassen ökonomischen Ungleichheiten sich mindern würden. „Je ne sais“, heifst es weiter, „si dans cet état nous apercevons des malheureux; mais s'il en est, ils sont en bien petit nombre; et celui des heureux est si grand, que nous ne devons plus être inquiets sur les secours dont ceux-là peuvent avoir besoin“ [2].

Adam Smiths Ansicht von der Gleichheit der Menschen im

[1] I, p. 24.
[2] Daire, II, S. 630.

allgemeinen und der wirtschaftenden im besondern ist früher so ausführlich dargelegt worden, daſs ich dem Leser die Wiederholung des Bekannten nicht zumuten will.

Da Quesnay wie Smith durch so viele Kräfte in eine privatwirtschaftliche Auffassung der Volkswirtschaft hineingedrängt wurden, so konnte die organische Theorie, welche von Quesnay entworfen, von Adam Smith in allem wesentlichen angenommen worden war, nicht zu ihrem vollen Rechte kommen.

Ein zweiter Charakterzug der französisch-englischen politischen Ökonomie des 18. Jahrhunderts, welcher in dem Vorhergehenden schon angedeutet wurde, aber noch eine besondere Erwähnung verdient, ist der unbegrenzte, gläubige Optimismus. Die Überzeugung wird diesſeit und jenseit des Kanals ausgesprochen, daſs von Gott eine Ordnung, eine Harmonie zwischen den Interessen verschiedener Länder vorgesehen sei, welche sofort erscheinen werde, wenn die natürlichen Rechts- und Sittengesetze erkannt, verkündigt und befolgt würden. Es ist die Harmonie des freien, nur den Forderungen der Gerechtigkeit unterworfenen Verkehrs zwischen den Privatwirtschaften der verschiedenen Länder.

Sie trägt also drittens einen wesentlich kosmopolitischen Charakter: das Naturgesetz ist nicht bloſs für ein Land, sondern für alle Länder und für alle Zeiten gegeben. Welcher Widersinn, daſs der Schöpfer für verschiedene Völker und verschiedene Zeitalter verschiedene Gesetze gegeben haben könne! Wäre das nicht ein Zweifel an seiner Weisheit? Er, der das ganze Weltall nach Gesetzen eingerichtet hat, die seit Jahrtausenden ohne sein Zuthun in derselben Weise wirksam sind und immer wirksam sein werden, sollte die Gesetze der menschlichen Gesellschaft nicht ebenso weitschauend für alle Zeiten und Völker haben einrichten können? Und ist die menschliche Natur nicht im wesentlichen überall dieselbe? Sucht sich der Mensch nicht überall zu erhalten und sein Geschlecht fortzupflanzen? Strebt er nicht überall nach Genuſs und Erwerb? Treibt ihn die Konkurrenz nicht zur Anspannung aller seiner Kräfte? Muſs er nicht arbeiten, um zu essen? Kapital ansammeln, um zu produzieren? Hat er sich nicht überall einer staatlichen Gewalt unterworfen? Ist nicht überall das Privateigentum eingeführt? So mögen also die positiven Gesetze der verschiedenen Länder in unwesentlichen Punkten voneinander abweichen, die allgemeinen Bestimmungen des Naturrechtes in Beziehung auf Ort und Zeit, Art und Weise, Form und Formalität präcisieren, aber im wesentlichen müssen sie gleich sein. Mehr räumen die Naturrechtslehrer dem Grundsatz der Relativität nicht ein[1].

---

[1] Il y a bien des choses que le Droit Naturel prescrit seulement d'une manière générale et indéterminée en sorte que le tems, la manière, le lieu, l'application à telle et telle personne et autres cir-

Das wesentliche aber ist viertens die Herstellung der vollen wirtschaftlichen Freiheit und die Sicherheit des Eigentums. Smith denkt nicht so optimistisch von der staatlichen Gesetzgebung wie die Franzosen, auch erkennt er die Schwierigkeiten, welche der Einführung der liberalen Gesetzgebung entgegenstehen, aber in der Forderung stimmt er mit den Franzosen überein.

Diese Forderungen werden nun fünftens mit hohem sittlichem Ernste, ja mit Fanatismus vorgetragen. Denn was die Nationalökonomen verlangen, ist die Verwirklichung der göttlichen Ordnung, die Erfüllung der ewigen Gerechtigkeit. Mit welcher Entrüstung bekämpft Dupont de Nemours die Auffassung J. B. Says, die politische Ökonomie sei „la science des richesses! Elle est la science du droit naturel appliqué comme il doit l'être, aux sociétés civilisées.“ Und „L'économie politique est celle de la justice éclairée dans toutes les relations sociales intérieures et extérieures“. Sie lehrt, was die Regierungen „ne doivent pas pouvoir devant Dieu, sous peine de mériter la haine et le mépris des hommes, le détrônement pendant leur vie, et le fouet sanglant de l'histoire après leur mort“[1]. Und wer erinnert sich nicht der Zornausbrüche Smiths über die Gesetze, welche gegen die natürlichen Rechte des Menschen verstoſsen! Diese Seite empfängt ihre Beleuchtung von der Thatsache, daſs das Naturrecht der Physiokraten und Smiths sich an die Lockesche Theorie anschloſs und diese auf der Grundlage der stoischen Lehren stand.

Mit diesem hohen sittlichen Schwunge scheint sechstens die materielle Gesinnung unverträglich, welche aus der jungen Wissenschaft hervorblickt Aber wir haben früher auszuführen gesucht, in welchem Lichte wir diesen Charakterzug betrachten müssen und es schien uns, daſs Quesnay und Smith eine entschieden ethische Richtung verfolgten.

---

constances semblables sont laissées à la volonté et à la prudence de chacun. Les Loix Civiles règlent encore tout cela. Weiter gäbe es Handlungen, die nach dem Naturrecht fortan frei stehen, dennoch „il est bon de les réduire à quelque uniformité: les loix civiles prescrivent certaines formes et formalités . . . tels sont les testaments, les contracts.“ Pufendorf, Les Devoirs, II, p. 372. Nach Hutcheson ist es die Aufgabe der bürgerlichen Gesetze, 1. to confirm the laws of nature by secular penalties . . ., 2. to appoint the best forms and circumstances of all contracts, dispositions etc., 3. they should direct a people in the best way of using their rights, both for the publick and private good: limiting them to the most prudent methods of agriculture, manufactures and commerce. 4. . . . And must in like manner determine more precisely what the law of nature orders with greater latitude, a. a. O. II, p. 327.

S'il peut y avoir des différences, ce n'est point dans les lois qu'il convient de donner à différents peuples, mais dans les moyens de ramener à ces mêmes loix . . . Daire, II, p. 526 Anmerkung.

Es herrscht also im deutschen, englischen und französischen Naturrecht über das Prinzip der Relativität die vollste Übereinstimmung.

[1] Daire, Physiocrates, I, p. 397.

Es wäre ein sonderbares Unternehmen, wenn ich nun die Eigenschaften aufführen wollte, welche die politische Ökonomie des 18. Jahrhunderts nicht besitzt. Und dennoch mufs ich zu ihrer vollständigen Beschreibung eine der fehlenden Qualitäten bezeichnen: sie ist unhistorisch. Man wird wahrscheinlich die Richtigkeit meines Urteils für den Physiokratismus zugeben, aber meine Behauptung, soweit sie Adam Smith trifft, entschieden bestreiten. Zum Beweise wird auf den Reichtum historischen Materials, geschichtlicher Ausführungen, sociologischer Betrachtungen im nationalökonomischen Werke verwiesen werden. Diese sind in der That so beträchtlich, wertvoll, umfangreich, dafs bei Bagehot und Delatour der Gedanke entstehen konnte, Adam Smith habe eine Geschichte der Civilisation geplant. Aber die Entgegnung übersieht den Punkt, auf den es ankommt. Geschichtliche Ausführungen geben und geschichtlich empfinden und denken sind grundverschiedene Dinge. Dieser Punkt kann im Rahmen dieser Schrift nicht genügend dargestellt werden; ich will ihn an anderer Stelle beleuchten und begnüge mich mit Folgendem. Historische Köpfe unter den Engländern, welche vor 1789 schrieben, waren Hume, Steuart, Ferguson; ich vermag diesem Zuge Adam Smith nicht anzureihen. Er wurde von der psychologisch-historisch-sociologischen Bewegung des 18. Jahrhunderts gewifs stark ergriffen, aber das Gerüst seines Geistes wankte nicht und blieb rationalistisch. Zwischen Rationalismus und Historismus aber gähnt ein Abgrund, den man erforschen, aber nicht überschreiten kann.

---

Es ist bekannt, dafs die wissenschaftliche Reaktion gegen den philosophischen Geist der französischen Revolution die heftigste Feindseligkeit gegen den Rationalismus auf allen Gebieten entfesselte. Er war zeitlich berechtigt, wissenschaftlich bedeutend, praktisch fruchtbar gewesen, wo er dem Zweckmäfsigen zum Durchbruch verhalf. Wo befänden wir uns jetzt, wenn diese Geistesrichtung die geistige, sittliche und materielle Kultur nicht so machtvoll gefördert hätte? Aber ihr Ausgangspunkt war fehlerhaft, ihr Charakter einseitig und fanatisch, in ihren letzten Konsequenzen zeigte sie sich auflösend und zerstörend.

Instinkt, Gefühl, Phantasie mufsten die ihnen zukommende Stellung gewinnen; das historisch Gewordene in Sprache, Sitte, Gewohnheit, Recht, Gesellschaft und Staat die Autorität erlangen, welche ihnen gebührte; der Begriff der Entwicklung mufste in seiner Reinheit erkannt, das Recht des Besondern und des Nationalen im Gegensatz zum Staatlich-Allgemeinen und zum Kosmopolitismus verteidigt werden.

In der Theologie. in der Philosophie, in der Jurisprudenz, in der Geschichtschreibung, in der Kunst ist ein gemeinsamer negativer und positiver Zug nicht zu verkennen. In unserem Vaterlande folgt die Zeit, wo Scheiermacher die unversiegbare Quelle der Religion im Gemüte aufdeckt, wo Schelling die Phantasie gewissermaſsen zum Organ der Philosophie macht, wo die Romantiker, von dem Dufte des Besonderen angezogen, in ferne Zeiten und Länder schweifen, sich gleich heimisch in der Ober- und Unterwelt zeigen, eine ausgeprägte Vorliebe für alles Nicht-Vernünftige an den Tag legen und gegen Schiller, den dichterischen Vertreter der Ideen des 18. Jahrhunderts, einen natürlichen Widerwillen empfinden. Es folgt die Zeit, wo man den Organismus dem Mechanismus mit aller Kraft entgegensetzt, wo die mittelalterliche Kunst und die mittelalterliche Welt-, Staats- und Gesellschaftsanschauung wieder erweckt wird, wo die antike Staatsidee der besten Zeit tieferes Verständnis findet, wo Niebuhr, Savigny, Eichhorn, Grimm, Diez, Baur und andere den deutschen Geisteswissenschaften ihr Gepräge geben und ein architektonisch groſsartiges, den Schönheitssinn packendes, mit historischem Geiste erfülltes, philosophisches System in Hegels Panlogismus ersteht. Und selbst in den Naturwissenschaften zeigt sich das veränderte Zeitalter. Neben der exakten Forschung blühen die vergleichenden historischen Disciplinen, wenn dieses Beiwort gestattet ist. Es folgt die Zeit, wo der Optimismus der Weltanschauung Newtons und Shaftesburys durch den Pessimismus Schopenhauers, der Optimismus der Physiokraten durch den Optimismus der Sozialisten und die Teleologie des 18. Jahrhunderts durch den Darwinismus abgelöst werden[1]. Und schon ist das Zeitalter des Positivismus in Frankreich, Deutschland und England angebrochen.

Frühere Ausführungen schützen uns dagegen, als ob wir glaubten, daſs dieser Umschwung ein plötzlicher gewesen sei. Wir erwähnten, wie sich schon im 18. Jahrhundert Instinct und Gefühl gegen die kahle Vernunft erhoben, wie sich eine psychologisch-historisch-induktive Methode Bahn zu brechen suchte, es ist bekannt, daſs nicht alle Deisten und Schüler Shaftesburys Optimisten waren, daſs es im 18. Jahrhundert einen naturrechtlichen Sozialismus gab, daſs die Idee der Entwicklung durch die epikureische Sociologie gefördert, in Voltaire, Turgot, Condorcet, Lamarck lebte. Wir wissen, daſs schon im 18. Jahrhundert die schöne Litteratur neue Bahnen beschritt und wahrscheinlich durch Montesquieu, am meisten aber durch Rousseaus[2] Entgegensetzung von Natur und Kultur beeinfluſst, die Schönheit der freien

[1] Kants Kritik der Beweise für das Dasein Gottes, die Aufdeckung des Kampfes um's Dasein im Pflanzen- und Tierleben, die Erklärung der Zweckmäſsigkeit ohne Annahme eines Zweckes wirkten zusammen, um den Optimismus des 18. Jahrhunderts zu stürzen. Der ihm widersprechenden Thatsachen waren sich hervorragende Geister wohl bewuſst. Siehe Hutcheson, a. a. O. B. I, Kap. 9.

[2] Paulsen bringt ihn in eine feinsinnige Beziehung zu den modernen Pessimisten, a. a. O. I, p. 120.

Natur, die Poesie des Gefühles und der Leidenschaft, den Reiz und den Wert des Volkstümlichen, die Eigenartigkeit des Fremden entdeckte. Aber was sich im vorigen Jahrhundert mit Mühe sein Dasein gegen feindliche Gewalten erkämpfte, losere oder engere Verbindungen mit Fremden eingehen mufste, dann allmählich immer stärker und umfangreicher wurde, das breitet sich nun behaglich allseitig aus, befreit sich von den anhaftenden Umschlingungen und erkennt im Bilde des besiegten Gegners das eigene Wesen deutlicher.

Es konnte nicht fehlen, dafs auch die politische Ökonomie vom Hauche des neuen Geistes berührt wurde. Denn da sie so innig mit der Philosophie des 17. und 18. Jahrhunderts verwachsen war, so mufste sie in den Sturz des Alten verwickelt werden. Der von dem Naturrechte untrennbare Teil der Wissenschaft, die naturrechtliche Politik, fiel zuerst und scheint wenigstens in der Wissenschaft, wenn auch nicht im Leben, zu den Toten geworfen. Nur dafs hier und da noch ein unklarer Kopf seine Sozialpolitik auf dem Sandhaufen naturrechtlicher Ideen aufbaut. Wieder ein wacher Traum der Menschheit war vorüber; das einzig Wesentliche an ihm waren ein Bedürfnis und ein Gefühl gewesen, welche sich über den Ernst des Intellektes lustig machten. Die Notwendigkeit der Reform der theoretischen Nationalökonomie im Geiste des 19. Jahrhunderts wurde lange Zeit ziemlich allgemein anerkannt, aber in den letzten Jahren hat sich eine rückläufige Strömung gezeigt, deren Vertreter sich jedoch teilweise über den wissenschaftlichen Charakter ihres Schaffens im Unklaren befinden. Interessant ist es jedenfalls, dafs, wahrscheinlich mit der Neubelebung der Scholastik zusammenhängend, das Naturrecht ebenfalls wieder Boden gewinnt und eine deutsche theologische Richtung, wie ihre Gegner behaupten, von dem kantischen Rationalismus angesteckt ist.

Wenn aber die Geschichte unserer Wissenschaft ihr Entwicklungsgesetz aufdeckt, dann darf man überzeugt sein, dafs nur diejenige Nationalökonomie die Zukunft für sich hat, welche mit dem philosophischen Geiste der Zeit fortschreitet.

Kolibri 360 GmbH
Ferdinand-Jühlke-Straße 7
99095 Erfurt, Deutschland
produktsicherheit@kolibri360.de

Druck:
CPI Druckdienstleistungen GmbH
im Auftrag der
Kolibri 360 GmbH
Ferdinand-Jühlke-Str. 7
99095 Erfurt